獻給

• • • •

拉瑟福德

（Graeme Rutherford）

聖經研究叢書

包衡 著

陳永財 譯

聖經中的自由

從基督教觀點反思當代社會的自由危機

基道出版社

▼

聖經研究叢書

聖經中的自由

從基督教觀點反思當代社會的自由危機

God and the Crisis of Freedom

Biblical and Contemporary Perspectives

作者
包衡 Richard Bauckham

翻譯
陳永財

責任編輯
梁冠霆、吳國雄

裝幀設計
奇文雲海．設計顧問

■

出版／發行
基道出版社
香港沙田火炭坳背灣街26號富騰工業中心1011室
LOGOS PUBLISHERS
Unit 1011, Fo Tan Ind. Centre, 26 Au Pui Wan St., Shatin, Hong Kong
電話：(852) 2687-0331 傳真：(852) 2687-0281
網址：http://www.logos.com.hk

承印
基業印刷廠有限公司

●

10/2010 初版
Cat. No. LP172
ISBN: 978-962-457-382-4

Original Edition "God and the Crisis of Freedom: Biblical and Contemporary Perspectives"
Published by Westminster John Knox Press

Printed in Hong Kong

刷次	10	9	8	7	6	5	4	3	2	1
年份	2019	2018	2017	2016	2015	2014	2013	2012	2011	2010

陳序

自由，是微妙的現實。或者說，自由正是人類作為有心靈的靈體所經歷的現實的微妙處。因此，「自由與否」也成為我們形容任何現實處境的無處不在的形容詞（an omnipresent qualifier）。然而，自由作為概念，往往受制於歷史對知識和現實的限制，也就是說，我們不能真正自由地無視歷史，尤其是自身的歷史，來討論自由。

古時的人，受知識、觀念、和現實的限制，甘於接受不正當的權力宰制，復自限於種種不合理的建制和知識，如階級、出身、種族、膚色、性別、迷信、禁忌等，不知道自由為何物。今時的人，都掙脫了或沖淡了以上的一切宰制與建制，然而卻帶來雙重意想不到的結果：首先，是反過來過分受困於那些賴以掙脫古權力古封建宰制的新機制；二來，更意想不到的，卻是受困於「虛無」，人「得了」自由後究竟想做甚麼？對於基督徒來說，人得了自由後是否會作惡，會變得不受拘束？

在二十世紀對自由的經典討論中，從「得自由」（freedom

from）到「自由地進發」（freedom to），究竟是應往何處、往何目標進發，以實踐人作為靈體所應達到的終極目的（freedom to be our true being），這是一大難題。尤其是在二十世紀科學世界觀的場境底下，人在近乎無邊無際、無終點、無本質、無意義的無垠宇宙中，究竟有多少自由，而這自由又可以讓人實現些甚麼？縱使我們中間的先進國家的人民已經擺脫了古代文化的種種捆鎖與限制，但這是否讓我們有充分自由去實現自身的存有（to realize our being）？

在福音底自由的了解中，人除非在創造、救贖與成終的三一上帝中，才能獲得他自由的根基與保證，也才能得以實現他靈性自由的具體內容與目的。也就是說，人作為受造靈體的自由，是完全仰賴及聯繫於那位創世之父，只有在祂那裏，蘊藏了我們終極的自由。而人類的墮落，從自由的角度看，正正就是人失去了原初受造時心靈清白的自由。而上帝對人類的鍛鍊，正正是讓人離開伊甸樂園的環境，令人從此經受各種不自由的苦難與咒詛：那些因受造的本質而來的種種不自由，刺激了人要應付且進而超越受造的困境，但同時也無可避免令人類畫蛇添足，堆疊給自己更深一層的文化捆鎖，成了人對自己及別人套上的罪惡枷鎖。

整部舊約，就是上帝藉揀選以色列人，為所有人類在自由的追尋這事上提供了一個深刻的故事：以色列人首先必須要從上帝以外的一切外來勢力中尋求解放，這只是第一重的自由。以色列人活在異邦圍繞的環境中，無可避免想抄襲外邦文化的制度，如君王制，而上帝的回應正正是，那不是自由而是枷鎖！而以色列人在王國時期的心靈經驗，在申命史觀的作者（the Deuteronomic authors）看來，正正是由於以色列人心靈上不能或不願回歸先祖與上帝所立的聖約，去專心事奉耶和華，所以才會不斷陷入異教文化的精神與認識、制度與佈局的枷鎖之中。

惟有天父差派的彌賽亞救贖主，才能真正讓以色列人從罪惡及異邦文化的心靈枷鎖中解救出來。因此，耶穌基督的救贖，著重的是超越現世的政治經濟層面，而直達人的心靈深處，正如經上所說：「主就是那靈；主的靈在哪裏，那裏就得以自由。」（林後三17），因為主「就是道路、真理、生命」（約十四6），而認識這真理「就必叫你們得以自由」（約八32）。因為惟有在心靈深處，人無論如何受有形和無形的枷鎖拘束，人仍能以基督的心靈向著上帝，自由地愛神愛人，自由地為他人而活，從而無形中實現了自身的存有與本質（to realize our being and essence）。

可以說，基督的道成肉身在世上所揭示的靈體的真自由，是一種本體性及關係性的自由（an ontological and relational freedom），這也可以被稱為有歸屬的自由，那就是：人在掙脫一切違反其本性的宰制中，必須能歸屬於他原應歸屬的羣體，首先是歸屬上帝，置身於上帝自身的三一團契中，然後再及於他應與之聯繫、對之服事的羣體。因此，在福音中的「自由地進發」，人首先不是要找到進發的目標或工程（freedom to a goal or project），而是要「自由地歸屬」（freedom to belong）。惟有在「自由地歸屬」中，人才能不陷入超級個人主義（hyper-individualism）中，為了一己的假自由——就是消費主義、財富主義、利益主義、權力主義所製造的自由幻象——而蠶食鯨吞了別人僅有的些微自由。在這個福音性的「自由地歸屬」中，自由與權威並不對立，而是自由地遵從那內化了的權威，成為權能，成為去實踐服事的職事。這樣的自由，是一份恩典和愛，也必然發揚恩典及成全了愛。

包衡（Richard Bauckham）作為卓有成就的新約學者，以及英美學界中介紹及詮釋德人神學家莫特曼（Jürgen Moltmann）的權威，他在這部書中所做的，正正是帶領西方讀者重新回憶以色列人爭取自由的神學經驗，從權威的角度切入當代西方處境中對自由的討論，審視西方社會自由的現況。他要面對後現代社會對信仰權威的種種質疑。包衡熟練地討論聖經和基督教傳統，並涉及二十一世紀的生態危機、性別議題、倫理困局，以及社會政治經濟文化的處境，從中論證支持一種人類自由和興盛的遠象，這遠象是建基於人與三一上帝的關係。包衡的中心觀點是：自由並不是自利的享樂主義；真正的自由，是由倚靠、歸屬、關係、羣體，以及神聖的權威所模塑的。

惟願讀者以福音底自由的心靈來閱讀本書，從而學習做一個對羣體有歸屬，願對他人的自由與福祉盡上責任的自由人。

陳士齊
香港浸會大學宗教及哲學系高級講師

原書序

這本書收錄的文章有不同的來源，跨越了超過大約十二年。我在二〇〇〇年夏天想到將它們結集成書，並加上新的材料。當時我在澳洲維多利亞（Victoria）坎貝韋爾（Camberwell）聖公會聖約翰堂靈性中心（Spirituality Centre of St. John's Anglican Church）主講「後現代教會和世界中的權威」（Authority in a Postmodern Church and World）。當時聖約翰堂的教區牧師（現任新南威爾斯〔New South Wales〕紐卡素〔Newcastle〕的主教）拉瑟福德（Graeme Rutherford）邀請我主持這個及其他講座。如果沒有他的邀請，我很可能不會想到寫這本書。為了感激他的邀請，以及他對我在神學上的努力那忠實的興趣，我將這本書獻給他。

其他人在其他各章的寫成上作出貢獻。迪安（Tim Dean）邀請我為一九八〇年代後期出版的第三條路系列（Third Way）書籍撰寫一本名為《政治中的聖經》（*The Bible in Politics*；中譯本：廖惠堂譯〔香港：基道，2001〕）的書。第一章最初是那本書的其中一章。已故的瓦齊（Michael Vasey）在和我都是林蔭路靈性系列（Grove Spirituality Series）的成員時，提議我為那系列寫一本關於自由的小書。那本小書經修訂後成為本書的第二章。薩格登（Chris Sugden）邀請我在達拉斯（Dallas）一個主教會議中主講「聖經與權威」（Scripture and Authority），保羅（Ian Paul）要求我將那些材料擴充，成為林蔭路研經系列（Grove Biblical Studies Series）的其中一冊；這些就是第三章的來源。第四章原本是蘇格蘭聖公會（Scottish Episcopal Church）教義委員會（Doctrine Committee）成員對霍洛韋（Richard Holloway）的《無神的道德》（*Godless Morality*）的其中一篇回應。

其餘三章是源自紀念文集（*Festschriften*）的文章，我想在這裏指出這些文章要記念的學者。第五、六和八章分別為已故的漢森（Richard Hanson）、賴特（David Wright）和福里斯特（Duncan Forrester）而寫。他們對這本書的主題的各方面都作出了自己出色的貢獻。

這些個人的連繫，只是這種著作反映的部分連繫。真正的自由，只存在於倚靠和關係之中，這肯定在每個寫書的人的經驗中得到證實。

包衡

目錄

導論：上帝與自由的危機

我寫這篇文章時，正值恐怖分子在二〇〇一年九月十一日「襲擊美國」後五個星期。就此襲擊，美國總統喬治・布殊（George W. Bush）最早說的話之一，就是把它稱為「對自由的襲擊」（attack on freedom）。當然，規模大得這樣可怕的恐怖主義行動，在簡單的和最起碼的意義上，確實是對自由的襲擊：它襲擊人們以合理的保障過日常生活的自由。但布殊的意思無疑不是這麼簡單的。他繼續說：「恐怖分子以美國為目標，因為我們是世上代表自由和機會最光亮的明燈。」受到襲擊的自由，是美國和她的西方盟友在整個冷戰時期都支持的自由。九一一那次大災難之後，我們再次聽到「自由世界」這個在「共產主義倒台」後很大程度上已經變得多餘的名稱。而在阿富汗的軍事行動，最終被稱為「持久的自由」（Enduring Freedom；編按："Operation Enduring Freedom"是美國為對付恐怖主義——特別是對付庇護塔利班〔Taliban〕的阿富汗政權——所發動的軍事行動的稱謂，簡稱"OEF"）。美國在二〇〇一年九月以愛國熱誠支持的自由，是代議民主的自由、言論和崇拜的自由，以及自由市場經濟。但從襲擊者的觀點來看，他們選擇這些目標，純粹是因為這些目標所象徵的，是壓迫而不是自由。五角大樓（The Pentagon）和世貿中心（World Trade Center）代表了，美國在軍事和經濟上宰制著世界其他地方。在恐怖分子眼中，美國的「自由」對美國人來說可能是自由，但對他們想像自己為之而戰鬥的人來說卻不是自由。世界上肯定有很多人認為，在九一一事件中屠殺數以千計的人是令人憎惡的；但他們經驗到的美國的權力，也並非全然是祝福。

自由這個詞，明顯滿載著意識形態。它是現代賴以存活的神話的其中一個關鍵詞。這絕對不是說這個詞對生命——人們經驗和珍惜的——沒有任何真實的指涉。但這個詞也有神話般的力量。其超越的色彩，將它抬舉為必須不惜一切代價實現和保衛的東西。根據戰爭的修辭（rhetoric of war），自由不單是受襲擊的西方文明的界定性特點；對西方文化下典型的個體（individual）來說，它也是最必要和最誘人的個人需要和追求。它的力量部分在於它廣泛和含糊的性質。正如伯林（Isaiah Berlin）和很多其他人指出，自由的意義「是那麼寬鬆，以致似乎只有很少解釋是它能夠抗拒的。」[1] 只要看一看本書的「跋」收集的引語，便會明白這點。自由擁有完全不確定的觀念所擁有的一切力量和危險。如果容讓它在慣性聯想和未經檢視的假設這層面發揮功用，它便會成為理解的嚴重障礙，可以被各種政治和商業利益操控，掩飾一些本來是遠遠比較不值得讚賞的慾望，引誘而不是說服我們，並就一些實際上只能夠以相當代價才能夠得到的東西提供廉價的版本。而且，自由的意義並不穩定，因為自由的意義，必然隨著它在任何情況下所屬的、並用來解釋世界或指導生命的意義語境（context of meaning）而改變。自由的意義與其他大的和具展延性的術語有關，包括良善、公義、平等、權利、真理、進步、權威和上帝。如果我們要超越修辭，並觸及在西方政治、社會、文化和宗教歷史在目前這個關鍵時刻真正重要的問題，當代的自由修辭（rhetoric of freedom）便需要進行一些解神話化（demythologizing）或解構（deconstruction）。

我這本書的題目所指的「自由的危機」（crisis of freedom），不是由對抗恐怖主義的戰爭引起的危機，而是西方社會內部的危機。對這個社會來說，自由幾乎成了惟一的共同價值。對很多人來說，我們的文化強調個人自由，似乎引致羣體和家庭結構解體，令很多人過著愈來愈疏離的生活，也令傳統價值觀崩潰，並以競爭性的貪婪和由消費推動的享樂主義取而代之。問題的主要病徵，可以從自由怎樣變得似乎與其他價值觀——那些它以前似乎更能夠與之和平共處的價值觀——相違中看到。這些價值觀包括忠誠、委身、睦鄰、自律、責任。最重要的是，在當代西方社會，自由威脅著羣體，並包含對權威的拒絕。

要充分處理這個問題，我們不能好像某些人那樣，單單尋求在一些必須維持張力的價值觀之間取得平衡。很可能，所有社會在人類需要獨立和有所歸屬之間，以及需要自主和由權威引導之間，都經歷著某種張力。但在我們的社會，這些張力有變成完全互相衝突的危險。自由似乎無可避免地引致社會原子化（atomization）。而在自由成了其中一個最受歡迎的概念之際，權威卻成了其中一個最不受歡迎的概念，幾乎被界定為自由的敵人，與專制主義（authoritarianism）和威權（coercion）同義。如果這有問題，那問題便在於那種自由，即主導文化那種對自由的特定理解：視自由為使個人脫離所有限制，以及有無限的自由作出選擇。這種自由，也是在極端相對主義式的文化中，惟一被建構為絕對的事物。在我們愈來愈後現代的文化中，所有其他價值觀，都成了只是關乎個人喜好（individual preference）的事情。在這樣的光榮孤立（splendid isolation）中，自由怎能夠存活，實在令人費解。

這本書的一個論證是：我們需要恢復對自由更豐富的理解，而這種理解只能夠藉著使自由回復到以其他價值觀和信念為背景才是可能的。這種自由不受到倚靠、歸屬、關係、羣體和——十分重要和最具爭議性的——權威威脅，而是受它們所模塑（formed）和培養（nurtured）。當然，如果這些其他因素，要以一種自由的恰當形式以正面的協同力量（positive synergy）發揮作用，我們必須將這些其他因素理解為對自由有利，並且能夠產生自由。這種對自由的理解，主要來自聖經和基督教傳統的資源，並會在本書的第一、二和八章建立。但由於這種對自由的理解，是來自聖經和基督教傳統的資源，它也需要指向上帝。在這本書，我們都會隱含地論證說：只有在人類生命連繫到上帝的生命的價值觀和實踐這個背景下，這種自由才可以得到充分的支持。而第八章會明確提出這個論證。在這個背景以外，如果將自由化約為個人的自決（self-determination）的絕對權利，自由便會退化為對自我滿足的陳腐追求，或者對權力犬儒式（cynical）的追求。

上帝無疑捲入了當代自由的危機中。在現時的文化氣候中，信仰上帝——或者至少是信仰一個在任何程度上與基督教的上帝相似的神——對很多人來說，都似乎與人類的自主（autonomy）不相容。將生命從傳統的權威解放出來這個現代的過程，也是脫離上帝的過程。我們能夠以肯定人類的自由、並視之為由上帝賜下和培養的這種方式，以思想和談論上帝的權威嗎？有沒有基督教對自由和權威的理解，是可以避免當代文化的困境，同時又指向兩者的良性互動？我們可不可以發現上帝才是人類真正自由的基礎，而且是使人脫離壓迫的，而那些壓迫更是比當代人關注著要掙脫的限制更深刻的？這本書提出肯定地回答這些問題的理由。

如果自由的危機，是當代西方的基督徒必須再次思索考慮人類自由和上帝的權威的意義的背景的話，它也將基督教關於權威一些十分古老和持久的辯論，置於一個新的背景之中。基督徒給予聖經權威，作為真正信仰和實踐的規範，也在比較不一致的情況下，以聖經作為教會傳統的規範。過去很多基督教的思想，都建立在這些權威之間的關係，以及教會和人類理性的權威之間的關係上。這些辯論沒有喪失其適切性，但它們現在需要置於文化對權威的質疑這個更廣闊的背景中，而文化這種影響，是教會難以逃避的。正如我們會在第三章和第五章看到，我們可以以積極和富有成效的方式，肯定權威作為解放、而不是壓迫來面對新處境的挑戰。

我們現在已經頗為過分漠不關心地熟悉世界的生態危機（ecological crisis），但可能較不明顯的是，世界的生態危機和當代的自由危機是緊密相連的。生態危機是現代透過以科技主宰和剝削大自然、從而實現和促進人類自由這個偉大規劃的直接後果。現代人將自己理解為脫離大自然，把自己的命運掌握在自己手中，好像上帝那樣掌管大自然，以及為了自己的目的，好像上帝那樣以創意重塑大自然。這是自由和宰制之間的一種相互關係。這種相互關係，也可以在帝國主義的歷史中看到。現代科技規劃的第一階段正是大帝國的時代，並不是出於偶然的。但基督徒對上帝、人類和自然世界的理解，在態度和實踐上不是串通一氣而引致生態危機的嗎？綠色和新紀元運動的很多人，都要求基督教直接負責，他們特別提到，根據創世記的創造記述，人類受造時，上帝讓人「主宰」（dominion）其他受造物。這種人類的主宰性，作為在創造中由上帝賜下的權威，能否從現代科技主宰的剝削性宰制中區分出來？這是對基督徒提出的一個重要問題。本書第七章會處理這個問題。

這本書每一章都是自足的文章，但讀者會很容易看到論證的主題和形式貫穿著這些文章，令它們成為探討這個主題的不同方面一個互補的整體。第一章「聖經中的自由：出埃及和服事」列出聖經對自由的描述的各方面，強調自由的多面性特點，並顯示聖經怎樣提供對人類自由的豐富理解，我們不應該將它們化約成只是這些眾多方面的其中一個。第二章「當代處境中的自由」藉著批判地分析當代西方社會對自由於政治、社會和文化上的觀念，建構出一個基督教對自由的理解的大綱，那是適切於今天自由的迷陣（aporias）的。第三章「權威與聖經」探討現代和後現代處境中對權威的拒絕，並提供一個對聖經權威的理解，是能夠迎向這些對權威的挑戰的。在第四章「權威與道德」，我藉著批評霍洛韋（Richard Holloway）近期宣稱基督徒應該將上帝排除在道德以外這一講法——因為宗教道德（religious morality）是無望地專制和威權——從而討論基督教倫理學（Christian ethics）的權威。第五章「權威與傳統」根據聖經和西方思想自從啟蒙時代（the Enlightenment）以來對傳統的貶低，討論基督教傳統的性質和權威這個問題。第六章「聖經中的平等主義和等級制度」，則討論聖經為父權結構（structures of patriarchal）和壓迫性的等級制度（oppressive hierarchy）提供意識形態上的支持這個宣稱，並論證聖經思想的方向，實是朝向人類社會全面平等的願景的。第七章「於創造中的人類的權威」正視一個指控：創世記中人類管轄大自然這個觀念，是生態危機的意識形態根源。研究這個觀念的歷史與現代科技規劃的開始之間的關係，顯示它怎樣被收編到外來的目的（alien ends），並藉著回復這個觀念的聖經背景，作為其合符基督教意義的關鍵為總結。最後，第八章「現代性的危機中的自由」討論近期思想家的觀念，他們在當代西方識別出價值觀的危機，這一章也承認現代追求自由的正面成就，但也指出現代時代對自由的追求有致命的弱點，我們現在正面對那弱點帶來的後果。本書的論據在這一章的最後一節達到頂點：真正的自由是建基於基督教信仰的三一上帝、也是在與祂的關係中被模塑的。

註釋：

1. 引自 J. Webster, *Barth's Moral Theology* (Edinburgh: T. & T. Clark, 1998), 100。

本書各章原出版資料

第一章是 *The Bible in Politics: How to Read the Bible Politically* (London: SPCK, 1989 / Philadelphia: Westminster Press, 1990) 第七章的修訂和擴充版本。

第二章是 *Freedom to Choose*, Grove Spirituality Series 39 (Bramcote, Nottingham: Grove Books, 1991) 的修訂版本。

第三章是將出現在 "Scripture and Authority," *Transformation* 15/2 (1998) 5～11，以及 *Scripture and Authority Today*, Grove Biblical Studies Series 12 (Cambridge: Grove Books, 1999) 的材料的一個大為擴充的版本。

第四章是 "Richard Holloway in the Moral Maze: The Lost Leading the Lost," *Scottish Episcopal Church Review* 8/2 (2001): 26～36 的修訂版本。

第五章是 "Tradition in Relation to Scripture and Reason," in R. Bauckham and B. Drewery, eds., *Scripture, Tradition and Reason: A Study in the*

Criteria of Christian Doctrine: Essays in Honour of Richard P. C. Hanson (Edinburgh: T. & T. Clark, 1988), 117～145 的修訂版本。

第六章最初以"Egalitarianism and Hierarchy in the Biblical Traditions"出版，收錄在 A. N. S. Lane, ed., *The Interpretation of the Bible: Historical and Theological Studies in Honour of David F. Wright* (Leicester: Apollos, 1997), 259～273。

第七章從未發表過。

第八章是出現在福里斯特的紀念文集的一章，這是一個較長的版本。那文集是 *Public Theology in the Twenty-First Century*, ed. W. F. Storrar and A. R. Morton (Edinburgh: T. & T. Clark, 2003)。

1 聖經中的自由：出埃及和服事

聖經是一本收集了不同種類、經過很長時間、由很多作者和編輯寫成的著作。因此，根據它的性質，我們不能期望聖經在所有組成部分中，就它本身的教導為我們提供一些現成的總結。在很大程度上，辨別聖經處理某一個主題的一般要旨和主要部分，是一種創意詮釋的艱難任務。需要的遠遠不單是從聖經各部分收集相關的資料。聖經本身可能沒有將綜合的恰當類別整理好交給詮釋者；他們可能需要尋找最恰當的類別，或者發明新的類別。詮釋者需要在不貶損聖經見證的任何部分下，判斷甚麼是中心性的（central），甚麼是邊緣性的（peripheral）；甚麼是相對的（relative），甚麼是絕對的（absolute）；或者甚麼是臨時的（provisional），甚麼是持久的（enduring）。有時，重要的不單是報告特定聖經著作的實際立場，而是要進一步辨別聖經的思想朝甚麼方向發展。因為聖經包含動態、發展中的思想傳統，詮釋的目的，應該是讓聖經讀者參與它的思想過程，讓讀者自己的思想，可以繼續朝聖經定下的方向發展。在這一章，我們會嘗試綜合聖經中自由這個主題。

引言

布洛赫（Ernst Bloch）指出：「詞語愈大，外來的成分愈容易隱藏在其中。自由尤其是這樣。」[1] 由於自由是這樣「大」（big）的詞語，訴諸那麼基本的人類願望，在政治上那麼有說服力，它很容易被濫用。為某種形式的自由辯護或宣揚，往往被用作政治藉口，壓抑其他形式的自由。這個詞語，往往似乎為那些追求自由的人，開展人類自我實現（self-fulfillment）的無限視域，它的真實意義，也往往被那些用它來取得或維持政治權力的人減到最低。由於人們往往選擇性地運用聖經，藉以支持對自由的限制——宣稱聖經只認可**這**種而不是**那**種自由——我們必須嘗試向聖經中的自由的實際面向（actual dimension）開放。而由於自由這個觀念的含混性，令我們太容易以聖經的修辭披在我們自己的觀念上，我們需要努力辨別聖經對自由的理解的中心要旨。

我們不是在聖經裏尋找某種給今天的自由社會而設的藍圖。正如自從聖經時代開始，人類社會的形式，必然經過改變和發展——特別是在複雜性上——政治自由也發展起來，而且還不斷地發展。需要在政治上體現和保護的特定自由，是歷史性的——無論它們多大程度上植根於基本的人類本性。我們不能期望在聖經中找到這些現成的自由，它們不能直接告訴我們任何關於新聞自由或甚至宗教崇拜自由的事情。我們找尋的是聖經指出的方向，上帝對人類自由的旨意的基本性質。我們跟隨那指示，進入當代世界所需要的解放的面向時，需要的正是這基本性質。

聖經有很多相關的材料，但我們只尋找**自由**這個詞，或主要尋找自由這個詞，都不會找到這些材料，因為舊約幾乎從來不使用這個詞，新約也不常用它，即使更常見的相關詞語，也沒有顯示這個主題的範圍。[2] 自由這個觀念在聖經信息中的重要性，比單單這個詞提示的要大得多。例如：出埃及在兩約都經常被回憶起，它用作較後事件和經驗的原型或比喻，這事件總有力地帶有脫離壓迫得自由的含義。[3] 舊約不斷將這件事件中的上帝稱為「耶和華你的上帝，曾將你從……為奴之家領出來」（出二十 2 等）。「這是舊約對上帝——解放者上帝——的定義」。[4] 在路加福音，在開始時，耶穌的使命被綱領性地描述為解放的使命，這有類似的意義：「報告被擄的得釋放……叫那受壓制的得自由」（路四 18）。我們可以預期，自由這個主題，包含聖經頗大範圍的關注。

上帝釋放的奴隸

舊約沒有抽象地定義自由，而是以頗為具體的方式看自由。很明顯，作奴隸表示順從別人的旨意，自由則是脫離束縛或威權。但在以色列在埃及為奴這個範例中，不是抽象的隸屬身分、而是壓迫的具體邪惡——不能忍受的苦役、被逼殺嬰（出一 11～16）——令百姓痛苦，激起上帝的關注和救贖行動（出二 23～25，三 7～10，六 5～7）。這並不是說，舊約的人並不珍惜自由本身，而只是說，正如對大部分人來說那樣，它的價值是透過具體的好處而感受到的：有供應個人基本需要的自由，以及享受生命平凡的快樂而不受別人剝削的自由。

當然，出埃及記不單解放以色列脫離任何一種主權，而是釋放以色列脫離壓迫她的埃及人，讓她可以事奉上帝。上帝堅持給法老的挑戰不單是：「容我的百姓去」，而是「容我的百姓去，好事奉我」（出七 16，八 1、20，九 1、13，十 3；編按：原書引用《修訂標準譯本》〔RSV〕）。利文森（Jon Levenson）指出：「我認為那強調在於最後一個詞：好事奉**我**而不是別人。出埃及的目的，不是自決這個意義上的自由，而是**事奉**，即事奉那位愛、救贖和解救以色列的上帝，而不是國家及其驕傲的王。」[5]

由於這個原因，以埃及人為主（lordship）交換以上帝為主，不是由一種奴役轉到另一種奴役，因為上帝獻身於上帝百姓的利益，而以上帝為主，則被經驗為從所有人類的主權中釋放出來。正如莫特曼（Jürgen Moltmann）評論這神聖的主權時說：「『主』這個稱號，正正是為受奴役的百姓帶來自由的保證，這與奴役他們的主沒有任何關係。」[6] 從以色列成為一個由被解放的奴隸組成的國家，並只有一位神聖的主這個意義上，以色列得到「全民都獲得一種（在古代近東處境中）平等自由的權利」這個不尋常的意義。而利未記二十五章 42 節藉著實際建立奴隸制度表達出來的原則，反對在以色列人中有任何從屬（subjection）的關係：「因為他們是**我的**僕人，是我從埃及地領出來的，不可賣為奴僕。」撒母耳記上八章也有類似的考慮在發揮作用。在那裏，百姓不滿足於上帝作為他們的王，卻想有人當的王，「像列國一樣」。撒母耳的論據是，他們會受到壓迫性的專制統治，好像當時很多君王政治那樣，他將君王政治的種種邪惡總結為：「你們也必作他的僕人」（撒上八 17）。從屬的政治關係，在一個由上帝從奴役中拯救出來的國家是不恰當的（也參士八 22～23）。

在整個古代世界（而且不單古代世界），某些人的自由，都表示著另一些人的從屬。自由表示著成為主人，因此便有奴隸。統治者有自由，是因為他們有臣屬；主人有自由，是因為他們有奴隸；富人和有權勢的人有自由，是因為有窮人和脆弱的人受害；男人有自由，是因為女人受壓制。在以色列，自由和從屬這種相互關係，**原則上**被打破了，因為以色列——因而是所有以色列人——都曾被上帝釋放，因此單單是祂的奴僕。所以，在以色列，自由包括的不是不平等，而是平等。這個自由的**原則**沒有完全徹底地執行——例如在婦女的地位或奴隸制度的建立上（我們在下面會回到這個問題）——並不應該掩蓋這個原則上的突破的重大意義。

經濟獨立

舊約的很多律法，以及先知的很多譴責，都是關於源自社會和經濟不平等的剝削（失去自由）的危險。這不單要求執行律法時要公正，重視每個以色列人的生命和生計不受損害的權利；它也表示律法和先知是正面地關注維持以色列家庭的經濟獨立，包括他們有權利分享上帝賜給整個以色列的土地，這種權利不能被剝奪。喪失經濟獨立，令人們很容易受到別人剝削，往往使人實際上變成奴隸。因此，先知譴責那些積聚財物的人，「那些以房接房，以地連地，以致不留餘地的，只顧自己獨居境內」（賽五8；編按：原書引用《新英文聖經》〔NEB〕），先知也因此不斷關注保護那些沒有經濟獨立的人：寄居者、孤兒、寡婦。以色列沒有人——甚至包括那些寄居者——應該被剝削，因為上帝救贖以色列，正是令他們脫離在埃及身為沒有土地的寄居者所受到的壓迫（出二十三9；利十九33～34；申二十四18）。

因此，在以色列，自由的理想有經濟獨立和脫離受到傷害的恐懼這些具體的形式。我們應該留意，這不單施加了所有法律系統都會施加的各種限制——針對對個人和別人的財物的明顯侵害——也施加了經濟上的限制，因為只有經濟資源的相對平等，才能夠阻止窮人受到較富有的階級壓迫。在實踐上，在王國時期社會和經濟平等受到大大侵害，這是很多先知抱怨的事情，而先知一直提到的終末盼望，表達了經濟獨立和令所有人不用懼怕受到侵害這個理想：「人人都要坐在自己葡萄樹下和無花果樹下，無人驚嚇」（彌四 4）。[7]

要糾正任何以為在以色列所理解的自由只是個人（或家庭）**脫離**被別人壓迫這錯誤，或許還要加上最後一個觀察。我們很容易從現代將這種對自由的個人化理解投射到從前。如果我們將自由設想為與從屬有關的主權，所有人的自由便表示每個人都是自己的主人，而每個人都經驗到別人是對自己自由的限制，與自己競爭。這是現代的自由個人主義（liberal individualism）。這不是古代以色列人的經驗，部分是因為以色列人不是自己的主人，而是上帝的奴僕。承認神聖的主權，令每個以色列人對其他以色列人都負有責任。因此，舊約律法的一個基本特點——正如任何要保障自由的現實性嘗試都必須那樣——包含了很多對反社會性地濫用自由的限制；同樣是舊約律法的特點的是，它包含要正面地關心幫助別人。我的鄰舍不單限制我的自由、也是我要好像愛自己那樣去愛的人（利十九 18）。新約對自由的理解，更多地是**為了**別人而不是**脫離**別人，這個理解已經隱含在舊約的社會責任這思想中。

舊約的奴隸制度

當然，奴隸制度存在於舊約時代的以色列，舊約律法也包括很多意圖管理這制度的律法。[8] 根據古代近東的習慣做法，奴隸包括身為戰俘被擄的外國人，以及可悲地負債、並要賣身為奴的以色列人。奴隸制度表示主人對奴隸有相當權力，而奴隸的權利雖然沒有完全被剝奪，但卻相當有限。

不過，重要的是，首先要留意舊約完全承認以色列人可成為奴隸，與上帝所有百姓的基本自由和平等是不一致的，因上帝已將他們從埃及的奴役中救贖出來。雖然律法接受奴隸制度的現實，但卻視之為不正常的，需要盡可能減到最低。因此，它給奴隸機會，在六年後不用贖身便可以得自由（出二十一 2），而事實上，更會有好些供應令他們度過失業的時期（申十五 13～14）。只有藉著自由選擇，奴隸才可以在六年後不脫離主人，而永遠服事他（出二十一 5～6；申十五 16～17）。面對製造奴隸制度的經濟現實，這些律法嘗試給以色列人自由這基本權利一些持續的實質。由於「你在埃及地作過奴僕，耶和華你的上帝將你救贖」（申十五 15），主人要在奴隸服事他六年後給奴隸自由。

利未記二十五章 39 至 43 節的律法走得更遠。雖然這律法容許以色列人有外國的奴隸（二十五 44～46），但它禁止將其他以色列人當為奴隸，他們可能因為貧窮而被迫成為半奴隸。這很可能是嘗試將現行的奴隸制度的法律地位取消——雖然有些學者論證說，所有其他關於奴隸制度的律法，都只是指非以色列的奴隸。[9] 無論如何，不奴役以色列同胞的神學理由是值得留意的：「因為他們是我的僕人，是我從埃及地領出來的，不可賣為奴僕。」（利二十五 42）

除了承認所有以色列人都有自由這種基本權利外，有些律法也有大幅度將奴隸制度緩和及人道化的效果，這是其他古代社會所沒有的。保護奴隸免受主人傷害的律法（出二十一 20～21、26～27），在他們那個時代的處境是獨特的，代表了超越法律——視奴隸為只是動產（chattels）——的做法；身為財產，他們沒有權利保護自己免受主人傷害；但身為人，他們卻有權利這樣做。關於釋放奴隸和處理逃走的奴隸的律法（出二十一 2～6；申十五 12～18，二十三 15～16），如果要有效地執行的話，必須確保奴隸制度的實踐不是壓迫性的，因為嚴苛的主人不能夠留住自己的奴隸。由於在古代社會，將逃走的奴隸交還主人是被視為理所當然的責任（比較撒上三十 15），因此，律法命令以色列人收容逃走的奴隸（申二十三 15～16）同樣是值得留意的。雖然沒有指出動機，但以色列人很容易記得，以色列本來是一個由逃走的奴隸組成的民族。因此，這個民族應該同情的，是逃走的奴隸而不是主人。[10] 所以，舊約律法雖然實際上沒有取消一個在古代世界普遍存在的制度，但卻因為以色列脫離埃及的經驗，在很大程度上將它人道化，我們甚至可以說是將它破壞。即使在戰爭中被俘擄作妾的也是人，有權受到尊重（申二十一 10～14）。

如果律法和先知（比較耶三十四）對奴隸制度的態度，是建基於出埃及的解放那救恩—歷史（salvation-historical）的基礎，那智慧文學的典型，則是根據創造—神學（creation-theological）的基礎得出同一個結論：同一位上帝創造了主人和奴隸（伯三十一13～15）。最終，兩種論證都要求取消奴隸制度，我們應該盡可能依從這些舊約原則的**指示**，甚至超越舊約的實踐，而且甚至超越新約的實踐，這是完全恰當的，事實上，它們不單帶領我們在狹義上取消奴隸制度。所有容許人剝削另一個人的那些從屬關係，都違反舊約啟示的上帝的基本旨意。它們在人受造的地位中沒有基礎，人都平等地從屬於上帝，而上帝的歷史目的，是取消所有這類從屬的關係。上帝使以色列脫離奴役，最終不能是只給以色列特權，最終是要成就上帝的典型的（prototypical）旨意，即所有人類都應該同樣地在上帝的解放下讓祂作我們的主。

新約的自由

自由的觀念在新約有重大發展。在嘗試簡短地闡釋這論點時，我們會集中在四方面。

首先，新約**加深和擴展**了整個自由和從屬的問題，將它帶到超越政治和律法的層面。因此，耶穌的事奉並沒有真箇釋放人的奴隸，而是解放罪疚和罪的奴僕——那些被魔鬼擄去、被疾病和傷殘壓迫、被自己囚禁，以及受制於死亡的人。因此，在新約，出埃及的解放，變成了基督對那些受罪和死亡奴役的人的解放（例如：啟一 5～6）。但這正是擴展和深化舊約自由的觀念，而不是取代它。脫離所有壓迫，是不能排除政治領域的——即使它遠遠超過政治。

第二，在基督裏的自由的含義，肯定影響到教會中的社交生活，即上帝的新子民被新的出埃及解放。在新約，基督徒的自由肯定不純粹是內在的和個人的，而是關乎基督徒在教會中那外在的和社交的關係。原則上，基督徒之間不能有任何從屬的關係，「並不分自主的、為奴的」（加三 28）。新約一些給主人和奴僕的建議，可以理解為只是緩和那個狀況，卻並沒有改變那基本關係，但腓利門書 16 節更一致地貫徹基督徒的原則。腓利門要接受他逃跑的奴僕阿尼西母，「**不再是奴僕**，乃是高過奴僕，是親愛的兄弟」。奴僕關係的法律形式得到保存，但主人和奴僕之間的關係，不再是主人和奴僕的關係，而是兄弟的關係。

或許更值得留意的是，以弗所書五章 21 節至六章 9 節，這段經文在處理三種權力關係（妻子和丈夫，兒女和父母，奴僕和主人）。在頭兩種關係中給雙方的不對等建議，必須以此為平衡：即所有三種關係都是在五章 21 節這鑰節之下的，這鑰節是完全相互性的（reciprocal）：「又當存敬畏基督的心，彼此順服。」在彼此服事中的自由這個原則，於討論家庭關係時，突顯了權力中那些更被社會所決定的元素。但為免那個鑰節的要點在讀者讀到第三種關係（奴僕和主人）時被忘記，在那裏保羅以頗令人吃驚的形式重申這個要點。他吩咐主人對奴僕「也是一理」（六 9）時，指的只能夠是好像奴僕那樣服事（六 7）。換句話說，如果僕人被吩咐要成為主人的好僕人，「好像服事主」（六 7），主人也要**作**他們僕人的**僕人**，「好像服事主」。可以假定的是，他們運用權力的方式，要好像僕人服事他們那樣服事僕人。如果認真看待這種建議，會表示外在持續的自由和從屬這個秩序，在內在會由彼此服事這個新的基督教原則所轉化（參以下第四點）。我們也應該留意，主人—僕人關係被超越的方式，不是藉著令所有人都成為主人。

新約這個原則的革命性潛力，在杜斯妥也夫斯基（Fyodor Dostoevsky）筆下佐西馬神父（Father Zosima）這個（比初期的基督徒更接近我們的社會環境的）角色中得到承認。他在論述「主人和僕人是否可能在靈裏成為兄弟」時說：

> 在這個世界，沒有僕人，人們便不能夠生存。但你安排事情的方式，應該令你的僕人在精神上比不是僕人更自由。因為為甚麼我不應該成為我僕人的僕人，為甚麼他不應該察覺到這點，而我並沒有任何自義，他也沒有任何不信任？為甚麼我不應該將僕人當為親戚對待，最終接納他到我的家庭，並懷著喜悅地這樣做？即使現在，這仍然可以發生，並作為將來的基礎：人類榮耀地聯合，那時人不會好像現在這樣找尋僕人，也不會好像現在這樣令自己的同類成為僕人；相反，他們自己會從心底裏成為每一個人的僕人，正如福音書指出那樣。[11]

第三，新約給自由一個頗為新穎的強調，即視之為自願的服事。雖然新約繼續用有點弔詭的語言，將順從上帝主權等同自由（例如：彼前二 16），但它對自由的理解的核心是：透過上帝的兒子耶穌，基督徒有自由成為他們天父上帝的**兒女**（約八 32；加四 7；羅三 14～17）。那重點是：兒女在一心一意地順從父母旨意，好像耶穌順服天父時，那不再是奴僕那種不自願的順從，而是兒女樂意及願意的服事。向上帝自願的服事也表示——同樣以耶穌為榜樣——自願服事別人。耶穌和初期教會都沒有以每個人是自己的主人這個模式，取代有主人和僕人的社會模式，而是以每個人都是別人的僕人這個模式取而代之——當然，那理解是這種「奴役」是完全自願的（路二十二 26～27；約十三14；加五 13）。換句話說，自由是自由地愛：「弟兄們，你們蒙召是要得自由，只是不可將你們的自由當作放縱情慾的機會，總要用愛心互相服事。」（加五 13）[12] 如果舊約強調上帝的百姓是**得自由**（freed）的奴僕，新約則強調上帝的百姓是自由的**奴僕**。

教會中的權威也不例外，並且這權威只是以服事的形式存在的（「自己因耶穌作你們的僕人」，林後四 5；比較可十 43～44；太二十三 10～11），因此是彼此順服和所有人服事所有人這個模式的一部分。[13] 所以，這種形式的自由，作為樂意和愛心服事的精神，創造的不是一羣獨立和互相競爭的個體，而是一個真正互相依靠的**羣體**。剝削的關係被解放的關係所取代。

第四，在某程度上，這解釋了初期教會對他們當時政治和社會性的從屬這種現存結構的態度。他們沒有試圖以自由的名義取消這種結構，而是嘗試藉著將它們變為**自願**和（在可能的情況下）**彼此**從屬的關係，從裏面將它們轉化。這在以弗所書五章 21 節至六章 9 節那裏最為明顯，那是關於婚姻、為人父母和主僕的關係，正如我們已經看到的。另外，這在彼得前書二章 13 至 17

節中也同樣明顯，那裏提到政治結構。在後一個情況下，雖然政府完全在教會的影響以外，它不能責令雙方**彼此**從屬，但基督徒承認國家的權威，明顯是連繫到作上帝的僕人的自由的（16節）。

我們可以說，基督徒從裏面轉化權威結構這個策略，比嘗試建立新的平等主義的結構（egalitarian structures）更可行，而且就各自的有效性來說，可能是相若的。最終，平等主義的結構也是需要的，但它們本身不能產生完滿意義上的自由。它們可能成為競爭性的自由（competitive liberty）的載體（vehicles），仍然受到自我服事的奴役，而非創造羣體的真正自由。

在以下四個簡短的段落，我們會評論新約論述人類自由的特定方面（絕對不是詳盡的分析），與當代社會的適切性問題。

脫離罪的壓迫

> 豈不曉得你們獻上自己作奴僕，順從誰，就作誰的奴僕嗎？或作罪的奴僕，以至於死；或作順命的奴僕，以至成義。感謝上帝！因為你們從前雖然作罪的奴僕，現今卻從心裏順服了所傳給你們道理的模範。你們既從罪裏得了釋放，就作了義的奴僕。我因你們肉體的軟弱，就照人的常話對你們說。（羅六16～19上）

西方基督教傾向將救恩主要地想為赦免，以及將相應的罪視作為罪疚。這無疑反映了人類困境的一方面：身為罪人，我們在上帝的審判面前是有罪的。但根據新約和基督教傳統，人類困境的另一方面，則是順從罪的權力。這是保羅談及救恩作為解放或自由的其中一個背景。我們是罪的奴僕，直到上帝釋放我們，進入上帝自己的服事中，也就是自由。

這一點如果闡釋得好，福音可以特別適切當代很多人。如果我們想以我們文化的一些主要現實來具體地表達這點，我們應該想到罪的壓迫：我們自己不能脫離它的掌握，而它不單是墮落的人性內在性地被罪壓迫，也是個人以外的力量：例如消費主義——它訴諸人類本性的卑下慾望，藉著抓住人貪心、肉慾、妒忌和無厭的傾向而剝削他們。很多將當代人牢牢抓著的，是控制我們社會的最壞力量以及他們內在自我最壞的方面之間的結盟。這是一種不同的壓迫，需要一種不同的出埃及。

在那新出埃及中，我們得到的包括一種新的忠誠或委身。我們可以抗拒那些本來是不能抗拒的壓力，因為我們有一些在它們以上和以外的東西，令我們可以看穿它們和抵抗它們。出於愛而順從上帝，並不是好像今天很多人以為那樣，會令人疏離地失去（alienating loss）個人自由，那反而會令人脫離所有壓迫：即想成為一獨立自我的個人往往發覺自己所受制於的那些壓迫。要基督徒在壓迫人的慾望和成癮的當代生活中，好像真正自由的人那樣行動，可能是在今天的西方社會中，最能夠給予基督教信仰和生命的可見的實質的東西。

真理和聖子叫我們得自由

> 你們若常常遵守我的道，就真是我的門徒；你們必曉得真理，真理必叫你們得以自由……我實實在在地告訴你們，所有犯罪的就是罪的奴僕。奴僕不能永遠住在家裏；兒子是永遠住在家裏。所以天父的兒子若叫你們自由，你們就真自由了。（約八 31～32、34～36）

約翰福音中「真理」（truth）這個詞的力量，往往可以更好地以「真實」（reality；或譯「實在」）這個詞來傳達。真理是當罪的所有假象和幻象被上帝的話驅除時我們所看到的真實。越過當代社會以如此熟練的專長為我們建構的美好生命那誘人的形象，看穿它們，且看見事物的真實，就是得自由。不按我們自己的品味，建構我們自己的世界，而是辨別真實，就是得自由。但我們不應該將那真實誤解為權威地強加教條。真實不單是信條，無論信條在將我們指向真實方面是多麼有用。在約翰福音，耶穌自己是上帝和世人的真理。真理是位格性的（personal），能解放人的，是人親自在耶穌的位格中與事物的真實相遇——祂反映了祂天父的神性，並示範了真正的人性。

叛逆的兒子回家

獨立和歸屬之間的張力，是在人類景況內在固有的，它在今天自由的問題中，以特別麻煩的文化形式顯現出來。人類某程度上同時需要獨立和歸屬，以及兩者之間的工作關係。當代的問題是：自主的渴望，威脅著要奪去我們對別人的歸屬或者為別人負責這種想法。委身的關係被視為限制，是我們必須掙脫的，藉以在自由中成為自己。

以下肯定不是浪子這個比喻（路十五 11～32）的充分解讀，而是嘗試讓比喻的一個面向，向剛才提到的文化處境說話。比喻中的小兒子要求脫離父親、家庭和家庭的居所而獨立，藉以不單讓自己過得快活，也肯定希望可以藉以更深刻地成為他自己。這是一種青少年的反叛。在與父母的關係中，從幼童走向成人，往往有一個主張獨立的階段，在其中，年青人感到需要向父母要求和抓緊其獨立性。比喻中的兒子未能等及父親去逝，便想接替父親的位置。他想獨立，但因此也嘗了獨立的苦味，及後回家再次成為兒子，屬於他的父親和家庭。但這種歸屬不會和他離開前的那種一樣。現在他對獨立有所認識，並自由地選擇自己將會在一種成年人歸屬於父親和家庭的方式裏所找到的自由。

在無間斷地追求自主，並以羣體和歸屬為代價時，當代西方社會活出一段誇張和延長了的青春期（adolescence）。那孤立、那孤獨和那空虛，都是浪子的豬食（pig-swill）。最完滿的自由，不是在盡可能脫離別人中找到的，而是在我們於愛的關係中彼此相屬時，給予對方的自由中找到的。回到家裏，回到父親的擁抱，對很多當代人來說，就是找到上帝，同時又找到別人，可以開始與他們一起成為真正的自己的一個合適比喻。很可惜，真正的家和父親愛的擁抱，是很多當代人不能夠第一手經歷到的，但回家的渴望，隱藏在每個心靈的某處，或許在某些從沒有家可以離開的人裏面會更強烈。

在彼此中成為自己

> 我不但為這些人祈求，也為那些因他們的話信我的人祈求，使他們都合而為一。正如你父在我裏面，我在你裏面，使他們也在我們裏面，叫世人可以信你差了我來。你所賜給我的榮耀，我已賜給他們，使他們合而為一，像我們合而為一。我在他們裏面，你在我裏面，使他們完完全全地合而為一，叫世人知道你差了我來，也知道你愛他們如同愛我一樣。（約十七 20～23）

近年系統神學一個很強的趨勢，是以羣體中的個人這個模式，對比和反對現代西方的個人主義，這種模式反映上帝父、子、聖靈三一的位格性。[14] 人們認為，基督教對上帝的理解，需要一種對位格（being a person）的關係性理解，使得我們脫離別人，便不能在自由中成為真正的自己；而只有在與別人的自由關係中，才能夠成為真正的自己。這個神學趨勢有時被化約（雖然不是由主要的提倡者）為頗為令人不滿意的形式：三一為人類提供供遵照的外在模式（external model）。約翰福音中耶穌那個禱告（上引文），在聖經的經文中，最接近這個觀念，但同時也暗示了更多東西。當然，耶穌祈求祂的門徒合而為一，正如祂和天父合而為一一樣。那一性（oneness）是在彼此之中（in-one-anotherness）的，是約翰表達神聖位格的親密性的獨特方式，在較後期的神學中，稱為*互滲互存*（perichoresis）。但那段經文不單是描述三一和人類羣體兩者之間的類比。它描述三一（在這裏是父和子之間的關係）作為人類羣體的動源（active source）。父和子之間的彼此內在性，乃由祂們來分享給那些在耶穌裏認識父上帝的人。在與上帝的親密中，門徒會發現他們彼此之間也有他們自己羣體的彼此內在性。

有些人忘記了或者從不知道怎樣在愛的真正開放中交往，他們可能會在認識上帝時發現它，正如其他人可能透過經歷別人的愛，而發現與上帝的親密關係一樣。

自由人耶穌

在福音書中，耶穌以不被自身社會處境的結構和意識形態所控制來自由地行動和說話。頗為清楚地，祂也是在完全順服祂的父中行動的。耶穌喜歡實行祂父的旨意，那旨意是祂的飲食。因此，祂示範了愛那自由和樂意的順服。

在與別人的關係中，耶穌在描述自己是服事別人的奴僕（路二十二 27），以及在實行那最能區別為奴僕的行動——為別人洗腳（約十三 3～15）——中，最非凡地表達了祂的自由。在這個行動中，耶穌做了在祂的地位中沒有人會做的事情，每個人都會感到，已經確立的價值觀和社會習俗都禁止人們那樣做。在這個行動中，如果耶穌是為祂所愛的人而做，祂看不到有任何有辱身分的成分。在洗腳的行動中，祂預示自己很快會經受那可恥和奴僕般的死。因此，祂示範了為別人而自由所要付的代價（the cost of being free for others）。

自由的概念

在教會歷史中，上帝往往被歪曲為壓抑、而不是促進自由者。祂是天上的專制君王，示範著和認可地上壓迫的政權：國家的神權君王，教會的教權統治，家庭的父權宰制。這明顯不是聖經中的上帝。祂作我們的主，釋放我們，使我們不作任何人的僕人。祂的僕人不應作任何人的主人的僕人（利二十五 42）。那些稱上帝為父、稱基督為主的人，不能再稱人為父或主（太二十三 9～10）。這是因為我們神聖的主人並非以宰制、而是在奴僕的服事中，實現自己的主權（腓二 6～11）。

但聖經中的上帝，所促進的是一種怎樣的自由呢？根據在西方民主中具高度影響力的自由個人主義，「惟一配稱為自由的自由，是以我們自己的方式，追求我們自己的善（good），只要我們不試圖剝奪別人的自由，或者妨礙別人實現自由的努力」（穆勒〔John Stuart Mill〕）。[15] 或許，我們可以以與穆勒相似的方式，表述聖經對自由的理解：惟一配稱為自由的自由，是自由地追求別人的善（freely pursuing the good of others），而不剝奪他們的自由，而是促進他們的自由。

穆勒的定義，在這樣界定的自由和平等之間製造了張力。國家以共同的善為目標的積極活動，似乎與個人追求自己的善的自由有衝突。個人自由和社會公義之間的張力遍及當代的政治。例如：政府嘗試將消費者選擇的自由最大化，但這種自由很容易對富有的人有利，卻令窮人除了貧窮以外，沒有能力作出其他選擇。

根據我們對自由的定義，個人不是在為了自身的自我實現時最自由，而是在為別人而獻出自己時是最自由的。這個定義避過自由和社會公義之間的張力；但一旦它應用到政治領域，便製造出一種不同的張力：自由和強制之間的張力。政府的特點——雖然絕對不是排他地——是運用強制的權力，而即使在民主政體中，那也表示強制人們為了共同的善而作出貢獻。當然，良好的公民——在我們意義上真正自由的人——會歡迎那些例如要求他們納稅支持有益於所有人的福利開支和醫療服務的法例，而他們也會樂意和自願地服從這些法例。但不樂意納稅的人，卻不是正如盧梭（Jean-Jacques Rousseau）所主張般，即「被迫自由」（forced to be free）：在這方面，他就是沒有自由。如果盧梭是正確的話，極權的國家會是最接近我們對自由的定義的政治結構。但他是錯的，因為認為自由可以由強制製造，這在用詞上是矛盾的。這樣，民主系統在政治領域中，為自由提供了惟一充分的結構性處境。它盡可能減低自由和強制之間的張力，但這張力仍然存在。在民主系統中，政治教育進一步將此張力減低，但卻不能將它消除。

當我們將新約連繫到政治時，在政治領域中往往變得明顯的是，雖然它很重要，但卻不是無所不包和自足的。製造真正和健康的政治羣體的自由，只能夠有限度地由政治的途徑製造出來。它源自耶穌使人得自由的使命所指向的奴役和自由的那些更深的面向。

自由的面向

聖經中的自由，是一個廣泛和複雜的觀念。例如：它從以色列人在出埃及中脫離埃及的壓迫的自由，到耶穌出於對人類的愛和對祂父的旨意的忠誠以接受苦難和死亡的自由。它包括**脫離**（例如剝削）的自由、**作出**（例如選擇）的自由、**為**（例如別人服務）的自由、**有**（例如盼望）的自由。它好像人類生命那樣複雜，沒有任何模式可以充分地將它歸類。但一個有助我們對抗將自由化約成某些種類的自由的模式，是**多面向**的自由這個模式，即對應人類生命和經驗的多面向模式。[16]

人類生命可以理解為有多個面向，例如心理、生理（與身體有關）、當下的社會（人與人的關係）、經濟、文化、政治和環境（人類社會與大自然的關係）等。任何這種面向的清單都是具彈性的；它可以加上其他面向，也可以以不同方式作出區分，因為人類經驗沒有內在固有的絕對區分，有的只是關於一個複雜整體而方便思考的類別。那些面向是可以區分、但卻**互有關連**的。在一個面向中的行動或經驗，對其他面向也會有影響。例如：失業屬於經濟的面向，但卻有很大的心理和社會影響，可能令人患病，也要求有政治行動。我們應該抗拒試圖視一個面向為獨特地決定其他面向，好像例如經濟狀況決定（而不單是影響）所有其他面向。沒有一個面向單向地決定其他面向。相反，各個面向均以十分不同和複雜的方式互有關連。

政治面向──指由政府為自己所定的人類生活秩序──只是一個面向，不是好像極權者宣稱那樣，是一個包括所有其他一切、無所不包的面向，而是一個可以**影響**所有其他面向，同時也反過來受它們影響的面向。宗教面向可以在某種意義上──作為特定宗教活動的領域──被視為眾多面向的其中一個，但作為與上帝的關係的面向，它更充分地被理解為惟一**真正**無所不包的面向。上帝是人類生命所有面向的創造者、主和救主。認識上帝就是在生命的所有面向中與上帝交往。

多面向思考令我們能夠更有彈性地思想自由和自主。這不單是奴役和壓迫在生命的很多不同面向中出現——經濟剝削、心理壓迫等等；大部分壓迫的形式會影響幾個面向，以及也會在多於一個面向的解放行動中受到攻擊。因此，例如身體的殘障可能似乎是一個面向（身體）的問題，應該在那個面向中著手處理；因此，如果我們不能消除那殘障本身，我們可能以為從傷殘中得解放是不可能的。但事實上，身體殘障本身可能是傷殘人士最不重要的問題，因為，遠為重要的是，「殘障」的問題，會因著那視傷殘人士為另一種人的那種個人態度、社會組織和建築物設計而加劇，這一切都將傷殘人士排除在大部分正常社會以外。傷殘人士的自由，可以透過事情的這些其他面向的考慮而實現，當然也可以透過在傷殘人士對自身狀況的態度的一種心理上的解放而實現。

有了這個視角，對於我們再次看初期教會對待奴隸制度的方法是很有用的。這種壓迫幾乎影響奴隸和主人生命的每一個面向。這種制度只能夠由強而有力的政治行動，加上社會和經濟的徹底重整，並得到廣泛的公眾支持，才能夠被廢除。由於初期的基督徒不能、也沒有嘗試這樣做，人們可以指摘他們容忍奴隸制度。但他們實際所做的，就是在可能的情況下，在**那些面向**中促進人們從奴役中解放出來：在心理和當下社會的面向中。甚至在不信教的主人之下作奴僕的，也從奴隸狀況那種心理上的非人化（dehumanization）中找到某種解脫：在被當為基督徒弟兄姊妹的羣體中，他們恢復了人類平等的尊嚴。這並不是一切，但卻是值得擁有的。教會的失敗，是在於在較後的時期，當它具有政治影響力、並有能力模塑公眾意見，且至少能夠嘗試廢除奴隸制度時，卻仍然滿足於現狀。在這時——而且直到十九世紀——教會人為地停止聖經那自由的動力，這動力不屬於一個面向，而是流遍所有面向的。[17] 在教會自己的社會關係中脫離奴役，本可以成為最終令整團麵發起來的酵。

自由的不同面向的相互關連，最常以內在和外在的自由、「靈性的」（spiritual）和「世俗的」（secular）自由，或者實存的（existential）和結構的（structural）自由這些用語來表達。[18] 這幾對詞語不是穩定或很容易界定的，但廣泛地區分經濟、政治和社會結構的自由，以及**即使**在壓迫性結構中仍可能擁有的那種個人自由卻是可能的。[19] 後一種自由是真實和重要的，這可以從例如前蘇維埃帝國的古拉格勞改營（gulag）那些異見分子的極端例子中可以看到，雖然體制給他們壓迫得叫人難以忍受，但他們的思想仍然保持自由；或者好像羅馬帝國下的基督徒殉道者，他們甚至拒絕讓死亡的威脅迫使他們屈服，他們可以被視為當時真正最自由的人。在壓迫的結構中——而且雖然有這種結構——而仍然有的這種自由，不單是真實的，對**從**壓迫的結構中得解放的事業來說，也是必不可少的。俄羅斯的異見分子是因為從那個系統中得解放，才可以公開抗議那個體制，並盼望改變它。或者以凱克（Leander Keck）提出的美國為例子：「如果帕克斯（Rosa Parks）沒有內在的自由，她在阿拉巴馬州（Alabama）的蒙哥馬利（Montgomery）那部巴士上，永遠都不會拒絕坐到後面，從而引發令馬丁・路德・金（Martin Luther King）成名的運動。」[20] 同樣，需要有摩西經歷到上帝將他從屈從於法老那無可抗拒的權力中解放出來，才能夠帶領百姓出埃及，也需要百姓自己逐漸在心理上解放出來，才能夠在脫離法老的軍隊後也脫離埃及。

真正的自由，不能夠限制在一個面向之內。內在的自由不能滿足於外在的不自由，雖然在外在的自由不能實現的環境中，它可能要忍受著那矛盾。當存在的自由的經驗，快樂地與結構性的壓迫並存時，單單補償它而不是反抗它，在那程度上是不真實的。需要承認的是，例如，當被壓迫者的教會，使人在那本來難以承受的環境中，仍能承受自己的生命時，人們便不應該強求。但令人印象更深刻的例子是美國的黑奴，他們經歷福音的解放，這福音給他們內在的自由，脫離奴隸制度那非人化的影響（「我是上帝的兒女，祂使我的靈魂得自由／因為基督買了我的自由」），也肯定不會接受自己的鎖鏈束縛。相反，他們對解放人的上帝的經驗，令他們渴望外在的自由（「我的主解救但以理／為甚麼祂不能解救我？」），那自由既是終末式的（eschatological；「孩子們，我們將會自由／當主顯現的時候」），又是現實的（realistic；「法老的軍隊被淹死／啊馬利亞，你不要哭」）。[21]

新約對真自由的本質的洞見是：真自由是脫離自我利益的奴役，以及自由地將自己獻給別人。這新約的洞見的貢獻，在這個處境中也是重要的。受壓迫的人渴望自由，但假若他們渴望的自由，只是壓迫他們的人擁有的自由——只要自己有自由，不管其他人要承擔甚麼——他們都不是真正從壓迫他們的系統中得解放。在這種環境下，得釋放的奮鬥，只是其所反對的體制的一個鏡像（mirror image）：它決心追求自我利益，因而它製造的受害人和被它解放的人同樣的多，更帶來一種新的暴政，取代舊的那種。那配稱為向外的解放（outward liberation），乃要求得釋放的人，為別人而活，而且是為所有其他人而活，甚至是壓迫他們的人。[22]

註釋：

1. E. Bloch, *The Principle of Hope* (Oxford: Basil Blackwell, 1986), 258.
2. 有關相關的新約詞語的簡短研究，參 R. T. France, "Liberation in the New Testament," *Evangelical Quarterly* 58 (1986): 9～12。
3. S. Croatto, "The Socio-historical and Hermeneutical Relevance of the Exodus," in *Exodus—A Lasting Paradigm*, ed. B. van Iersel and A. Weiler (Edinburgh: T. & T. Clark, 1987) = Concilium 189 (1/1987): 126～129. 有關相反的觀念，參 J. Barr, "The Bible as a Political Document" *Bulletin of the John Rylands University Library of Manchester* 62 (1980): 286～287。
4. J. Moltmann, in E. Moltmann-Wendel and J. Moltmann, *Humanity in God* (London: SCM Press, 1983), 57; 比較 Croatto, "The Socio-historical and Hermeneutical Relevance," 127：「以色列的上帝的名字，是牢不可破地與壓迫—解放的出埃及經驗聯繫起來的。」
5. J. D. Levenson,： "Exodus and Liberation," *Horizons in Biblical Theology* 13 (1991): 152.
6. J. Moltmann, *Experiences in Theology*, trans. M. Kohl (London: SCM Press, 2000), 34. 關於當代對用「主」這個詞來指稱上帝的這種批評，這句話繼續說：「也完全與男性主宰沒有關係。」
7. 比較賽三十二 18；耶三十 10；結三十四 25～9；番三 13。
8. 一般地，參 H. W. Wolff, *Anthropology of the Old Testament* (London: SCM Press, 1974), 199～205；C. J. H. Wright, *Living as the People of God: The Relevance of Old Testament Ethics* (Leicester: Inter-Varsity Press, 1983), 178～182。
9. 像 C. J. H. Wright, "What Happened Every Seven Years in Israel? Part 2," *Evangelical Quarterly* 56 (1984): 193～201；但反對這個觀點的，參例如 A. Phillips, "The Laws of Slavery: Exodus 21.2～11," *Journal for the Study of the Old Testament* 30 (1984): 51～66。
10. Wolff, *Anthropology*, 202。
11. F. Dostoevsky, *The Karamazov Brothers*, trans. I. Avsey (Oxford: Oxford

University Press, 1994), 398.

12. 這是我的翻譯。

13. 比較已經在舊約存在的，參王上十二 7。

14. 一個近期的例子是 D. S. Cunningham, *These Three Are One: The Practice of Trinitarian Theology* (Oxford: Blackwell, 1998), chapter 5。

15. 引自 A. Passerin d'Entrèves, *The Notion of the State* (Oxford: Clarendon Press, 1967), 204～205。

16. 關於多面向的自由這個觀念，參 J. Moltmann, *The Crucified God* (London: SCM Press, 1973), 329～335。

17. 有關教會後期對奴隸制度的態度一個簡短的論述，參 R. N. Longenecker, *New Testament Social Ethics for Today* (Grand Rapids: Eerdmans, 1984), 60～66。

18. 關於這種區分，參 A. O. Dyson, "Freedom in Christ and Contemporary Concepts of Freedom," *Studia Theologica* 39 (1985): 55～72。

19. 關於保羅著作中的這種自由，參 B. Gerhardsson, *The Ethos of the Bible* (London: Darton, Longman & Todd, 1982), 76～78。

20. L. Keck, "The Son Who Creates Freedom," in E. Schillebeeckx and B. van Iersel, eds., *Jesus Christ and Human Freedom* (*Concilium* 3/10, 1974), 71～82.

21. 關於靈歌中內在和外在的自由，參 J. H. Cone, *The Spirituals and the Blues* (New York: Seabury Press, 1972), chapter 3；idem, *God of the Opposed* (London: SPCK, 1977), chapter 7；idem, *Speaking the Truth: Ecumenism, Liberation and Black Theology* (Grand Rapids: Eerdmans, 1986), 31～34。

22. 關於這方面，舊約透過出埃及呈現出來的解放範式——在征服和消滅迦南人中結束了的——在新約對解放的理解中被超越了。

2 當代處境中的自由

引言

自由是現代其中一個最有力的詞語。或許，它是所有詞語中最有力的一個——或者只有愛可以和它匹敵。以前有另一些詞語更有力量：**真理**（truth）、**良善**（goodness）和**美**（beauty）。當然，這些詞語仍然可以感動人心和改變人的思想，引發獻身和犧牲。但自由已經偷去了它們大部分的法力。和它們一樣，自由是其中一個宏大的詞語，拒絕被一個定義束縛。有太多人類的熱望圍繞著它。在自由的幫助下，太多不同的邪惡受到抵擋。在其最有力時，這個詞似乎打開了一個無限的前景。它召喚人類走向更好的將來，因為未被定義而更好。它的意義總是有待完滿地發現。

當然，好像其他宏大的詞語一樣，它也可以被濫用。它的能力令每個政客和輿論製造者都無法抗拒。自由的政治修辭，可能包括很多邪惡。它可能只是那些競逐權力的人空洞的宣稱和反宣稱的其中一個口號。一種自由，可能被利用來支持對其他自由的壓抑。保障某些人的自由，可能成為壓迫另一些人的藉口。在現代時代，政府和革命運動以自由的名義，為人類帶來數不清的苦難。但普通的人，宣稱個人自由是權利，也發覺自己能夠懷著一無虧的良心，而不理會別人的利益。**自由**這個詞語，可以表達最高的理想和最冷酷的自私。但它沒有被濫用而以致完全玷污。它仍然指向一些無限地值得渴望的事物。正如斯坦納（George Steiner）生動地表達：「失落或重獲的自由那模糊的暗示——世外桃源（Arcadia）在我們後面，烏托邦（Utopia）在我們前面——錘打著人類心靈遠處的門檻。這模糊的脈搏，在我們的神話和政治的核心之中。我們是同時受到觸不到的自由的召喚所迷惑和安慰的受造物。」[1]

如果，「無限地值得渴望的事物」這個詞組，是一恰當地描述當代對自由的觀念，它則會告訴我們一些關於自由在現代世界的吸引力的重要事情。以前無限地值得渴望的是上帝。上帝和自由有很多共通點，這不單對解放神學家（liberation theologians）而言。因為自由有超越的吸引力。它代表生命向新的和不同的可能性開放。因此，對那些受壓迫而又相信上帝是自由的來源的人來說，爭取解放和信仰上帝並行不悖。但對那些將上帝理解為壓迫的象徵，以及正是為了自由而拒絕上帝的人而言，自由卻帶著一道光環。它是以解放的超越性（liberating transcendence），代替壓迫的神聖的超越性（oppressive divine transcendence）。

但自由在當代西方有格外的回響。那超越的誘惑力，在我們的處境中究竟以甚麼形式展現出來？在這裏，我們會特別留意影響了當代英國的自由觀念。英國有它自己的政治和文化的自由傳統，但在很多方面，都可以代表今天西方社會中的自由的問題。在分析和評估這些觀念後，我們會在描述基督徒對自由的理解上，繼續處理它們提出的議題。

當代英國中的自由

古典自由派傳統

要理解當代英國流行的自由觀念，我們需要首先考慮政治哲學的兩個主要傳統，它們仍然影響著英國的政治思想和態度。那種於戴卓爾夫人（Margaret Thatcher）主政十年間有重大復興、且對英國的政治和經濟生活留下重大永久影響的，是古典自由派的傳統（the libertarian tradition）。它對自由的理解，乃由穆勒的定義簡潔地概括：

> 惟一配稱為自由的自由，是以我們自己的方式追求我們自己的善，只要我們不嘗試剝奪別人的自由，或者妨礙他們獲得自由的努力。[2]

這種對自由的理解，是高度個人主義的。戴卓爾夫人「根本沒有社會這回事」（“there is no such thing as society”）這句經常被引用的格言，無疑是一挑起爭論的誇張言論，但作為這種思想傳統的含義，卻是完全可以理解的。問題不單是將自由歸於個人，更在於那個人有權決定自己的自由，且於邏輯上是先於社會的。社會是個人自由選擇的結果，他們乃自發地聯繫起來。社會並沒有成為自由的定義的一部分，除了在穆勒指出的最小程度上的意義：每個人都要承認，別人和自己有同樣的自由權利。這個定義只給予國家最有限的功能，就是阻止任何個人因追求自己的善，而妨礙別人的自由。由於現代國家實際上超出了這個功能，戴卓爾夫人式的理想，就是藉著將國家的領域後撤，從而恢復個人的自由。任何認為國家可以積極推動自由的觀念——例如藉著資助公共運輸——都是絕對與這個自由的基本觀念不相容的。（當然，這並不是說，戴卓爾夫人政府總是一致地依從古典自由派意識形態的邏輯。）資助公共運輸侵犯了納稅人的自由，因為這樣做迫使他們贊助他們可能不想使用的服務。這樣可能幫助了一些本來不能使用交通工具的人，但卻是透過侵犯其他人的自由而達至的。國家的角色，是防止而不是施行這種對自由的侵犯。這個對自由的基本觀念，應該從經濟的論證——私有化運輸服務帶來競爭，因而更有效率——區分出來。雖然後者在戴卓爾夫人時期於公共服務的政治討論中更突出，但我們不應該低估自由這個背後的觀念的重要性。

當然，這個自由的觀念，與自由地委身於無限制的自由市場經濟運作並非沒有關連。穆勒對自由的定義本身，在經濟以外的很多人生領域都有政治含義。例如：它在性行為、審查制度、實踐宗教信仰的自由（當然，在所有這些領域中，容許就個人的自由在哪裏限制別人的自由有不同意見）等方面都要求立法。但在這些事情上，古典自由派的假設是政治共識。這個事實，加上經濟問題長期都主導著英國政治，意味著自由的古典自由派觀點，近年主要在經濟領域重新取得優勢。個人對私有財產的權利，被視為他們自由的基礎。由於稅制侵犯個人隨己意運用自己的金錢的權利，稅項應該減到最低。財產所有民主制（the property-owning democracy）是戴卓爾夫人的理想，因為那些關心保護他們自己產權利益的人，較少可能會投票支持侵犯財產權的政治政策。而且，戴卓爾夫人主義傾向假設：追求個人（或個人的家庭）的經濟改進，會是個人選擇以自己的方式追求自己的善的主要手段。穆勒對自由的定義，完全不要求這個假設，但當這個假設與穆勒對自由的定義結合時，便產生自由市場經濟的理想化，這是近年在西方世界十分有影響力的思想。對這種古典自由主義來說，支持自由市場不僅僅是因為它有效而作出的實用主義的經濟判斷；不單這樣，它更委身於個人的經濟自由這一理想。正因為這樣，一致的戴卓爾夫人主義，在其委身於自由市場方面是十分極端的。市場必須脫離限制，因為這是將個人自由最大化的方法。

古典自由派傳統有重要的長處，也有重大的政治成就。而這些長處和成就的基礎，是它抓緊個人的內在價值和尊嚴。在專注於個人選擇的權利時，它強調一些對人類自由必不可少的東西。人類能夠找到真正的滿足，只是因為自己作為自決的存有（self-determining beings）的結果，即有自由選擇。在堅持這點時，古典自由派傳統保障和保護了重要的個人權利，例如意見和表達的自由、結社的自由，以及崇拜的自由等，防止了極權主義的獨裁。它保護個人免於任何極權主義原則的傾向，即個人需為了集體的善而作出犧牲。當然，民主社會主義（democratic socialism）也支持古典自由派傳統的這一方面。古典自由派傳統的特別價值，或許是它支持個人自由選擇的權利，這不單相對於不民主的政治體制，也相對於一種少數服從多數的專橫式民主的危險。

古典自由派傳統在當代的吸引力，也與它表面上適合多元化社會有關。如果多元化社會是一個不再有共同價值觀的社會，因為它包括多種文化和宗教傳統，沒有哪一種在公共社會中有特別優越的地位，那單單肯定這一種公共價值觀——個人選擇和遵從自己的價值觀的自由——的政治哲學似乎有很大的好處。不過，我們也可以說，藉著拋棄個人自由選擇以外的所有公共價值觀，這種政治哲學加深了多元化社會的困難。它令公共價值觀衰敗，並且阻止了公共價值觀的出現；只有假設「根本沒有社會這回事」，才是好事。

古典自由派的自由觀念的主要困難，在於它沒有共同的善（the common good）這個觀念，而且它界定個人自由的方式，令它與共同的善沒有必然關係。如果個人的選擇對別人有好處，這只是出於偶然而已。在古典自由派傳統中，自由和任何共同的善的觀念之間的分離，解釋了為甚麼即使是戴卓爾夫人主義，也從來都不是完全一致的古典自由派。但它也解釋了為甚麼廣泛人民持異議的古典自由派政策（例如公共醫療衛生服務，從戴卓爾夫人時代開始，便是英國公共資助中神聖不可侵犯的領域）以支持共同的善這形式出現，而公眾卻將戴卓爾夫人這種委身於擴展個人的自由，視為威脅到共同的善。

古典自由主義有兩種方法，消除個人自由和共同的善之間的張力。第一種是一種很不尋常的信仰。人們普遍接受這種信仰實在令人驚訝。這種信仰是主張追求個人自我利益會自動保證共同的善。這通常應用到經濟領域，意味著自由市場令每個人的環境都更好。這在經驗上似乎是虛假的。雖然毫無疑問，戴卓爾夫人的政策在英國令大部分人的生活得到改善，但卻沒有令最窮的人得益。自由市場經濟在全球的主導性，也同樣只是加深了富人和窮人之間的鴻溝。相信自由經濟政策最終必定對所有人有利，似乎可疑地更似是一種信條，多於是審慎的實證式結論（empirical conclusion）。作為一種信條，它表達一種古怪的神學。它結合了對人類本性十分悲觀的看法（大部分人都主要是根據自我利益而行動）和對世界十分樂觀的看法（自我利益與所有人的好處一致）。它似乎要求我們相信，上帝定下的經濟法則就是：最堅決地追求個人的經濟利益，乃是供應窮人的最佳方法。這樣地表達，它在意識形態上肯定和成功福音（prosperity gospel）同樣顯得可疑。

古典自由主義調和個人自由和共同的善的第二個方法，就是讓私人慈善事業處理共同的善。例如，與以稅收資助公共服務不同，私人慈善事業並不侵犯個人自行處置自己的金錢這種自由。他們有自由選擇是否捐助慈善事業。不考慮其他問題，但這也揭示了古典自由派的自由觀念的基本弱點。如果自由只是定義為選擇的自由（無論作出甚麼選擇），促進共同的善只是行使自由的一種可能方式。那些關心共同的善的人，可能認為這樣比完全地自私的生活方式，是更好地運用自由，但根據這個觀點，那不是更大的自由。好人並不比壞人更自由。

社會主義傳統

根據這個傳統，不能將個體抽離於社會來考慮。社會和經濟關係——在社會中分配權力和經濟資源——都會給予和剝奪自由。如果經濟結構有利某一階級並損害另一階級，後者的自由便會減少。這樣，工人的生計乃由雇主的經濟利益所決定，他們在此範圍內便不自由。因此，社會和經濟公義是全面分配資源的條件。所以，以稅制重新分配財富和為所有人平等地提供免費醫療及教育等措施，便不是侵犯個人的自由，而是促進所有人的自由。

特別在「共產主義倒台」後，在西方的政治見解中，精力充沛的馬克思主義者盼望藉著改變經濟系統，人類會不再被追求經濟私利主宰，並且能夠變得自由，即自由地為別人和自己的利益而努力，這思想已經沒有多少殘餘力量。當代主流社會主義只是以一種十分緩和的方式——即擁護更共產式的政策，很大程度上因著「經濟現實」（economic reality）而得以緩和，亦偶然訴諸選民更利他的動機——提供一種對自由的理解，那是脫離私利，以及是為了別人的自由。

這意味著對自由的社會主義式理解，比古典自由派只有一主要——和十分重要——的優勝之處：它承認社會和經濟結構不單侵犯自由，也授予自由。自由必須被促進和擴展，不單藉著保障個人權利免受社會侵犯，也藉著創造公正的社會秩序，作為實現自由的社會和經濟條件。

如果古典自由主義的經典問題，是自由和共同的善之間的張力的話，社會主義的經典問題，則是自由和強制之間的張力。那些渴望共同的善的人——正如在政府政策中所體現的——樂意地支持為確保共同的善而制定的措施，但其他人則被強制對共同的善作出貢獻。當然，在政治社會中，這種張力在某程度上是無可避免的，而且在民主社會中，比在其他政治結構中，這種張力遠遠是能夠被容忍的。但重要的是，要完全承認這種張力，藉以防止危險的烏托邦幻象——即人們是能夠被迫地得享自由。

自我創造的神話

這兩種關於自由的政治思想的相互作用，只是部分地解釋了現時社會流行的自由觀念。我們需要掌握那刻劃著整個現代時期的自由的根源性觀念的力量，我們也需要明白它在我們這個科技和消費社會中的特定文化形式。

現代時期以它特別的熱望和成就，很大程度上，是由以人類作為歷史的主權主體（sovereign subjects）、能夠超越所有限制並掌管他們生命的所有條件這種見解所啟發。自由被視為徹底的獨立。沒有甚麼是接受的，一切都是自由地選擇。自由是按個人的選擇理解自己。這等如說，人類渴望成為自己的創造者。

這種自由的觀念，源自文藝復興（the Renaissance）。十五世紀的佛羅倫斯（Florentine）哲學家米蘭多拉（Pico della Mirandola）在一段正是十分著名的段落中，想像上帝向新創造的亞當說：

> 「其他受造物的本質已經被決定了，乃是限制在由我們定下的界限之內。你不受任何界限限制，要為你自己決定你的本質，根據你自己的自由意志，我已經將這意志放在你手中……我們將你創造成既不屬天，也不屬地；既非必死，也非不朽；因此，更自由和更尊榮地，你是你自己的支配者和創造者，你可以以你喜歡的任何方式塑造自己……」
>
> 啊，天父上帝那崇高的慷慨！〔米蘭多拉繼續說〕啊，人類至高和至奇妙的幸福！賜他擁有他所選擇的，讓他成為他想成為的。[3]

這種對人類本質不尋常的看法——正是在於沒有被決定了、並脫離其他所有受造物的限制，因此人可以自由地按自己選擇創造自己——並沒有好像我們預期那樣，在現代科學和技術發展之後出現，而是在這些發展之前出現。當然，它在十五世紀歐洲人那具有實際能力選擇和貫徹成為人的方式中已有一些基礎，這肯定令人類在動物中顯得獨一無二。但這種看法更重要的基礎，是人類希圖好像上帝那樣這種想像和渴望。歸給人類的幾乎就是上帝的自由。只有以上帝作為絕對地自決的實在（self-determining reality）這個傳統觀念，才可以啟發這種對人類的看法。好像米蘭多拉這樣的有神論者，竟然幾乎可以否定人類的受造性（human creatureliness）。

對米蘭多拉來說，人類仍然是受造物，但他們創造自己這種好像上帝一樣的能力，是來自上帝的。但這距離人類在最完全的意義上的自我創造（self-created）這個更大的想像，就只欠一小步。馬克思（Karl Marx）十分率直地說：

> 一個存有只有在自主時才能夠視自己為獨立；而只有當他的存有要歸功於自己時，他才是自主。靠別人的恩典生存的人，則視自己為倚賴的存有。但如果我不單有賴別人維持我的生命，更有賴別人創造我的生命，我便完全靠別人的恩典而活了……當我的生命不是由我自己創造時，我的生命一定在它以外有這樣的一個原因。創造因此是一個很難脫離大眾意識的觀念。但由於對持社會主義的人來說，整個所謂世界歷史，只是人類透過其勞力的創造、只是為人類而出現的大自然，因此，人類對憑藉自己生出自己及其創造的過程，有可見、不可反駁的證明。[4]

這種思路必然包含的概念是：世界作為物質，人類可以建構自己自由選擇的將來。世界並非好像傳統社會總是假設的那樣，是人類生命一個給定的處境（a given context），以限制人類的自由。相反，它完全由人類的意志決定。和很多文藝復興的知識分子一樣，米蘭多拉在法術（magic）中尋求這種對大自然擴充的控制，這種控制是他對人類的看法所要求的。但在這方面，現代科學則繼承了文藝復興的法術。在法術中尋求的，在很大程度上透過科學和技術實現了。科學那不尋常的成就，給予一個本來不會存在很久的神話其實質和可信性：那個神話，就是人類超越一切限制的自由。即使到現在，人類基因工程的前景，也吸引著那些靠這個神話而活的人，因為它令我們比任何時候，都更接近米蘭多拉的遠象：能夠為自己決定自己的本質的亞當這個遠象。但那神話依然是一個神話。我們毋須詆毀現代科學的真正成就，藉以有區別地解讀它的歷史。

機會的自由和消費者選擇的自由

人類好像上帝一般的自由這個現代神話最極端的形式，或許頗為遠離當代西方平常人的日常關注。但它幾乎是所有關於自由的具體思考的背景。這意味著，人們感到自由是相對於所有限制的。自由意味著有能力藉著不受限制地作出任何選擇，按個人願望自行決定。在當代英國，這種自由被視為主要以兩種形式出現：機會的自由（freedom of opportunity）和消費者選擇的自由（freedom of consumer choice）。

當然，機會的自由是古典自由派在社會公義以外的另一個選擇，也證明了是特別有吸引力的一種。它揭示出當代英國的文化態度的許多方面：繼戴卓爾夫人（保守黨）出任首相的馬卓安（John Major），藉著談及「沒有階級的社會」（classless society）——但意思完全不是這個有力的詞組在以前的政治修辭中所指的事情——從而確立自己身為人民的代表這個聲譽。實際上，馬卓安能夠騎劫這個馬克思主義的詞組，藉以為一種古典自由派理想重新命名。他那「沒有階級的社會」，不是不再有資本家和工人、富人和窮人的社會；而是每個人只要有足夠的進取心，便都有機會變得富有的一種社會。那不是馬克思主義的夢，而是美國夢；它有傳奇的美國——作為一片充滿大量機會的土地——所擁有的一切共鳴。它反映一種廣泛的渴望：在自己的生命中，有自由做自己喜歡做的事情，不受社會期望、對別人的責任、階級結構和經濟壓力所限制。

當然，由於多個社會和經濟原因，現在很多人的確比以前能夠更自由地選擇工作和生活方式。但沒有限制的機會的自由這個神話，遠遠超過經驗性的事實。它忽略了自由在人們實際的處境中那些具體的限制。它否認了所有自由必然有的條件性。作為政治的修辭，它掩蓋了令人不快的現實。作為受歡迎的夢，它引誘人們進入幻想和無責任感之中。它促進一種信念：我在生命中真正想得到的，必定在我掌握之內，只要我能掙脫妨礙我自由的限制。沒有限制的機會的自由這個神話，與離婚數字有很大關係，而這也包括了很高比例的隨即後悔。這個夢可悲地令很多年青人發現，資本的路上不是鋪滿黃金，而更多是充滿毒販和惡棍。它也是很多其他年青人那同樣可悲的快速致富心態背後的夢想，他們認為當代英國的機會的自由，很大程度上是可以買到的，而他們選擇進入一個行業，只是為了盡快、且盡量多地買到這自由。

實際上，機會的自由比一切都更可以歸結為消費者的選擇，即利用無盡地增加的機會花錢的自由。在商店花費的水平，明顯是衡量一個國家的經濟健康程度，以及一個政府的整體成功程度。我們所有人都得到鼓勵想要的自由，是擁有愈來愈多可以買到的東西的自由，享受愈來愈多可以買到的東西的自由。這和米蘭多拉視亞當為不受限制、決定自己的本質這種看法放在一起，似乎顯得平庸，但卻不是沒有聯繫的。它是米蘭多拉的願景，卻以大眾消費的商業利益作為包裝。如果從一智性的距離來看，它顯得平庸；在近距離觀看，它卻有美國（現在也包括英國）商場所有令人成癮的魅力。它提供對限制的超越。花費金錢的機會是無限的，可以購買的新奇經驗也是無盡的。生命中能夠感受到的所有限制，都可以由購買一些東西來超越。即使要滿足於能夠購買的東西，這也是不容易達至的；在消費文化中，人們最不遲疑地將它理解為：滿足於到目前為止我所購買到的東西。補救辦法是尋找新的經驗來購買。可供現代消費者選擇的那似乎無盡的新奇，是自由的幻象的關鍵。

超越限制很大程度上是幻象，雖然是一有力的幻象。人們往往指出，消費者擁有的選擇是微不足道的，而那些新奇也頗為虛假。大部分的購買，都是以人們認為更好的東西，取代他們已經擁有的東西。而他們認為那些東西更好，不是出於自由的喜好，而是受現在流行的東西所限制，或者人們說：它們在技術上改進了（無論消費者會否真的能夠從這改進中得益）。他們對無盡新奇的渴望，由商業力量為了商業目的所刺激和操縱。即使選擇自己真正喜歡的東西，而不是由商業判決現在每個人都想要的東西，這種自由也是很難維持的。更難維持的是蘇格拉底（Socrates）那種更大的自由。他走過雅典的市集時對自己說：「誰會想到，有那麼多東西是我可以不需要的！」[5] 蘇格拉底毋須好像我們那樣，與那幾乎是不受挑戰的主宰性商業力量對抗。但他肯定不會把它們的專制誤解為自由。

當代古典自由主義最出賣真正自由的方式，很可能是它對消費主義的態度。藉著尊崇消費選擇，以及不承認商業力量藉著模塑態度而剝削人們這一強大力量，它忽略了我們社會中、對自由的其中一個最大的威脅。而且，還有一種進一步的邪惡：將整個生命商業化的過程。這過程在企業文化的衝擊下加速了。例如：

在好像教育這樣的公共服務當中，諸如為專業卓越而自豪、渴望幫助別人，以及單單享受工作等，這些質素和動機，都漸漸地被侵蝕了。取而代之的，是商業價值的量化，以及純粹以金錢作為動機。在平常的生活中，人們以前為了睦鄰、友誼和家庭責任而為彼此所做的所有事情，現在都變成由金錢作中介的專業服務。這是自由度的減少。真正人類關係的自由，被化約為購買的自由。但如果自由被定義為消費者的選擇，人們便不會留意到那化約——它更好像擴展了自由。

因此，在消費主義和商業化中，我們看到現代對自由的理解的一種特別方式：即視之為可以掌管世界和超越所有限制。人們說服消費者視自己為一自主的個體，以金錢掌管世界，藉著實現更高的生活水平和享受無盡的新奇而超越限制。但這種自由是以很高昂的代價買回來的。它之所以變得可能，是因為現代科技社會徹底和破壞性地剝削地球的資源，並犧牲了大自然和未來的世代來換取我的自由。它之所以變得可能，也是因為世界富裕的精英，主宰著世界其餘的人，那亦是我以貧窮人為代價而得到的自由。這是拒絕所有限制的自由的本質。無論它怎樣以逗引人的蘿蔔這個形象掛在所有人面前，它都只是由一些人以其他人為代價才能夠抓住的：由有權力的少數以無權的多數為代價。

汽車作為自由的象徵

釋放人類，讓我們超越所有限制，成為我們選擇想成為的人，這個現代的夢，當然製造了生態危機。這揭露了這個神話是一個危險的幻象。超越所有限制這一嘗試，令我們面對我們所屬的創造那不容否認的有限性。我們不能拒絕限制，而又不破壞我們所倚靠的創造。我們不能令自己成為上帝，獨立於其餘的大自然，在它之上，模塑它成為我們所選擇的將來。但嘗試的習慣並不容易打破。現代人對拒絕所有限制的自由業已成癮。

沒有甚麼比汽車更能夠普遍地象徵這種自由及其具破壞性的虛妄。汽車是自由的現代神聖事物；它們象徵自由，也承諾實際上給予自由。我們可以在典型的電視廣告中，一瞥它們所承諾的那種自由：個人駕車穿越郊外、山脈和有最廣闊視野的沙漠。有些人也在如畫的狹窄街道上敏捷地行駛。汽車為個人提供自由，在他們喜歡的時候盡快地到他們想到的地方。它們給予人獨立、自由，完全成為自己的主人，不倚賴別人，甚至不用別人陪伴。它們暗示著脫離任何制約的自由，以及在新的路上總能夠找到新的機會和新的經驗。它們給人一種控制自己命途的感覺。正因為這樣，大部分車主都不能想像沒有汽車的生活。但正如慣常的情況一樣，這種自由限制了別人的自由。愈多人擁有汽車，便使到那些沒有能力購買汽車，或者因為太老或太年輕而不能駕駛的人愈難生活。公共交通設施變差，並且商店和社區設施也不再位於步行可以到達的範圍之內。但愈多人擁有汽車，便愈少車主能享受他們所珍視的自由。駕駛者花十分緊張的時間，在擠滿汽車、緩慢移動的道路之中。高速公路成了停車場。道路破壞了車主希望在週末可自由享用的郊區。而且，由於擁有汽車變得平常，城市和城市生活的大多數方面，都令平常生活也要求不斷走長途路程。旅行的自由令旅行變成必須。這種自由的典型情況是，汽車增加了個人的獨立性，但卻以羣體為代價。龐大的住宅區對很多居民來說，只是他們從家裏駛到其他目的地時經過的一個地方。

即使沒有生態災難，這一切都是真實的。但我們必須補充說，汽車是對地球資源最大的消耗，也是環境的主要污染來源。大部分汽車仍然為富裕的西方所擁有。當它們不可阻擋地擴展到世界其他地方時，對環境造成的影響將會十分嚴重。在適用於我們社會中車主和其他人的那種區分，更適用於一世界規模上之更大範圍。地球能夠支持的自由，只是汽車給精英的那種自由。車主愈多，別人的自由受損便愈多。車主愈多，他們生活的質素也愈加受損。除了重新評價自由外，我們不能脫離這個困局。

勾畫基督教對自由的理解

自由作為賜予和挪用

我們人類和所有其他有限的存有一樣，從不存在而變成存在。我們並非因為自己的選擇而存在。我們並不創造自己。我們的存在是賜予的。而且，我們整生都倚靠令生命變得可能的條件，以及令我們所過的特定生活變得可能的條件。最終，我們之所是和所有的一切，都是被**賜予**（given）給我們的——由自然和歷史，由文化和社會，由父母、朋友、教師、親戚、愛人等賜予我們。最終，我們之所是和所有的一切，都是由上帝賜予我們的，祂是所有有限的存有的源頭。除了這樣提到上帝外，這論點是十分明顯和不容爭議的。但現代人很少對此作出省思，所以我們需要強調它。我們不能明白我們自己以及正確地生活，直至我們接受自己是一領受恩賜的人。如果我們嘗試拒絕我們的有限性和倚賴性，我們便是否認自己真正的存有是受造物，並活在具破壞性的幻象之中。

不過，同樣重要的是，要留意：我們人類和其他很多有限的存有不同，我們被賜予**自由**。與存在和其他一切一道，我們也獲賜予很大程度的自由，以選擇怎樣理解自己和自己的生命。這自由是**賜予**的。在重要的意義上，它是由我們生命的特定環境賜予的：社會狀況、個人關係等等。選擇的外在可能性，明顯因這些原因而有很大分別，但同樣真實的是，個人作出自由選擇的內在能力，可以由那些曾參與在自己個人發展中的人所培養或阻礙、發展或抑制。自由不單是我們以一絕對和自足的方式擁有的東西。它那些具體的可能性，是由我們在其中成為自己的處境和關係所給予我們的。潘霍華（Dietrich Bonhoeffer）的詩《朋友》（*The Friend*）談及友誼不單是在自由中開展的關係，也是令自由成為可能和促進自由的關係：「每個人在別人中／看見自己真正的幫手／達到兄弟般的自由。」[6]

除了特定的人、環境和事件怎樣授予我們自由外，我們也應該認知一更基本的意義——自由是身為人所內在固有的，並只是因為我們是受造之人而賜給我們。正因為這樣，儘管身處最具壓迫性的環境，自由仍然可以被聲稱和維護。似乎沒有任何環境——心理上的、社會上的、經濟上的、政治上的——可以完全阻止自由的經驗，或者阻止人們渴求比他們所容許的更大的自由。

無論我們想到，這基本的自由，是我們人類的位格性（human personhood）所內在固有的，還是想到，倚賴我們的實際環境而有自由的具體可能性，自由其實都是賜予給我們的。但賜予給我們的自由，也需要被挪用（appropriated）。理所當然地，自由不能被動地接受；它必須在自由的實際行使中被積極地挪用。在我們行使自由的方式中，藉著我們作出的選擇，我們變得更自由或更不自由。我們可能作出選擇，以奴役自己（不單以明顯的方式，例如吸毒，也可以以更隱晦的心理方式：新約總結為被罪奴役）。但我們也可以作出選擇，藉此我們的自由因為負責任地行使而成熟起來。自由可以喪失或得到發展，但無論如何，它都必須由我們挪用。除非我們藉著行使它而令它屬於我們，否則它不是自由。這正是部分原因，為何在自由的經驗中，我們很容易忘記——正如整個現代都傾向那樣——人類的自由不是上帝的絕對自決，而是有限的受造物的自由，那是賜予我們在限制之內行使的。對抗這個試探，我們必須維持**有限的自由**（finite freedom）的兩方面。如果我們不挪用它，它就不是**自由**；但如果它不是賜予給我們的，它就不是**有限的**。

為了看到典型現代人追求上帝那無限自由的錯誤，我們必須要明白，有限不是邪惡的。受限制是受造物的善。正如韋斯伯特（John Webster）說：「限制**具體指定**（specify）、而不是**規限**（hem in）受造物。」[7]它界定我們身為受造物那特定的、由上帝賜下的善。否認我們的有限性，就是拒絕成為我們自己，不可能地試圖成為另一種東西。因此，我們特定的人性、受造物的自由，不是反對有限性，而是以它的有限性，明確地說明作為我們自己那自由的恰當的人類形式（properly human form）。要挪用它而不致破壞它，並不致將它扭曲為某種奴役的形式，我們必須樂意地**接受**它是**賜予**給我們的。

我們之所是和所有的一切都是賜予給我們的。伴隨著我們之所是和所有的一切，我們也被賜予一些自由，可以選擇怎樣理解自己。這是我們可以稱為「創造自己」的十分有限的意義。但若說我們「創造自己」，雖然在今天是頗為常見的，實際上卻是危險的誤導。我們之所是確實不是穩定不變的東西；我們是我們成為的自己。我們確實擁有有限的自由，以成為我們選擇的自己，但我們所作成的事，並不多於我們所被賜予的。那是完全倚靠恩賜的自由。例如：如果我令自己成為出色的音樂家，我肯定是運用真正的自由，作出各種選擇而達到這結果，其中一些選擇無疑是十分艱難的。但這種自由，不單即時地和明顯地完全是倚靠天生有音樂天分，並有機會培養這天分（即使個人要努力利用這天分，也需要有這天分）；它也倚靠很多關於我的環境的其他因素，此乃是我們通常視為理所當然的（但正是**授予**，也就是給定的！），例如：要有音樂，而我的文化中要有一音樂傳統，讓我可以在其中學習喜愛和演奏音樂。因此，要成為出色的音樂家，遠為基本的是恩賜而不是成就。要成為好父母、好朋友或只是好人，也是這樣。這不是要貶低成就，而是承認恩典（用恩賜的神學用語）對所有人類成就的優先性。對成就的自豪和喜悅，沒有絲毫因為懷著感恩和喜悅的心，承認是恩典使成就變得可能而減低。

這一點可能頗為明顯，但我仍詳細論述它，是因為它對於抗拒現代持續地傾向將自由設想為創造我們自己的絕對自由，十分重要。一個有趣的說明，是當女性神學家（feminist theologian）鄧菲（Susan Nelson Dunfee）談及女性界定自己的、而不是由別人界定的自由時所使用的語言。她說：「女性把我們的解放經驗為一種自我身分、自我肯定的呼召——**生出我們自己，命名我們自己和自己成長至完滿**的呼召。」[8] 這個比喻似乎刻意和明顯地取材自生出嬰孩和替嬰孩命名這意象。但生出自己正是沒有人能夠做到的事情。這個比喻很難明白，除非它正正是嘗試以一自我創造的行動**取代**出生的經驗——在其中，十分明顯的是，我們不創造自己，而是賜予給自己。當然，這嘗試是荒謬的。但更有趣的是命名這個比喻。名字象徵身分。兒童由父母給予名字，乃是一種識別，即他們是誰基本上是**給定**的——在他們能夠選擇之前。當然，成年人有可能為自己重新命名。但很少人實際上做鄧菲用作自我界定的隱喻的事情。大部分人似乎不覺得，以不是自己選擇的名字來界定自己，是限制或壓迫。（即使女性主義者頗為合理地反對以她們的夫姓為人所認識，但她們通常也不以其他取代她們出生時便擁有的名字。）大部分人似乎都滿足於自己獲給予的名字。

我們怎樣毫不質疑地擁有給予我們自身的名字，是十分重要的。要恰當地成為人類，我們需要同樣地擁有那給予我們的自己（selves）。我們有的自由，不是自由地由零開始，按我們的選擇創造自己。個人可能想改變自己，也可以在重要的範圍內這樣做。但個人不能將自己與別人交換。

甚至基督徒的歸信也不是這種改變，雖然人們可能有這種感覺。用比喻來說，那是新生（約三 3～7），但那是老我的新生，不是新我的出生。而且，那不是生出自己，而是從聖靈而生。在基督裏，上帝將我們重新賜給我們——是經救贖、更新、從罪中得釋放的。新約用新生（獲賜予自己）的比喻描述救恩，也用釋放（獲賜予個人的自由；例如加五 1）的比喻描述它。如果在創造中我們明顯沒有自由創造自己，在救贖中我們更明顯沒有自由這樣做。我們的自我和自由都是賜予的。

要以一本真的人類的方式生活，我們不單需要在理論上承認，我們的自由和它具體的可能性都是賜予給我們的，我們在實際的經驗和行使自由時也需要明白這點。這最好透過禱告的實踐做到，在其中，我們懷著感恩的心，承認我們倚靠上帝，我們的一切都得益於祂。這不是奴性地將我們自己從屬於神聖的專制——有些現代作者就是這樣誤解基督教的靈修傳統——那不是否定自由，而是明白自由是賜予的。它釋放我們，使我們脫離藉著成為自己的創造者而將我們的自由絕對化這虛幻的慾望——這種慾望最終是非人化的。它令我們能以一種恰當的人類的方式運用自由——以信任、愛、勇氣和責任來運用自由。

獨立和歸屬

現代自由的神話，傾向將自由和倚靠、關係、羣體、歸屬絕對的對立起來。真正自由的人，被想像為至高的個體，脫離一切倚靠，只藉著掌管和控制與世界有所關連，並堅定地拒絕被任何必然伴有持久委身的關係或社會參與所「束縛」（tied down），總是保留再次突然離去這一選擇，以追求自由選擇的目標。霍姆斯（Steve Holmes）提出現代這種自由理想的「偶像人物」（iconic figures），是「牛仔，在空無一物的平原上馳騁，沒有歷史奴役他，他在那裏待幾天，然後便離開那裏和那裏的一切束縛；長途貨車司機，或者單人飛機師，他們的角色的本質，令他們的存在脫離任何社會束縛」。[9] 我們也可以補充說，當代西方社會在經濟上誘發的流動性，令很多人有機會在自己的生命中活出這些偶像角色。人們不再視「經驗落地生根的不可能性」為削弱人類的經驗，而是受自由的神話引誘去歡慶這種經驗。同樣，正如消費主義一樣，我們可以看到，自由被推廣為一種意識形態的形式，為商業利益服務。晚期現代或後現代對委身的典型恐懼，至少在某程度上是將市場那些迫切的需要內在化（internalization）。

自由作為不受約束的一種獨立這個現代神話，是破壞羣體、妨礙在關係中委身、剝削自然世界，以及只將上帝設想為對自由的限制的神話。但一旦我們承認自由是賜予的，我們便可以看到倚靠和獨立、歸屬和自由不是互相排斥的，而是彼此互補的因素。人類的獨立沒有不是植根於更深的倚靠的——倚靠自然、其他人和上帝。從新生嬰孩那完全無助的倚靠，人類不單能夠、而且得到力量發展至成熟的成年人的獨立。這個發展是由關係而使之可能的，正如它也可以由關係所妨礙一樣。這樣，賜予和挪用的自由，不是脫離關係的自由（freedom from relationship），而是在關係中的自由（freedom in relationship）。它持續地由解放的關係而使之成為可能和加以促進，正如它持續地使解放的關係成為可能，以及促進解放的關係一樣。

因此，人類自由和歸屬這兩個基本的需要不是矛盾而是互補的。歸屬是真自由所必須的，而自由也是真正的歸屬所必須的。詹特森（Grace Jantzen）對歸屬和被擁有的區分，十分管用。[10] 人們可以彼此相屬，但一個人不能被另一個人擁有。後者是奴役，與自由有矛盾。奴隸制度變得不合法，是現代的一大成就，即承認每個人都有自由的權利。它也正確地拒絕了古老的法律概念，這概念使父母有權擁有兒女，使丈夫有權擁有妻子，使雇主有權擁有雇員。但如果自由被理解為不單反對擁有，而且也是反對歸屬的話，自由便被誤解了。擁有和歸屬的一個有趣的分別，是只有後者才是相互性的。奴隸主擁有奴隸，但奴隸並不擁有奴隸主。相反，夫婦彼此相屬——兩人都屬於對方。甚至是不能完全對等的關係也是這樣，例如小孩和父母之間的關係。小孩徹底倚靠父母，但父母並不倚靠小孩。父母對孩子負有責任，但小孩對父母沒有責任。但歸屬是相互性的：小孩屬於父母，父母也屬於小孩。在這種相互的歸屬中，可以建立一種關係，以促進孩子正在增長的自由，而不是妨礙或壓抑它。

這個例子，可以幫助我們明白人類在與上帝的關係中的自由。聖經中上帝和上帝的百姓之間立約的觀念，是相互歸屬的觀念：「我……要作你們的上帝，你們要作我的子民」（利二十六12 和很多其他經文）。這關係不是對等的。我們徹底倚靠上帝，但上帝並不倚靠我們。我們承諾服從上帝，但上帝沒有承諾服從我們。上帝對我們負有責任，我們對上帝沒負有責任。上帝和上帝的百姓不是平等地交往的。但那是彼此歸屬的關係。上帝在祂的愛的自由中，自己委身成為我們的上帝；我們自由地委身於上帝並作祂的百姓。這種關係令我們得自由，而不是窒礙我們的自由。

彼此歸屬和單向地擁有的分別，也說明了福音書其中一個（十分罕有地）使用**自由**這個詞的段落。耶穌說：「我實實在在地告訴你們：所有犯罪的，就是罪的奴僕。奴僕不能永遠住在家裏，兒子是永遠住在家裏。所以天父的兒子若叫你們自由，你們就真自由了。」（約八 34～36）這裏的對比一方面是奴役，另一方面是自由和歸屬。奴僕由於是被擁有，因而也可以被斷絕關係。他們不屬於主人的家，好像主人的兒子屬於父親的家那樣。奴僕缺少的不單是脫離束縛的自由，也缺少有所歸屬。因此，當耶穌令人自由時，祂不單釋放他們，使其脫離罪；也令他們成為祂天父上帝的兒女。祂給他們關係中的自由。祂給他們祂父家裏的自由。祂與他們分享彼此相屬的相互性，是祂和祂的父在永恆從三一關係的愛的自由中所擁有的。保羅也將奴役和成為上帝的兒女的自由作對比（羅八 15、21）。根據這些段落，我們可以看到在關係中相屬的自由這個觀念，而每當新約將信徒描述為上帝的兒女時，都隱含這個觀念。

另一個比喻——友誼（約十五 14～15）——或許更強調自由，因為友誼（與兒女和父母的關係不同）是由相互選擇所創造的關係。但它仍然是委身歸屬的關係。朋友的自由，不單是他們自由地選擇成為朋友，也是他們在彼此相屬中，發覺自己被賜予和賜予別人的自由。只有透過這種自由和歸屬的相互性，我們才能夠開始明白自由不單是脫離別人（脫離被別人擁有或宰制）的自由，而且同樣重要的是，也是為了別人的自由。

當然，在人類的發展中，得有自由成熟化的階段：在其中，由倚靠別人轉向在與別人的關係中享有更大的自由。這些階段可能需要刻意、甚至痛苦地主張脫離別人的那種自由。只要這種脫離別人的相對的自由沒有被絕對化，容許人們在歸屬和給別人更大的自由中，貢獻於一種形式更為成熟的自由便可。當然，經典的例子是青少年。青少年需要掙脫童稚的倚賴和維護獨立性。這種掙脫，甚至好像完全拒絕歸屬。但事實上，獨立是植根於倚靠的。青少年的父母如果是好的父母，便會讓青少年成長到可以表現出獨立。一旦安穩在成熟的成年獨立中，兒女在承認自己得益於父母方面便沒有困難。關係已經改變了。但彼此相屬卻可以因為關係中新的自由形式而重新得到肯定。

青少年或「及齡」（coming of age；因為潘霍華而流行起來的詞組）這個比喻，往往用來指由啟蒙時代開始的整個現代人類規劃。這被視為透過以科技掌握自然世界，以及主張獨立於上帝，將自己從宗教宰制中解放出來，從而脫離對自然的倚賴。這個對現代規劃的論述有它的限制。但如果我們從青少年維護獨立、但卻不能成熟到成為成年人，以重新取得那曾拒絕承認的關係這例子觀之，我們便可以給它最寬厚的基督教解釋：在挪用自由時，現代人仍未看到這種自由是植根於倚靠上帝和自然。現代人以青少年的不成熟，將自己的獨立絕對化。他們混淆了歸屬和主宰或擁有，且沒有將他們所維護的自由，整合成屬於自然和上帝的新形式。正如拉施（Nicholas Lash）說：「現在肯定是時候去學習成年人的紀律，以在羣體和限定中超越自主性。」[11]

限制和超越

自由是關於超越限制。這既是它真實的吸引力，也是它不真實的誘惑。問題是，限制應該怎樣被超越。

我們必須首先完全承認，有壓迫的狀況和壓抑的關係乃違反人類為之而受造的自由的。各種解放神學（包括女性神學）正確地關注到要將人類從各種壓迫中解放出來。在這裏，我們認為他們的主要關注是理所當然的。我們不在這裏重複這些關注，不是因為它們不是很重要，而是因為當代西方社會也提出了其他關於自由的問題，乃是基督教沒有那麼重視的。

需要脫離壓迫的狀況，不應該和脫離所有限制這個頗為不同的觀念混淆。後者是好像上帝一般自由這現代西方神話。它的主導性解釋了現代西方文化在自由領域（民主、人權、醫藥成功釋放我們脫離很多疾病和殘障）中的重大成就，也解釋了它不能在最完滿和最深層的意義中給予自由。為了後者，我們必須放棄取消所有限制這個夢想。我們必須接受我們的有限，作為恰當的人類自由的條件。生態危機給我們的教訓，毫無疑問正是我們需要在限制中生活。但這是否只是意味著我們必須給我們的自由某些限制？這樣，我們仍持有同一個自由的觀念，但卻不情願地承認，我們不能擁有到目前為止我們以為擁有的那麼多的自由。這是不能令人滿意的結論，因為它令我們感到取消所有限制仍然會是可取的，即使不幸地，這是不可能的。這樣，好像上帝那樣自由這夢想，仍然保留其危險的誘惑性。

我們需要掌握的是，限制毋須與自由對立。[12] 限制毋須約束自由，但當人們以愛接受限制時，可以帶來真自由。愛是一種藉著接受限制而不是取消限制，從而超越限制的方式。首先，根據與別人的關係考慮自由。如果我的自由在於取消所有對我可能從事或擁有的事情的限制，那麼其他人便一定會成為我的自由的限制。我的自由與他們的自由競爭，因此，我只能夠以他們的自由為代價以擴展自己的自由。他們對我的自由惟一可能的貢獻，是讓我主宰或剝削他們，讓他們為我的利益服務。我的自由是以他們的自由為代價而得到保障的。

但如果我們將自由理解為賜予和在關係之中行使的話，事情便會顯得頗為不同了。當我從別人那裏接受我的自由，並行使我的自由及使之作為為別人的自由時，別人便不是我的自由的限制，而是令我的自由成為可能。在這種思考方式中，自由和愛是不能分開的。我們對超越限制也可以有頗為不同的想法。我與別人相遇，而別人可能成為我自己存有的限制。但當我為他人在愛中走出自己時，我接受並超越了那些限制。事實上，乃是藉著在愛中接受那些限制，肯定別人，且在與別人愛的關係中找到自己，我才能夠超越限制。我所發現的自由，不是消除所有限制的自由，而是在愛中接受和超越限制而使之成為可能的自由。

莫特曼提出同一個論點：

> 在一相互尊重、喜歡、友誼和愛的羣體中，別人不再是我的個人自由的限制。那人是我自己有限的自由的社會性補充。結果是，相互有分於別人的生命。人們變得自由，超越他們自己生命的界限，這相互參與的結果是共享的生命，「美好的人生」（the good life）。[13]

我們可以將同一個概念，應用到我們與自然世界的關係。現代試圖取消所有限制，視我們對自然的倚靠為限制我們的自由，並尋求藉著令自然服從於我們的利益，將自己從自然中釋放出來。但自然——好像人類社會一樣——也可以是我們在其中重新發現歸屬的自由的一個領域。在再次承認我們在其他受造物中是有限的受造物這個地位，並且充滿著愛，於容許其他受造物的存在中，我們可以經歷到，它們是對我們人之所以為人（humanness）的一種限制，在我們以愛接受它們時，我們可以超越那些限制。

最後，我們考慮到與上帝的關係這個問題，也就是現代對自由的思考中，最困難、最基本的問題，因為現代渴望著好像上帝那樣的自由，脫離所有限制，但這只能夠透過拒絕上帝作為對人類的超越的限制，才變得可能。人類通常是在承認上帝的無限中，才能夠承認和接受自己的有限。只有忘記上帝，才能夠令人類無限的自由這個夢想變得可能。但這個夢想是一令人疏離的幻象。在將我們從它解放出來時，與上帝的關係並不限制我們的自由，而是令我們能夠真正得享人類的自由。

但順從上帝的旨意是個難題。這是不是一種違反人類自主（自決）的他治（heteronomy；從屬於別人）？很多現代人認為正是這樣。但如果理解得正確的話，順從上帝卻是超越這種矛盾的。當我愛上帝和自由地令上帝的旨意成為自己的旨意時，並不是放棄自己的自由，而是實現它。上帝的旨意，不是任何普通意義上的別人的旨意。它是所有實在的道德真理（moral truth）。我們自己自由地順從那真理，也就是順從我們自己受造的存有的內在法則。當然，學習順從上帝涉及漫長和痛苦的掙扎——正如耶穌那樣（來五 8），祂在客西馬尼園接受天父的旨意時，最完滿地行使自己身為子的自由（可十四 36）。但那是進入最完滿的自由的旅程：我們救恩的目標，在其中，神治（theonomy；順從上帝的旨意）和自主會全面對應。正因為這樣，聖公會和平的短禱文說：「事奉祢是完全的自由」（“to serve you is perfect freedom”）。

同樣地，其關鍵是愛。我們藉著愛上帝，自由地擁抱上帝的旨意，令上帝的旨意成為我們自己的旨意，從而在接受上帝的旨意所構成的限制時，這些限制便不再是對我們自由的限制。我們藉著接受那限制而超越那限制。這樣，我們透過愛上帝，便實現我們透過上帝對我們的愛所接受的自由。

選擇的自由和滿意地選擇的自由

選擇的自由，是本真的人性（authentic humanity）所必不可少的。但其價值不單在於它本身。毫無疑問，能夠在同樣好的選擇中作出選擇是有一些價值的；例如，選擇士多啤梨或開心果味雪糕，不是因為我一直都喜歡其中一種味道多於另一種，而只是因為我今天喜歡某一種味道。這些微小的選擇，給生活的表層添上樂趣。問題不是我們比以前的任何人類社會有更多選擇——雖然有些觀察者留意到有某程度的「選擇疲勞」（selection fatigue），即人們厭倦了不斷要花時間和精力在生命的每方面作決定。

真正嚴重的危險，是將所有選擇都化約成這個層面。我們忘記了，在嚴肅和重要得多的層面上，問題不是有選擇，而是作出好而不是壞的選擇。如果我們將選擇的價值化約為只是有選擇，選擇便會變得隨意和空洞。選擇怎樣花時間，選擇朋友或結婚伴侶，選擇個人能接受的價值觀、哲學或宗教——全都變成只是瑣碎的念頭，好像在十五種口味的雪糕中作出選擇那樣。我們假定藉著增加可供選擇的口味而增加自由，並藉著按自己喜好選擇不同的口味而保障自己。我們好像有電視遙控器的青少年那樣過自己的生活，無聊地不斷轉台，沒有留意甚麼，也沒有安定地接受甚麼，只是沉浸在空洞的選擇的慾望中。

選擇的自由是寶貴的，不單在於它本身，也在於它是可以作出正確選擇的一種自由。與誰結婚的自由——對大部分西方文化中的人來說，這是重要的自由，雖然大部分其他文化的人感到沒有這個需要——不會因為有機會在數以千計潛在配偶中作選擇而真正擴大了。大部分人所珍惜的，是在遇到合適的人時，有自由與那人結婚。重要的是，作出正確選擇的自由——這當然包括冒著作出錯誤選擇的危險。

在最深的層面上，重要的是選擇良善並從而變得良善的自由。沒有人可以在沒有選擇的自由下而變得良善。這是創世記樂園的故事的重要性，在其中，亞當和夏娃有自由吃分辨善惡樹的果子，但卻得到命令不要這樣做（創二17）。如果沒有這自由，他們可以是無辜的。但只有藉著自由選擇順從上帝，他們才可以變得良善。正因為這樣，嚴肅的選擇的自由，必須不惜一切代價得到保護和珍視。人類的良善，不能透過強制或法術出現，而只能夠是持續並自由地選擇良善的結果。

不過，選擇的自由之所以重要，是由於這種對良善的選擇。真正的自由不是藉著擴展選擇、而是藉著作出正確選擇而得到促進。事實上，隨著真正的自由的增加，需要作出的選擇會減少。正如詹特森解釋說：

> 例如：培養出敏銳度和仁慈的人，毋須在對於幫助一個在百貨公司哭泣的孩子，還是在沒有人看見時充耳不聞一事上作出選擇。仁慈是（或者已經變成）自然的；沒有決定，沒有考慮正反因素。但如果沒有決定，對孩子仁慈不是不自由嗎？相反，那是一自主的人的自我表達。[14]

這正是——而不是渴望取消所有限制——人類可以恰當地對待

「有分於上帝的自由」的方式。因為上帝的自由不是選擇良善或邪惡，而是表達上帝自己的存有那完美的良善的自由。當透過選擇良善而不是邪惡、而我們終於獲得成為良善的自由時，我們的自由便是完全的。

祁克果（Søren Kierkegaard）以典型的悖論（characteristic paradox）這樣表達：

> 基督教教導你應該選擇那不可少的一件事，但必須以不存在任何選擇問題的方式來做。也就是說，如果你長時間混日子，你並不是真正選擇那不可少的一件事。因此，正是沒有選擇這一事實，表達了個人跟其所選的所伴隨著的巨大熱情或強烈感受。選擇的自由只是自由的一個形式條件；而強調選擇的自由，則意味著肯定喪失自由；還有比這更準確地表達出這個事實嗎？選擇的自由其真相正正是沒有選擇，即使有一個選擇。[15]

結論

作為總結：

脫離的自由（freedom from）是重要的：脫離壓迫和宰制的自由，脫離貧窮和疾病的自由，甚至相對地獨立於別人。但脫離別人，只有在同時是解放別人時，才是真正的自由。

實行的自由（freedom of）是重要的：選擇的自由，言論的自由，崇拜的自由。但這些都只是藉著自由地選擇良善而變得完全地自由的必須條件。

真正的自由是在關係中的自由，或者是**歸屬的自由**（freedom with belonging）：

由上帝、其他人和自然**賜予的自由**（freedom given）；
與（with）上帝、其他人和自然**的自由；**
為了（for）上帝、其他人和自然**的自由。**

註釋：

1. G. Steiner, *Real Presences* (Chicago: University of Chicago Press, 1991), 153.
2. 引自 A. Passerin d'Entrèves, *The Notion of the State* (Oxford: Clarendon Press, 1967), 204～205。
3. 引自 D. Brown, *To Set at Liberty: Christian Faith and Human Freedom* (Maryknoll, N.Y.: Orbis, 1981), 16。
4. 引自 J. Macken, *The Autonomy Theme in the Church Dogmatics: Karl Barth and His Critics* (Cambridge: Cambridge University Press, 1990), 19～20。
5. Diogenes Laertes, *Lives of the Eminent Philosophers* 2.25. 引自 V. K. Robbins, ed., *Ancient Quotes and Anecdotes* (Sonona, Calif.: Polebridge Press, 1989), 159。
6. D. Bonhoeffer, *Letters and Papers from Prison*, ed. E. Bethge, trans. R. H. Fuller, F. Clarke et al., 3d ed. (London: SCM Press, 1967), 390.
7. J. Webster, *Barth's Moral Theology* (Edinburgh: T. & T. Clark, 1998), 115. 韋斯伯特在闡釋巴特於 CD III/4 中對「限制中的自由」（"freedom in limitation"）的處理。
8. S. Nelson Dunfee, *Beyond Servanthood: Christianity and the Liberation of Women* (Lanham / London: University Press of America, 1989), 25（文字的強調為作者所加）。
9. S. Holmes, "Edwards on the Will," *International Journal of Systematic Theology* 1 (1999): 269.
10. G. Jantzen, "Human Autonomy in the Body of God," in A. Kee and E. T. Long, eds., *Being and Truth: Essays in Honour of John Macquarrie* (London: SCM Press, 1986), 188.
11. N. Lash, *The Beginning and the End of "Religion"* (Cambridge: Cambridge University Press, 1996), 244.

12. 比較 J. S. Begbie, *Theology, Music and Time* (Cambridge: Cambridge University Press, 2000), 186：「限制本身不是危害我們的自由的，而是實現自由所需要的。」他藉著使用即興演奏（musical improvization）為模式來闡釋這個主張（第七、八章）。這個主張，可以根據我在這裏討論的限制以外（人類關係、大自然和上帝）的限制中展開，例如：每個人的身體形式和能力給予我們的限制。
13. J. Moltmann, *God for a Secular Society*, trans. M. Kohl (London: SCM Press, 1999), 158; 也比較 J. Moltmann, *The Trinity and the Kingdom of God*, trans. M. Kohl (London: SCM Press, 1981), 216。
14. Jantzen, "Human Autonomy," 189.
15. C. E. Moore ed., *Provocations: Spiritual Writings of Kierkegaard* (Farmington, Pa.: Plough Publishing House, 1999), 289.

3 權威與聖經

對權威的討論，在基督教傳統中有悠久的歷史，關於權威的不同意見，當然解釋了基督教一些宗派間的分歧。但在現代時期之前，討論的範圍比較狹窄。人們視為理所當然和沒有爭議的是上帝的權威、上帝啟示的真理的權威，以及上帝誡命的權威，包括要求我們順從的道德原則。人們辯論的是關於權威在聖經、傳統和教會制度中的所在。普世的討論，仍然傾向將問題完全置於教會界限以內。[1] 但如果我們要面對今天權威對基督教信仰和在基督教信仰內的真正問題，我們便需要採納更廣闊的觀點。我們必須接受在世俗文化處境中權威面對的事情，而教會在今天西方社會中正是處於這個處境之中。後基督教後現代主義者（post-Christian postmodernist）庫比特（Don Cupitt）宣稱：「權威、宏大制度、合法化的神話和大寫的真理的時代已經結束。」[2] 那是後現代的一個面向，它令基督教變得不可信。愛丁堡（Edinburgh）前主教霍洛韋（Richard Holloway）論證說，道德必須徹底脫離宗教，因為在我們這個時代，權威的崩潰讓我們看到宗教那命令式道德的壓迫性本質。他主張：「現在我們明白，大部分道德系統反映和支持權威的外在結構，因為直到十分近期，大部分人類系統都是命令式的系統：宰制性的系統，並建基於服從權威的倫理。人們所做的就是服從。」[3] 他想指出，人們已經不再這樣做，而他們不再這樣做是對的。相反，偉大的蘇格蘭基督徒作家麥克唐納（George Macdonald），在超過一世紀前寫作，他卻可以宣告：「服從是生命的其中一個關鍵。」[4] 這句話在十九世紀後期的英國，在文化上有多易懂可能是可以辯論的：但在我們活在其中的晚期現代和後現代的氛圍中，很少說話比這句話在文化上更難懂的了。對我們的文化來說，自由而不是服從才是生命的其中一個關鍵，而自由被理解為完全與服從不相容。有些人會同意克利福德（William K. Clifford）的話：「世界上有一種東西比渴望命令更邪惡，那就是服從的意願。」[5] 權威的時代已經過去。那麼，基督教信仰中的權威又怎樣？而——首先和首要地對所有基督教傳統來說——聖經的權威又怎樣？

聖經、傳統和理性：解開三重的繩索

一個方便的、且毋須將討論的適切性限制在聖公會內的出發點，是傳統聖公會的觀點：聖公會傳統內一個陳腐的宣稱——聖公會的教義和實踐的權威，是所謂聖經、傳統和理性這三重繩索（threefold cord）。（為了我們現在的討論的目的，我們可以將教會建制的權威這個問題放在一旁，因為即使對羅馬天主教來說，這都是比聖經和傳統的權威較次要的問題。）重要的是，要明白在前啟蒙時期，當身為典範的聖公會神學家胡克（Richard Hooker）將這權威的三重觀念給予英國聖公會，並因而給予其他聖公會時，這三種權威被視為是和諧一致的。不相信這種觀點的人——清教徒（puritans）和後來的不從國教者（nonconformists）——不相信它，是因為他們看到聖經和傳統有嚴重的衝突。在三重繩索這個觀念內，理性不是關鍵的原則，它只是闡釋性的（expository）。理性乃是幫助教會明白聖經和傳統，而不是藉著對抗權威，使之成為頗為獨立於它們的一種理性，從而挑戰它們的權威。啟示和理性之間很容易調和這個假設，在羅馬天主教的傳統中一直持續到第二次梵蒂岡會議（Vatican II）。在那個背景下，理性主要指亞里士多德學說（Aristotelianism），這學說已經被基督教哲學家徹底馴服，變成服事而不是批評信仰。

隨著啟蒙理性（Enlightenment rationality）在十八世紀出現，這三重繩索的性質改變了，因為，理性現在表示要以啟蒙時代的方式思想。訴諸這聖公會原則的人，特別是那些在任何特定時候都將理性的宣稱推向三方談（trialogue）的一部分人，很少會留意到在三重公式中，理性的意義不是不變的。它隨著歷史而改變。理性並不以純抽象普遍的形式存在，它總是在特定的思想傳統中體現，這些傳統是建構並利用推論所表現出來的不同方式。啟蒙理性是一種非常成功的推論形式，但不是惟一的一種形式。不過，啟蒙理性的特點是理解自己為理性本身。啟蒙理性批評所有其他權威和傳統的宣稱，宣稱自己是普遍的理性，是所有理性的人都可以得到的真理。正因為這樣，那些受啟蒙時代影響，並聲稱在聖經、傳統和理性的聖公會三方談內要求理性的宣稱的人，很少明白理性是一種可變的範疇：啟蒙理性視本身為普遍的——或者至少是可以普遍化的——理性。

啟蒙理性的來臨，產生三種展開作為現代聖公會教義特點的三重繩索的方式。（這個詞在這裏並非指當代聖公會教義，而是指以前的聖公會教義：仍然很有影響力，但現在有頗為徹底的改變。）（1）天主教傳統深深植根於傳統，假設聖經和傳統是和諧一致的，理性在很大程度上也與它們和諧一致，我們回顧起來，可能以為它會藉著支持對傳統的辯護，對抗啟蒙理性那有害的影響，從而為自己辯護。（2）福音派傳統與傳統的關係頗為寬鬆，因此實際上能夠與啟蒙時代對所有傳統的偏見結盟，堅定地站在聖經毫無疑問的權威之上，且愈來愈接受啟蒙理性用來批評聖經的方法，藉以為聖經辯護，雖然它並不是十分自覺地這樣做。（3）自由派傳統十分意識到啟蒙理性與基督教傳統的衝突，它對前者很寬容，預備拋棄聖經和傳統一些非必要的元素，視之為在現代已經變得不可信，同時又嘗試以不受理性批評的方式界定基督教的本質。

這三個選擇，很可能是現在仍然活著的大部分聖公會人士看這個問題的方法。但這個討論已經過時，因為它反映那麼一個時期：當基督教比今天大部分時間更主導西方社會的時期，以及當那些社會微弱地基督教化的時期——即使在它們明顯世俗化的方面。我們需要觀察愈來愈嚴重的世俗化的影響，這表示開始時是啟蒙理性愈來愈得勢，後來卻出現了從現代性到後現代多元主義的部分過渡，而這也就是現在的情況。（後現代的相關方面會在這一章稍後解釋。）

啟蒙理性對傳統抱持的偏見的持續前進，部分解釋了天主教傳統自第二次世界大戰以來，在聖公會教義中明顯衰敗的原因。隨著世俗化增強，聖經和傳統那古老的基督教內部問題，在信與不信這更突出的問題面前，其重要性減低了。基督教信仰很難只靠理性的權威生存，在信仰面對世俗化這個背景下，聖經似乎成了更牢固的權威（與傳統比較），這部分解釋了福音主義在近幾十年的增長。

基督教和文化：我們現在身處哪裏？

雖然這些話在形式上是聖公會的，但其他基督教傳統也很可能可以說出同樣的話。我們現在身處哪裏？雖然在西方世界的不同部分，世俗化的程度和性質都不同，但大致真確的是，世俗文化疏遠它的基督教過去，到了一個程度，以致很多老一輩的基督徒都沒有足夠的注意到這個問題（雖然從較年青的一代身上明顯看到這點）。我們愈來愈發覺自己在一個處境中，不單對基督教有廣泛的文化無知，對基督教也有真正的文化敵意。在我少年時仍然微弱地基督教化的英國中，老式的基督教自由派（old-style Christian liberal）可以感到頗為自在，因為不上教堂的人，也廣泛地接受他們的社會理想。現在已經不是這樣。毫無疑問，基督徒仍然可以在很多重要的問題上與別人有共同的事業，但主導的文化趨勢，令西方文化的一大部分已經完全地後基督教（post-Christian）了。正因為這樣，在我們現在身處的形勢，以一純粹教會內的方式討論權威已經不管用了。在很多當代文化中，無論是現代還是後現代，權威都是一個十分含糊的觀念。在後現代文化中尤其是這樣，因為基督教不再主導文化，今天影響很多教會中人的，是世俗文化對權威的問難。

在對自己的信仰深思的基督徒羣體中，兩個可見的類別對理解這種問題特別重要。其中一羣人，是在很強的基督教文化中成長，很大程度上視之為理所當然，然後又發現主要問題的不同世俗觀點的力量和合理性。他們喜歡好像霍洛韋的取向，這些取向似乎認真看待世俗世界，完全獨立於教會以外並面對在社會中發生的事情，且以基督教信仰提供某種適應世俗價值觀或洞見的方法。這是經典的基督教自由派的回應，但在新的處境中，我們比以前更難跨越基督教和世俗思想之間的分別。這些人往往過分被當代西方社會中那些反基督教的宣傳吸引，特別是那些將西方文化所有邪惡和失敗都歸咎於基督教的宣傳。這些基督徒由值得欣賞的謙卑和開放所推動，但卻因而受到一種對基督教在過去和現在的災難性影響那誇大了的感覺影響，而強烈傾向在世俗和傳統基督教價值觀有衝突時採納世俗的觀點。

另外一種人，往往是歸信基督教的人，他們在基督教中，主要尋求與他們所認識的世俗世界不同的東西。對這些人來說，聖經的權威往往特別重要，因為它提供了思考與世俗文化頗為不同的生活的基礎。這些人基本上已跨過了（crossed）文化的分界，而不是想跨越（straddle）那分界。

兩種動力都在當代西方基督教發揮作用。兩者都有他們獨特的危險。第一種的危險，是將基督教消滅成與西方文化的其他選擇沒有分別的東西。霍洛韋是很好的例子，因為他做了一些在他以前很少自由派會做的事情：他宣稱，將道德建基於宗教，實際上對道德是很糟的。在道德的領域，他明確地選擇不成為基督徒，因為他認為只有這樣，才能夠公平對待：他從世俗文化中學到的東西，以及世俗文化批評基督教道德為壓迫這論述。古老的自由派在世俗世界中不會感到自在，因為它的道德價值觀很大程度上和基督教傳統相符。這是一個有自由氣質的人，身處於文化更為多元化、且對基督教的主要方面也持強烈得多的敵意的環境之中。這一點是相關的，因為權威的問題，在霍洛韋關於宗教和道德的命題中十分重要。對批判基督教的後現代批評者來說，問題是基督教道德傳統中那種他們指為專制的本質，而這是霍洛韋所同意的。稍後我們將會回到這個問題。

第二種動力的危險是基要主義（fundamentalism；編按：坊間或譯作「原教旨主義」）。我使用這個詞時有點猶疑，因為基督教光譜上的任何人，都喜歡用這個詞來譴責所有比自己保守的意見。但關於基要主義、權威和後現代世界，這裏有一個重要的問題。社會學家鮑曼（Zigmunt Bauman）論證說，基要主義（不單指基督教基要主義，也指其他宗教——特別是伊斯蘭教——的同等傾向）的增長，不是當代、後現代世界的異常特點，正如他說，「不是前現代非理性的爆發」，而是「另一種理性」（alternative rationality）——由後現代文化的狀況產生的。[6] 它是那些發覺後現代個人主義式自由具威脅性和不能容忍之的人所採取的路線：「生命的可悲，包括冒險的選擇，那總表示接受某些機會，同時又放棄其他機會，或在每個選擇中那不能解除的不確定性；也包括對每個選擇那不可知的後果有不能承擔——因不能分擔——的責任；亦包括那妨礙未來但未見的可能性的持續恐懼。」[7]「基要主義的理性，將安全和確定性放在首位，譴責削弱那確定性的一切——首先和首要地是個人自由的狂想。」[8] 在這個分析中，我們應該特別留意自由和權威的兩極化，正如鮑曼說，自由屬於後現代、自由市場式（free-market type）的理性；而權威則是基要主義者在自由以外的另一個選擇。我們稍後便要考慮當代自由和權威之間的對立。

如果鮑曼的論述和現實有任何對應的話，基要主義對後現代的回應的其中一個危險，明顯是：單單拒絕世俗文化，並不可能有任何富建設性的對話。但我們不應該太輕易怪責走這條路的人。在文化愈來愈敵視基督教的時期，有建設性的對話可能已經變得很奢侈，而單單要維持信仰也變得困難得多。

不過，我描述的那種珍惜基督教作為世俗文化以外的另類選擇的，毋須是基要主義。我會寧願稱它為有信心的正統性（confident orthodoxy）。它有好像霍洛韋的批評中那種自由派的回應所缺乏的：一個穩固的立場，可以從那裏批評世俗文化，也可以藉此與世俗文化以及我們多元文化中各種不同選擇展開對話。這種穩固的立場（但這並非表示僵化地不能改變），令我們向別人學習的同時，又不致喪失基督徒身分，也可以批評別人——那是在需要接受批評的文化範式的內部不能進行的一種批判。西方文化不應該單由任何文化風氣所鼓動，也不要屈從於典型後現代的不穩定性和破碎性（fragmentariness），使其對任何事情都不可能採取任何立場。基督教會在當代西方文化中的呼召，必須在很多方面都是抗衡文化的運動。但如果「有信心的正統性」是要有信心而又不致陷入專制主義的話，我們需要的是充分理解權威，這便要考慮到當代文化怎樣徹底地將權威的觀念，視為需要解決的問題。

在更仔細看現代和後現代對權威的態度前，首先分析兩種我們在日常生活中時常遇到的權威是很有幫助的。

權威——外在和內在

外在（extrinsic）和內在（intrinsic）的權威，有一個得到確認和很有用的區分。如果一個人接受一個陳述是真的，不是因為那個陳述本身可以說服人相信它是真的，而是因為作出那個陳述的人有資格這樣做，在這個情況下，有權說甚麼是真的，那個陳述便倚靠外在於它的權威了——即外在的權威。如果一個人服從一個命令，不是因為那人可以看到自己需要做的事有甚麼理由或目的，而是因為發出命令的人有權這樣做，那個命令便在倚賴外在的權威。有人病了，去看醫生，醫生診斷他的狀況，告訴他甚麼地方出了問題，給他處方藥物；他可能不能判斷醫生的診斷是否正確，或者其處方是否有效，但由於醫生有醫學資歷，被羣體視為可靠，病人便信任其診治和服從其命令。這便是外在的權威。另一方面，如果有人觀察到我的健康狀況很差，認為可能是因為近期工作過度和壓力很大，並需要放假；我可以覺得這是有說服力的診斷，以及能夠看到那個建議是明智的。在這個情況下，是誰提出這見解並不重要，他們毋須特別的專長或權威去支持這些話。那句話本身已經可以說服我，所以我接受它是真的，也接受它對我的要求。那句話便有內在的權威。

同樣值得留意的是，在很多日常情況中，外在和內在的權威都同時以不同程度在運作。想像你是一位身為專家的教師的學生，他談及自己的學科的權威，那不單是來自書本的知識，也是基於半生對那學科的經驗。他會給你事實的知識，如果你覺得有需要，可以從書本查證他的話。但你也會從他的判斷力——他對那學科中甚麼是有用的所累積到的知識——得益。這方面你需要信任他，雖然你自己在漸漸地成為專家後，也能夠從自己的經驗驗證那些事情。但最終也可能有某些個人的知識，是你不能夠自己檢查或驗證的。一位認識畢加索（Pablo Picasso）的現代藝術教師，可能告訴你一些關於這位藝術家的軼事，或者畢加索告訴過他一些關於自己的作品的事情。你或任何其他人只能夠相信他的話。這並非表示你要輕信或不加批判。你相信你老師的話可能是有根據的，因為他給你的印象是一個可靠的人。他告訴你的話，可能與你對畢加索的其他認識一致，因此那是可信的。那些話聽起來可能是真的。但最終，你是基於信任並接受那老師的話。在這個例子中，在你得到的某些知識的領域中，隨著你對那學科的理解加深，你由更倚靠外在的權威，轉向更倚靠內在的權威，但也有一些領域，在其中外在的權威是不能被取代的。在對學科有成熟的了解後，教給你的東西本身已經顯得可信，你相信你在原則上不能驗證的東西的基礎也變得更實在。

如果我們將這種對權威的分析應用到聖經，我覺得對大部分信徒來說，聖經的權威結合了外在和內在的元素，而聖經的內容本身也是這樣呈現的。令人驚訝的是，聖經作者很少只訴諸上帝的權威而要求人們順從和相信。他們訴諸各種推論、想像和經驗。他們以文學可以勸說和說服人的所有方式勸說和說服人。當然，只能夠以信任接受的主要面向也是有的，但它不斷混合了所說的話的內在權威性。而且，就好像專家教師的學生一樣，基督徒必須開始單以信任接受很多東西，在他們更深入地進入信仰和實踐信仰後，便會取得某程度的內在權威。（而且，我們應該將信仰羣體設想為好像個人那樣。羣體對聖經內在權威性的經驗，遠遠超過個人的經驗。）聖經宣稱有不可取代和重要的外在的權威元素，但它並沒有單單倚賴這種權威。

因此，總括來說，聖經結合了內在的說服力和要求我們相信它的信息的真理。這種結合是複雜和親密的。人們很容易作出簡單的區分，以為外在的權威是壓迫性的，而內在的權威則與人類的自主性一致。正如我們看到，事實並非這樣簡單。在日常生活和基督徒對聖經的經驗中，兩者以不同的組合方式走在一起。

對我來說，這似乎大致與聖經的傳統教義一致。或許以下這些話，過分一面倒地強調聖經的外在權威：聖經有上帝話語的權威，我們應該相信它所說的話，因為上帝有權威說這些話。但傳統上，聖經的默示的必然結果，是聖經的讀者或閱讀羣體得到默示。默示聖經的聖靈，也默示相信聖經的讀者接受它是上帝的信息，並明白它。我們不應該將這理解為一種法術，令本來沒有可信性的東西對我們顯得可信。我們可以將它理解為：這表示聖靈向我們默示了基督徒的生活和思想，帶我們深入聖經教導的經驗，以致我們發覺聖經對我們而言是更有意義的——在存在上（existentially）、智性上（intellectually）、想像上（imaginatively）。隨著聖靈在我們生命中將上帝的話實現，上帝的話便向我們證明其本身是可信的。權威和經驗之間有一種詮釋上的循環（hermeneutical circle）。

我假設對那些在基督教環境中成長的人來說，他們往往在開始時視聖經為外在的權威，因為每個他們學習的對象都是這樣做。然後到了某個時候，聖經開始貫穿他們的經驗——有人可能稱這為他們的歸信（conversion）——而他們可能說，聖經對他們而言，變得像有生命的，並向他們說話；他們第一次感到他們知道聖經實際上是關於甚麼的。那是明白內在的權威或可信性。或許現在對很多人來說，事情是倒過來發生的。在世俗文化中，他們傾向完全不當聖經為權威，而只有在它的信息以某種形式（當然不一定是聖經的文本本身）令他們深受感動時，它才第一次對他們有權威可言。他們從福音信息的存在的可信性開始，但他們之後也需要信任這位他們開始認識的上帝的話。我們所有人都需要接受我們不能夠徹底驗證的東西的權威。對初信主的人來說，一個重要的方面是要成為基督徒羣體的一部分：對他們整體來說，聖經是有權威的。

現代派對權威的拒絕

正如我們已經指出，權威在現代時期是一個不受歡迎的觀念。正如霍洛韋那樣，談及權威在社會中的危機[9]已經幾乎變成老生常談。事實上，我們在西方文化歷史中似乎到了一個階段，對很多人來說，權威和專制是不能分開的。權威曾經是一個好的詞語，但現在很大程度上被賦予負面的含義。因此，如果我們要明白人們對權威的困難和在教會中為權威辯護之間的動力，我們便需要明白這些問題源自的更寬大的文化背景。我們特別必須區分我會稱為拒絕權威的現代主義形式和後現代主義形式。它們是十分不同的。

我用**現代派**（modernist）這個詞來指源自歐洲啟蒙時代、並在某程度上由歐洲傳到大部分世界的典型世界觀。我會用**後現代主義派**（postmodernist）這個詞來指近年取代現代主義的思想和文化觀點。我在開始的時候，強調這兩種觀點是互相重疊的。西方社會正在文化轉折的階段，在其中，現代派式的態度，仍然有影響力地伴隨著後現代主義派式的態度。我們很可能仍未清楚後現代主義會否成為現代派文化持久的繼承者，但目前它肯定是強而有力的競爭者。

根據康德（Immanuel Kant）所說，啟蒙時代的格言是：「要有勇氣運用你自己的智性！」啟蒙時代以自主理性的名義拒絕傳統權威，包括制度的和智性的。值得相信的事，是可以由智性的人在原則上由理性論證確立的事情。在道德上值得順從的，是任何理性的人可以分辨為道德上是必要的事情。順從外在的權威——只是因為別人這樣說便相信或行動——與理性個體的自主性是不相容的。

因此，現代主義似乎拒絕外在的權威和肯定內在的權威，但其實沒有這麼簡單。關於外在的權威，在實踐上，現代世界十分倚賴專家的權威，特別是科學家。現代將理性的控制擴展到人類生命和世界的其餘部分，這個計劃需要累積知識——事實上，是知識和實踐傳統的形成——這是個人自己不可能驗證的。不單平常人，甚至科學家也倚賴他們的前輩，不能夠自己驗證他們的所有結論。不過，那些結論**原則上**是可以驗證的。現代主義拒絕的，是不能檢查（checked）、試驗（tested）和批評（criticized）的權威。

但同樣重要的是，對現代主義來說，可以算為內在的權威的準則，是特定和頗為狹窄的理性觀念。個人只應該確信可以用經驗證明或以普遍接觸到的方式、從第一原則（first principles）推論的事情。因此，這部分解釋了自然科學在現代主義中作為真知識的模範那巨大的聲望。也因此人們嘗試脫離特定的文化和宗教傳統，確立普遍承認的道德價值觀。啟蒙理性的目標，是取代所有特定的思想和實踐傳統，它認為這些傳統繼承的智慧和洞見似乎沒有理性基礎。這些傳統將外在的權威和內在的權威複雜地結合起來，是失敗和不能被接受的，因為它們不容許現代主義要求的純理論的普遍驗證（abstract universal verification）。

具體說明現代派對權威的拒絕包括甚麼後，我們可以問：聖經的權威在與現代派相遇時的情況怎樣。聖經明顯代表特定的信仰傳統，植根於特定的歷史及其解釋。它的真理宣稱似乎並不根據現代派的要求而向普遍驗證開放。不過，聖經對歐洲文化實在太重要，不能夠好像歐洲文化帝國主義者拋棄他們臣民的傳統那樣輕易地拋棄它。因此，關於聖經與現代派理性信仰的規範的相遇，我會提出三點：

（1）十九世紀的聖經研究和神學花了很多努力，嘗試為基督教信仰重構聖經的價值，藉以逃避現代對權威的拒絕。這有兩個主要方面。其中一個是歷史評鑑（historical criticism）在其十九世紀和二十世紀初期的典型形式（當然，現在仍然存在），這是嘗試越過聖經對其所講述的故事的詮解方式，去到「實際發生甚麼事情」（what really happened）——即純粹客觀地論述歷史事實，讓理性的現代人可以從中得出自已的結論。歷史的耶穌（the historical Jesus）——由批判性的歷史方法（critical historical method）重構——取代聖經的基督（biblical Christ）作為基督教信仰的基礎。第二，是嘗試理解聖經的信息為宣告普遍可以訴諸理性的道德價值觀，而聖經歷史是有用的具體例子。

現代主義十分頑固，因此我們仍然面對這些問題。只要看一看，假借學術之名聲稱揭露聖經故事背後真正和聳人聽聞的歷史事實的書籍繼續流行，或者目前對歷史的耶穌那方興未艾的潮流，特別是在美國，便可以證明這點。但後者有一個引人入勝的地方。雖然它植根於現代主義（有它對歷史那天真的客觀主義觀點），但我們可以視它為在後現代主義（對歷史持剛剛相反的觀點）的邊緣徘徊。對歷史的耶穌的追尋的古老批評，指從事這工作的人，只找到他們要尋找的那種耶穌，這實際上也可以用後現代主義派的目光推薦這種追尋。我們可以看到，這種追尋明確地將自己重構為不受束縛地建構不同的耶穌形象，這是多元的基督教文化所需要的。[10] 在後現代時期，關於耶穌的非學術、不加掩飾的愚蠢書籍，應該有更光明的前景。

（2）第二點和第三點，是關乎對聖經權威的討論應該怎樣回應現代派對權威的批評的。首先，在啟蒙時代對權威的拒絕裏面，有對專制主義、強制地施加權威那必須有的批評。問題是，現代主義建構自由（自主）與權威之間的對立的方式，令所有形式的外在權威都似乎與自由產生衝突。所有外在的權威都似乎是專制主義的。如果我們要將聖經的權威從專制主義中區分出來，我們便需要以與現代主義不同的方式思想權威和自由。

（3）在現代主義的背景下，聖經權威這個問題的核心，是現代主義對特定理性的偏見，以及對普遍理性的偏好。但在這裏，後現代主義對現代主義的批評，將整個問題徹底改變過來，正如我們將會看到的那樣。

後現代主義派對權威的拒絕

在某意義上，後現代主義將現代主義為了自主性而拒絕權威，推到極致，從而顛覆現代主義。對後現代主義者來說，現代主義的計劃本身就是專制的。在啟蒙時代那自主的修辭背後，是一個宰制的規劃。

後現代主義者主張的是，啟蒙思想的傳統正是一種**特定的**思想**傳統**，和任何其他傳統一樣。它宣稱的普遍性，只是嘗試將某些人的特定視角強加給別人。它是西方試圖宰制世界的必要部分，在其中，西方科學、技術和教育被視為同樣適用於任何社會，可推翻和取代本地的文化傳統。啟蒙理性宣稱的普遍性與各種殖民主義，以致今天主導的經濟和消費主義的帝國主義（恰當地被稱為「麥世界」〔McWorld〕）狼狽為奸。現代規劃的故事，至少和啟蒙思想同樣是宰制的故事。啟蒙理性的所謂進步，其實是權力的運用。

因此，根據我們的用語，後現代主義將啟蒙時代對權威的拒絕這個規劃，不單擴展到所有外在的權威，也擴展到科學和其他形式的現代知識的內在權威性。現代對專家的推崇所包含的那種精英主義，是有些人藉以取得權利宰制其他人的方法。換句話說，所有關於別人應該接受的真理的託詞，即使在假設以自主的理性為條件時，都被揭露為宰制的手段。因此，在後現代主義中，自由或自主與每一種權威對立——即使聲稱為真理的權威。所有真理都是**某人的**真理。我必須有自由相信自己的真理。啟蒙時代沒有個人以外的權威這原則便被推到可能的極致。

很著名的是，後現代文學批評（由羅蘭・巴特〔Roland Barthes〕開始）宣稱作者已死（the death of the author）。**作者**這個詞與**權威**有關連，肯定不是出於偶然的。作者已死，表示文本不是傳遞作者想要傳遞給讀者的意義。脫離作者的文本，可以讓讀者得出他們想得出的理解。對作者已死這個後現代主義的特點，斯夸爾斯（Judith Squires）加上人類已死、歷史已死和形而上學已死：

> 這涉及拒絕所有關於人類本性的本質主義和超越的觀念；拒絕統一（unity）、同質（homogeneity）、全體（totality）、閉合（closure）和一致（identity）；拒絕追求真實（real）和真（true）。取代這些虛幻的理想，我們找到人是社會、歷史或語言的製品這個宣稱；歡慶破碎（fragmentation）、特殊性（particularity）和差異（difference）；接受偶然性（contingent）和表象性（apparent）。[11]

因此，相對於啟蒙時代的普遍性，後現代主義歡慶特殊性和差異。個人和少數羣體得到力量，是需要他們的認識論式自主性的（epistemological autonomy）——相對於啟蒙理性的專制宣稱。被現代傳統邊緣化和壓制的羣體和他們的傳統，都得以進行恢復原有權利的肯定性行動。

原則上，後現代主義給所有羣體和個體自由和空間相信他們自己的真理。但它是藉著揭露所有信仰是不同利益團體在爭奪權利的工具而這樣做的。在後現代社會的多元化中，沒有論證或沒有說服別人的基礎。除去啟蒙時代對普遍理性的虛幻假裝後，我們只有赤裸裸的羣體自我利益和權力政治。這個轉變的根源，可能源自對社會的激進的馬克思主義觀點，但後現代主義結果帶來的智性世界（intellectual world），可疑地與其同時出現的、得勝的、不受控制的資本主義自由市場相似。後現代主義似乎沒有提供任何「麥世界」以外的現實選擇。

由於有些人仍然以為後現代主義是精妙的智性遊戲，與理解我們的社會不相干，就讓我來說明它的普遍文化影響（這影響對我來說似乎已經十分清楚）。現代主義者高興地接受醫生的診斷，服從醫生的指示。醫藥是啟蒙理性的進步的一個主要特點。但現代醫藥和它的專家的權威，在過去十年被大大削弱了。愈來愈多人在另類醫療的自由市場上到處搜尋。被現代醫藥推到邊緣的東西，愈來愈從邊緣走回來，而人們在另類診斷和治療之間作出選擇的方式，是現代理性不會接受的。那與其說是理性判斷，不如說是出於喜好。現代醫藥的制度性結構作為權力結構，維持著那些屬於它的人的特權，並排除其他選擇，另類醫藥正是從這個形象中得益。

我們也可以更概括地想到科學的聲譽正在下跌，但讓我以對後現代宗教的評論，來令我們更接近問題的核心。在現代時期，所有宗教權威都受到理性批評。它們的宣稱不能通過啟蒙理性的測試。在這個世紀的大眾層面，科學的威望典型地被置於與宗教對立的位置。在某些方面，我們仍然有這種取向，正如在道金斯（Richard Dawkins）的流行作品中。但科學主義正在衰退。後現代的人相信各種（以啟蒙時代的標準來說）非理性的事情：星相學（astrology）、不明飛行物體（UFOs）、水晶（crystals）和輪迴（reincarnation）。但他們拒絕任何在他們自由喜好以外的權威，他們的喜好往往以似乎（以現代派標準來說）不相容的元素以拼湊的方式進行。當然，迄今為止在世俗的北歐社會中，宗教信仰正在復興（雖然「宗教」在這裏是一個可能引致誤導的詞語），但在其背景中，談論聖經和任何其他權威都是頗為格格不入的。

因此，在後現代的宗教中，真理並不倚靠任何權威體現。真理是高度個人化、實用、相對和自由地選擇的。真理被人們根據「甚麼對我有用」（"what works for me"）來看待。它是相對於甚麼能夠滿足我的特定需要，而這些需要可能和別人的需要頗為不同。屬靈經驗得到重視，但毋須帶有任何特定的宗教信仰。希拉斯（Paul Heelas）說：

> 〔在後現代處境下〕宗教太容易被個人的慾望吞噬……人們愈將宗教當為消費品，他們愈不可能被「真實的」事物吸引。我們可以宣稱，〔真實的〕宗教——作為要求紀律、服從和超個體（supra-individual）、忠於著者的（authorial）——的兆頭（omens）不大好。[12]

我在結束上一節時說，在現代主義的處境中，聖經的權威的困難，是現代派對特殊性的偏見和對普遍理性的偏好。後現代主義是對普遍理性的激烈反抗，並支持特殊性。從這個意義來說，它可能對聖經的傳統更友善。但後現代的相對主義偏好特殊性，只是藉著將所有真理的宣稱化約為個人喜好。對於聖經的權威對所有人都有效這個真理宣稱，後現代主義很可能比現代主義懷有更大的敵意。

最後，值得留意的是，後現代的自主性，距離它所吹捧的目標十分遠。大部分抱持後現代主義的人，實際上都強烈受到文化潮流、媒體、推銷廣告和時裝的商業利益和朋輩的期望限制。而且，雖然選擇不斷倍增，涉及的真正選擇卻往往頗為瑣碎。成為基督徒的人，有時發覺基督教信仰是對這一切的巨大解脫：將自己置於上帝的權威之下，是一種脫離文化壓力、別人的意見和期望、廣告商那些內在化的要求並需要繼續和走在前面的方法。那是一次過對個人看待和活出生命的整個方法一種完全非瑣碎的選擇。

聖經故事的權威

我們想到權威時，往往連繫到我們必須服從的命令或律法，或者連繫到我們必須相信的教義。某程度上，這是啟蒙時代的遺產。但聖經主要不是一本不受時代限制的教義或道德律法的書籍。它主要是一個故事。我們可以將所有聖經材料放進去的綜合類別，是故事：在世界發生的整個聖經故事以及上帝對世界的目的，由創造伸展到新的創造。在這無所不包的故事中，耶穌福音的故事佔有一個關鍵位置，但福音的故事如果沒有了聖經將這福音故事放在其中的那個更全面的故事的話，便會不完整和缺乏完全的聖經意義。故事的類別不單包括聖經敘事——眾多細小的敘事，很多都是相對自足的，但卻置於聖經正典的整體故事中——也包括先知的話和使徒的教導，只要它們闡明故事的意義，將它指向有待完成的方向。這整個聖經故事，也是其他聖經文類——律法、智慧文學、詩歌、倫理指引（ethical instruction）、比喻等——被編於正典中的大背景。故事是作為其他東西的背景那統攝一切的類別。

如果我們要將聖經思想為權威性的，我們必須主要想到這個故事的權威。稱這個故事為權威是甚麼意思？後現代主義給我們一個有用的詞語：宏大敘事（metanarrative）。（我們會回來討論後現代主義對這個詞的使用。現在我們只是借用這個類別。）聖經的整體故事是一宏大敘事。也就是說，它以敘事形式描述整個實在的意義。接受這個故事的權威，就是進入它和棲居在它裏面。那就是生活在這個故事描述的世界中。那就是讓這個故事界定我們的身分和我們與上帝及別人的關係。那是將我們活在其中的生命和社會的敘事，解讀為要從這個統攝一切的宏大敘事中取得意義。接受這個宏大敘事作為我們活在其中的宏大敘事，就是以與我們棲居在另一個宏大敘事或普遍意義的框架中不同的方式來看世界，並在其中生活。

聖經的敘事並不單單要求讀者的同意。和所有故事一樣，它吸引我們進入它的世界，以想像與我們交往，容許我們以自己的步伐適應它。但接受它作為權威的宏大敘事，不單表示棲居在其中，正如我們在閱讀小說期間，想像性地棲居在小說中一樣；這種對故事的經驗，會影響我們對世界的理解和經驗。但接受聖經的宏大敘事作為權威，就是讓它比所有其他故事都更有威望。那是將我們自己的身分作為故事中的角色，我們的生命是故事仍然未講述的部分。因為那宏大敘事當然只是一幅速寫。聖經告訴我們情節的一部分，令整幅圖畫的一般意義變得明晰，將我們指向情節最終必須怎樣解決。但它讓故事保持開放，包含所有其他故事，包含那些我們參與撰寫的故事。

這個聖經的宏大敘事，是聖經結合特殊性和普遍性的方式。這個宏大敘事圍繞十分獨特的事件——以色列的歷史、耶穌的福音故事——但將這些事件解讀為對整個實在的意義具有決定性作用。它將整個世界的故事的想像性勾畫——從創造到上帝的國度（the kingdom of God）——連繫到一個十分獨特的故事，而這故事則構成對世界的拯救。那特殊性與現代主義是格格不入的，而那普遍性則是與後現代主義格格不入的。

法國哲學家利奧塔（Jean-François Lyotard）在一句著名的話中，將後現代界定為「對宏大敘事存疑」（incredulity towards metanarratives）。[13] 驟眼看來，似乎現代主義也是對宏大敘事存疑。它拒絕所有講述關於世界的意義的故事的宗教神話。但事實上，現代主義創造了它本身的宏大敘事：歷史進步（historical progress）這個觀念。對啟蒙理性的信心，與啟蒙本身的神話兩者是不能分開的，這個神話是理性將朝向更理性和更美好的將來走下去。這個故事於二十世紀隨之而來的失敗——包括它的進步主義和它的馬克思主義革命形式——使後現代主義不單宣告它不可信，更揭露它是一個使宰制合法化的神話。進步的前進，是將壓抑差異和異議合法化（legitimation）。從這個對啟蒙神話的揭露所歸納，後現代主義視所有宏大敘事為壓迫，因為它們宣稱的普遍真理，實際上必定是以某人的真理強加給別人。正如康納（Steven Connor）說，後現代主義標誌著「由宏大敘事那壓抑的崇高（the muffled majesty），轉向微小敘事（micronarratives）那碎裂的自主」。[14]

後現代主義者自己能否沒有、或確實沒有任何宏大敘事？這是可以質疑的。具啟發性的是，後現代主義出現前的先驅尼采（Friedrich Nietzsche），往往以想像性的敘事（imaginative narratives），體現他認為在上帝和啟蒙時代的進步神話死亡後，生活是甚麼意思。例如：他講述人類靈魂的三個變形的比喻：駱駝、獅子和兒童。[15] 駱駝是背負重擔的靈魂，跪下來承擔重擔，將它揹到沙漠，愈重愈好。駱駝代表道德的人，樂意背負道德責任，甚至到了禁慾的程度。不過，靈魂的第二個變形——獅子，卻「想抓著自由，成為主人。」它與它不再想稱為「主」和上帝並說「你應該」（Thou shalt）的大龍搏鬥，想要戰勝它。大龍稱為「你應該」，但獅子說「我要」（I will）。獅子的勝利，表示不再有「你應該」，只有「我要」。人類的靈魂是需要獅子為其創造自由、脫離既定的價值觀的自由，並創造那創造自己價值觀的自由。但真正創造新價值觀的不是獅子，而是兒童，他是第三個，也是最後一個變形。兒童是新的開始，真正自我創造的人類。「現在靈魂以自己的意志為意志。與世界分離的靈魂現在贏得自己的世界。」兒童是超人（superman），他的意志是絕對的，他創造自己的價值觀、自己的世界。這個比喻是一個宏大敘事，假定脫離全權壓迫（totalizing oppression）的指控，不引向前設的封閉，而是引向脫離限制的絕對自由，製造自己的世界的自由，這是後現代心靈渴求的。如果這種宏大敘事逃避後現代對所有宏大故事的存疑，我們值得問：基督教這另類選擇——對權威、服從和自由的問題同樣起作用，但卻以不同方式限制它們的性質和關係——能否同樣以自己的方式逃避全權壓迫的指控？在下一節，我們會提出可以這樣做的方法。

基督教的宏大敘事與十九世紀現代的進步神話糾纏在一起，對其自身的情況沒有幫助。但與現代主義結盟那糟透的失敗，應該警告我們不要太容易與後現代主義結盟：將聖經的敘事化約為只是我們基督徒選擇來講述關於自己的故事，一謙卑的微型敘事，一樸實無華的本土小說，當中沒有真理宣稱。後現代主義帶來的挑戰，是顯示聖經的宏大敘事怎樣帶來解放而不是壓迫。它是必須壓抑所有其他故事的故事，還是某意義上為所有其他故事提供開放空間的故事？

現代派那進步的宏大敘事，是關於宰制的敘事。啟蒙理性總是實質上以宰制世界為目的的，即透過知識並藉科技以宰制世界。在思想中的自主理性，以在世界貫徹和保證人類自由——也就是主人將奴隸從屬於自己的旨意般的自由——為目的。這個規劃是以世界服從人類的意志，並藉以根據人類的慾望重塑世界。

未來會愈來愈受到人類控制。毫不令人驚訝的是，這個透過人類宰制其餘受造物而有的進步神話，也包含著透過一些人宰制其他人而帶來的進步。

這個神話以好像生物科技（biotechnology）等危險形式繼續存在。同樣地，值得留意的是，後現代主義揭露啟蒙時代的神話，但卻沒有提供任何真正能夠對抗它的影響的方法。原因是，後現代主義本身代表著在一思路上更進一步，即認為自由或自主必然包含著宰制。現代派透過科學和技術宰制世界；後現代主義者則以文本建構世界。後現代主義者退入隨意的符號的一個純粹語言的世界（purely linguistic world），從而得到脫離所有權威的自由，但卻讓現代派有自由繼續濫用受支配的、語言以外的世界（extralinguistic world）。

啟蒙時代以自由作為脫離所有外在的權威這個觀念所帶來的問題，並沒有好像後現代主義那樣，藉著朝同一個方向走得更遠而得到解決。根據這點，我們可以看到聖經的宏大敘事，沒有提供主宰的另一個合法依據，而是提供真正的另類選擇。這個宏大敘事藉著將未來放在上帝手中，解放我們脫離宰制或控制的需要，恢復我們以正確、合乎人性的方式，與現實的其餘部分共處，既不將它從屬於我們的意志，也不隨己意建構它。這有賴於意識到以上帝作為恩典的權威（authority of grace）的宏大敘事那種權威。

恩典的權威

這個類別是聖經權威的主要元素。聖經是這樣超越了將自由與權威看為完全不相容、並視之為「完全自主」與「壓迫性專制主義」對決這個當代困境。

聖經故事固有的權威，是**恩典**的權威。[16] 換句話說，聖經的宏大敘事，不是在宰制中主張自主，而是恩典和自由地回應的故事。在這個故事中，一切都由上帝賜予，包括自由。世界、我們在其中的存有、我們從自己製造的邪惡中得救贖——這一切都是上帝的恩賜，這恩賜總是在上帝對我們的要求之前的。這是聖經中的律法和命令、並在聖經的敘事中給處境化的意義的一部分。權威首先屬於那個「上帝恩慈地把自己賜予我們」的故事。在那個處境中，上帝對我們的旨意的權威以命令來表達，但那是上帝恩典的權威。正如布格曼（Walter Brueggemann）指出，它「不是強制，而是生成（generative）；不是壓迫，而是解放。」[17]

我們對恩典的回應，不是奴隸那種強制的順從，而是愛那種自由的服從。[18] 它的範式是：「我的上帝啊，我樂意照你的旨意行；你的律法在我心裏。」（詩四十 8）這既不是與任何權威矛盾的那種自主，也不是經驗權威作為外來並從屬於別人意志的那種他治。這向上帝的順服，是出自那些已經瞥見自己的終末身分者（eschatological identity；他們最美好的心願帶著上帝所期盼的），也有那些承認上帝的旨意是他們內心的渴望者，以及那些擁有上帝愛的經歷，令愛成為他們生命中自由地選擇的目標的人們。在這裏，自由不是拒絕所有限制，而是自由地接受那些令愛的關係成為可能的限制。順服是要求很高的，但它的他治性，並不比運動員接受高要求的管治更高，因為運動員知道那是其通向自己定下的目標的方法。（後現代主義者對這點的批評包括訴諸多元化：個人可以選擇無數的生命目標，而宣稱某一個目標比其他目標更好，是將個人的選擇強加給別人。但後現代主義、消費主義的哲學，往往就是這樣，[19] 它高舉選擇本身的至高價值，而不理會選擇的內容。）

由於順服上帝——祂的旨意是我自己存有的真正律法——在類別上是與順服人類權威不同的，聖經的作者掙扎著尋找它的類比。他們往往使用僕人或奴僕順服主人或臣民順服君王的類比，但這些類比會被悖論所轉化：「你們雖是自由的，總要作上帝的僕人」（彼前二 16）；「全備、使人自由之律法」（雅一 25）。在約翰福音十五章 14 至 15 節，耶穌說：「你們若遵行我所吩咐的，就是我的朋友了。以後我不再稱你們為僕人，因僕人不知道主人所做的事。我乃稱你們為朋友；因我從我父所聽見的，已經都告訴你們了。」耶穌在這裏放棄僕人的比喻，但祂放棄的不是命令和服從的語言，而是令人成為奴僕的**盲目**服從（blind obedience）。就像耶穌自己順從祂天父一樣，祂的朋友知道祂的命令有甚麼目的，而他們也願意接受那個目的。

但在恩典的關係裏——恩典令這種對上帝的旨意得到開導的順從（enlightened obedience）變得可能——我們仍然憑信心生活，有時是不理解地單憑信心而順從的。耶穌完全理解祂天父的旨意而順從祂（因此詩篇四十篇 8 節的範式十分適用於祂），是其中一個極限情況（limit-case）。上帝的朋友亞伯拉罕（賽四十一 8）蒙上帝向祂顯明自己的目的（創十八 17～19），但也要以完全不能為他所理解的信靠，順從獻以撒為祭這個命令（創二十二 1～14），這則是另一端的極限情況。雖然獻以撒為祭這個命令，無可避免地引起現代派和後現代主義派觀點的反感，但實際上獨立看這件事——在亞伯拉罕更大的故事和聖經更大的故事這個背景以外——這也不是從屬於他治的。在這個背景下，那是順從上帝，祂恩典的故事顯示，雖然表面並非這樣，但祂是值得信任的。亞伯拉罕的順從，顯示他在多大程度上，將這位仁慈的上帝的旨意當為自己內心的渴望。我們在閱讀這個故事時，正確地經歷我們所有人都認識的自主性和他治性之間的衝突，但在更大的背景下，這個故事卻將我們指向這個衝突以外。它和它的對立面，即耶穌的順從作為另一端的極限情況，都指向超越自主和他治的終末目標——我們的自由與上帝的權威那最終的一致性。

總括這一節，聖經的權威是上帝恩典的權威，我們在愛的自由順從中回應它。這權威不是關乎從屬，而是關乎恩賜。因此它的效果不是壓迫，而是解放。

故事、命令和教義

我論證說，聖經的權威主要屬於宏大敘事，它是刻劃聖經的內容最具包容性的方式。我們棲居在敘事中時、與上帝和世界交往時、發現這敘事中描述的上帝和世界時，承認這權威。那麼，我們最常與**權威**這個詞連繫起來的命令（commands）和教義（doctrines）的權威又怎樣呢？

我已經在某程度上顯示，將聖經的律法和命令置於上帝恩典的敘事中是多麼重要。從這個敘事，我們「知道上帝在做甚麼」（“know what God is doing”），以致我們的順服，用約翰的話來說，超越了僕人那盲目的順從，卻好像兒子、女兒或朋友那種在理解之下的順從。聖經的命令不是隨意的法令（decrees），而是對應世界的現況和將來的情況，但這只有在我們棲居在聖經的敘事中，並取用它對世界現在和將會是怎樣的那一視角時，才能夠完全明白。這一點是重要的，因為在我們社會的世界觀裏，絕對不一定明顯看到聖經的命令對應著世界的現況。雖然嘗試在聖經敘事以外證明這觀點的自然法理論（theories of natural law）有某些價值，但它們永遠都不能完全成功，而在後現代社會，這就更不可能有多大的說服力。明白聖經宏大敘事的重要性，令我們能夠看到，棲居在其中，是學習以與我們的處境那些文化傳統十分不同（雖然那當然不是在每一方面都如此不同）的方式來看世界。那些被傳統描述為對世界「沒有意義」的聖經律法，卻可能在聖經故事的描述中，對世界產生意義。

不過，關於聖經的命令，還要提出十分重要的另一點。關於聖經命令的權威，一個明顯的困難是，有很多這種命令是基督徒認為沒有責任要服從的。以下是一些例子，用來表明這些命令的多樣化。（我羅列的新約例子比舊約多，藉以預先阻止對這困難的一個明顯、但不能令人滿意的回應。）

惟獨肉帶著血，那就是牠的生命，你們不可吃。（創九4）

不要行義過分，也不要過於自逞智慧。（傳七16）

不可用兩樣攙雜的種種你的地，也不可用兩樣攙雜的料做衣服穿在身上。（利十九19）

與眾弟兄親嘴問安，務要聖潔。（帖前五26）

你們不要以外面的辮頭髮……為妝飾。（彼前三3，向婦女說的）

寡婦記在冊子上，必須年紀到六十歲，從來只作一個丈夫的妻子。（提前五9）

若有人不肯做工，就不可吃飯。（帖後三10）

你們作僕人的，要懼怕戰兢……聽從你們肉身的主人。（弗六5）

凡不接待你們、不聽你們話的人，你們離開那家，或是那城的時候，就把腳上的塵土跺下去。（太十14）

凡求你的，就給他。（路六30）

各種基督徒在認為自己需要服從——或者至少是按字面服從——甚麼聖經命令這方面，是十分有選擇性的。他們因此不承認這些命令有權威嗎？強調脫離聖經故事的權威命令這種對聖經權威的取向的困難，在於它必須忽略很多這些似乎沒有要求我們必定要服從的命令。不過，如果我們根據它們在聖經故事的背景中閱讀，那麼故事便會在語境中界定它們的權威。這種取向，令我們能夠從我們認為不要求我們按字面服從的命令中學習。它們在故事中的地位，可能限定（delimit）或相對化（relativize）其作為命令的權威。它們可能不是以我們為對象而作出的指示，但它們對我們仍然有其啟發性。

關於聖經的命令，我們往往遇到的一個不同、但不是無關的困難，就是在生命的很多方面，我們會期望權威的聖經引導我們作決定和實踐信仰，但聖經卻沒有以單一、清楚的聲音說話——無論解釋者怎樣努力嘗試。關於戰爭與和平，關於男女之間的關係，關於奴隸制度，關於物質財富的倫理學，以及很多在生活方面——順從上帝地生活——十分重要的事情，聖經都包含很多不同的陳述和取向，包括不同的命令和指示，以及敘事例子和智慧反思，這都令我們十分困擾。除非我們在這些相關的聖經材料中隨意挑選和選擇，否則我們得需要一個視角，讓那多元化取得一個可以理解的模樣，在其中，我們可以說：聖經教導的方向變得明確，我們可以動態地閱讀經文，視之為將我們指向那個方向指引——雖然，有些經文比起其他經文，沒有朝那個方向走得那麼遠。[20] 在我們承認聖經作為宏大敘事是不排他的、但基本上是有權威的這個背景下，這種取向是合理的。這樣，在我們觀察這種取向在不同處境中出現時，甚至在我們考慮不同的取向在明顯的閱讀（an obvious reading）中可能似乎有衝突時，我們也可以期望在故事中浮現對一個問題的聖經取向能逐漸成形。單獨閱讀一個文本時，那看起來是該文本對我們所提出的問題的直截了當的回答，可能需要被其他文本給予我們的其他視角相對化。這一切看起來是提供我們賴以為生的教導的一種轉彎抹角的方式，實在令人沮喪；但當閱讀聖經的方式是要容讓聖經使我們參與它的故事，以及對上帝對祂子民及世界的旨意漸漸為人所知的動態方式有所投入時，便能體會到這種方法的好處了。在多元化中識別方向時，相對於單一直接的宣告所能給予我們的，我們對一個議題以及在多元化的人類生活中的解答，將會得到更豐富的理解。

如果在聖經中尋求權威**命令**所遇到的困難，是似乎有太多命令；在聖經中尋求權威**教義**的困難，則是似乎有太少教義。但當然，這同樣是因為故事是如此基本，以致聖經中關於上帝是誰，以及我們相對於祂和世界是誰這類神學教導，與聖經所講述的關於上帝和世界的故事分不開。例如：正因為這樣，聖經同時教導也不教導三一（Trinity）的教義。雖然與大部分新約學者相比，我認為新約更明顯地是三一的，但新約仍然沒有明確提供對上帝在其自身那三一存有（the Trinitarian being）的認信。但在福音書耶穌的故事中，上帝的行動和受苦的故事在形式上是三一式的。上帝是三一的，這從故事中給浮現出來。為了以聖經中上帝的故事成為真實的故事，三一的教義代表著我們需要以上帝其自身來談論上帝。它由那個故事授權，因為它是認真地將那個故事視為權威的宏大敘事所得出的結果。

最後，重要的是，留意我們從孤立的經文中，不能夠知道聖經要求我們相信甚麼或做甚麼，這便需要有：經文在聖經宏大敘事中的整體背景。

其他權威的模式

一旦我們開始探討聖經所包含的多種文學，我們便必須明白，我們賦予聖經權威的方式，必須根據我們在不同的聖經書卷和段落中找到的內容而作出不同的區分，而不單只有敘事逃過我們對權威所作出的慣性思考（即根據命令和教義對權威所進行的慣性思考）。

例如：在智慧文學，視箴言的格言（aphorisms）為需要服從的神聖命令，或視傳道書那些對生命經驗的明智反思為需要相信的教義，這都是行不通的。更恰當的做法，可能是將這種有靈感的深思所帶有的權威，建構為建議：「想一想這個觀點！」的權威。誡命是要人服從的，格言則是讓人細味和思考的。

同樣，對詩篇來說，誡命或教義都不是合適的模式。作為以色列的聖殿詩歌集，它具有的權威性建議，一般是：「你應該這樣祈禱；在每個場合都運用這些禱告的工具。」但有時可能更好的理解是：「你甚至可以這樣向上帝說話！」對詛咒詩或其他難明的詩篇，如果我們賦予它們不恰當的權威模式，便會遇到很大的困難，但只要我們看到它們的權威是准許我們對上帝誠實，可以將我們的一切關注帶到上帝面前，讓上帝處理，它們便達到目的了。對某些詩篇來說，那權威的建議一定是：「加入這裏，學習憑經驗欣賞和讚美上帝！」它們的權威，是令我們能夠敬拜並給我們力量加入對創造的讚美。

虛構的故事，例如耶穌的比喻或（我認為屬於這類作品的）約拿書，並沒有歷史報告式的權威，但有訴諸想像力、藉以改變我們對事物的看法的權威。這些故事爬到我們身上，措手不及地向我們提出它們的觀點，以及它們怎樣運用幽默刺激我們放棄熟悉的思考方式，這根本完全異於任何關於權威的傳統觀念。它們只要求那些樂意打開想像的耳朵的人去聆聽。

我們往往將權威想為強制，但其實我們也可以將權威想為給我們**授權**（authorizing）。對聖經中不同的文體，我們都有很多方法可以應用到這個觀念。就如福音故事中那些像我們一樣的人，他們帶著自己的需要或問題來到耶穌跟前，這些故事**授權**我們作與他們一樣的事。好像馬太福音結尾的大使命這樣的命令，**授權**我們以主耶穌委派的權威行事：為了上帝的國度使萬民作門徒。其實，很多往往被看為服從的事情，也可以理解為授權，這種理解可以恢復我們對特權和責任意識的思考，那是聖經思想經常附加在服從的辭彙上的。更概括地，聖經談及上帝的方式——由於上帝是超越和不能理解的那一位，超越我們所有語言和思想範疇，我們永遠都不應該視祂為理所當然，而應該接受祂為驚喜和感恩的不住來源——**授權**我們做我們本來永遠都不應該認為自己能夠做的事情：談論上帝。沿著這些思想，會有很多事情可供探索。

聖經詮釋中的權威與自由

談及聖經的權威而不提到詮釋的問題有潛在的災難。在詮釋的歷史中，一個並非不常見的現象，即詮釋者希望聖經表達的任何觀點均利用聖經的權威來加以授權。在最糟的情況下，聖經被濫用為自私和宰制的意識形態工具。但在詮釋中，某程度的自由是無可避免的。我們需要看到這怎樣可以為聖經的權威服務，而不是顛覆這權威。

聖經學術直到近期以前都是關注經文的意義，而不是經文背後的歷史重構，學術界的努力，一直都在於確立「原來的」（original）意義，而這往往給定義為原來作者想表達的意義，雖然它可能可以更好地被定義為：可以期望最初的讀者在經文中找到的意義（因為作者可能不能表達他們的真正意思，或者，其特有的私下意義，是任何讀者都看不到的）。展開這個任務的歷史性學術，是啟蒙理性的一種形式。但這並不是輕視它的理由，它的成就很大，沒有負責任的詮釋學可以將它置之不理。不過，它有啟蒙時代思想所有的典型限制。它忽略了詮釋者的視角，予人完全客觀這一假象。因此它期求著不帶偏見的學術，可以對經文原來那惟一的意義達成共識。目標是盡可能準確地指出文本的歷史意義，從而找出「基督教存在那不可動搖的文本基礎」（“an immovable textual basis for Christian existence”）。[21] 這樣嘗試一勞永逸地固定經文的所有意義是可疑的，就好像試圖掌握和控制經文一樣。

雖然有巨大的成就，但這種追求原意的最終目標（現在以新方法繼續，例如社會科學方法）失敗了。這種學術事業沒有達成共識，反倒似乎無休止地引發新的詮釋和無盡的詮釋爭論。真正的進展是有的，但卻不如很多從事這工作的人所想望的那麼多。而且，要確立牢固的意義，以將聖經在信仰和實踐上的權威建基於其上的這個目的之所以受到挫折，不單是因為有多個「原意」可供考慮，也因為如果經文在它們具體的歷史處境中，對原來的讀者的意義愈具體地被指明，經文對任何其他讀者便愈顯得不相干了。

後現代的閱讀卻完全不同。後現代的讀者脫離現代派那天真的歷史客觀主義（historical objectivism）的閱讀方式，自由地為自己創造意義。文本明確地從屬於讀者的權威。

因此，現代主義的閱讀，嘗試將文本的意義固定到由詮釋者所決定的原意，藉著不容許文本在任何其他處境下可以取得新的意義，從而有效地控制文本。歷史化地重構原來的意義取代了文本。在後現代的閱讀中，文本的意義沒有固定下來，那是開放的。有多少讀者，就有多少詮釋。讀者創造的意義取代了文本。在現代和後現代的情況下，文本本身都不能夠帶著權威向當代處境說話。

要視之成為可能，我們必須承認，意義並非只是棲居於文本（正如現代主義的閱讀那樣），也並非只是由讀者創造（正如後現代主義的閱讀那樣）。它產生在文本和讀者之間的互動之中。讀者與文本相遇，並以之為真正與他們不同的他者。歷史解經幫助他們看到這個他者，但文本的他者性（otherness）並不限於它的歷史意義。讀者不單以有紀律的歷史想像閱讀文本，也以他們自己處境的關注的偏見來閱讀，文本被他們經驗為正在向這些處境說話。某意義上，這給讀者自由詮釋的空間。他們有自由將自己的視角帶到文本。但容許讀者自由的同一個空間，也容許文本自由超越它原本的歷史處境，對其他處境產生其可以有的意義。事實上，在這種意義的新的生發中，上帝自己有自由帶著權威說上帝自己的話。

總括來說，這就是一種詮釋學，要求詮釋者認真聆聽文本，並以不是脫離自己處境、而是刻意留意自己處境的方式聆聽文本。那聆聽容許文本以權威說話，而那處境容許文本以適切性說話。

當然，在教會中，個人不是脫離羣體而孤立地接觸文本的，他們閱讀文本的方式，也不是彷彿它從未被詮釋過。詮釋通常並應該是羣體的活動，在其中個人扮演不同的特定角色，它通常並應該與傳統有可以辨認的延續性。這些面向，幫助詮釋避免一種癖好：令我們所描述的詮釋學，變得像個人脫離傳統和教會生命的實踐時有可能變成的樣子。但這裏有一個重要的限制：聖經可以全新地向單獨的個體或一個邊緣羣體說話，那是挑戰傳統和羣體、是教會開始時不願意聆聽的。我們必須容許眾耶利米（Jeremiahs）和眾路德（Luthers）出現。

承認聖經的權威，首先包括聆聽。雖然聖經強調，聆聽而沒有行動是沒有價值的（太七 24～27；雅一 22～25；啟一 3），但聖經也強調，帶來實踐的聆聽，必須是專注的聆聽：「有耳可聽的，就應當聽！」（可四 9 和其他地方）「聖靈向眾教會所說的話，凡有耳的，就應當聽。」（啟二 7 和其他地方）聖經權威的基礎，是這個要讓人聆聽的宣稱，這是既迫切又需要持續注意的。那是對經文專注和擴展的聆聽。這是現代和後現代詮釋取向都傾向妨礙的，但在教會生活這個處境中閱讀聖經，卻通常在努力促成這種聆聽。後現代的閱讀因著對自行從文本中找出意義有猶疑，便急不及待地讓文本本身生出意義；現代的閱讀，則視詮釋的任務為：一旦一次過確定了原意後便已經完成的事情，或者，至少直到下一個歷史評鑑學者提出不同的見解為止。另一方面，專注的聆聽對意義的無盡可能保持開放。「我們必須一再回到文本，向它呈上我們的詮釋，永遠不滿足於我們已經永遠確定的那意義。如果我們墮進後一個陷阱，我們便不再忠於我們對聖經權威的順從，反而高舉了我們最好的解讀。」[22] 實踐專注的聆聽，也幫助教會避免牢固的傳統主義——即只是在現在重複過去說過的話，而且是以過去說過的方式重複。對專注的聆聽者而言，聖經的權威聲音不單來自過去，也是現在活生生的聲音，號召我們進入將來。

認真的聆聽包含對話，在其中聆聽者詢問文本，文本也詢問著聆聽者。這個過程將專注的聆聽者的處境的各種方面，帶到與文本的關係中，藉以發現現時該怎樣在聖經的宏大敘事中生活。在這裏，小心地使用聖經故事棲居在世界這個比喻或許是重要的。這並不表示活在純粹文本的世界中，與其他人生活在其中的當代世界，兩者沒有關連。相反，藉著活在聖經的故事中，我們可以將世界視為：在上帝最終的目的中必須成為的世界那獨特的結構（unique configuration），並以此建構當代世界。

聖經故事那**未完成**的本質——或者更正面地說，那終末的盼望，作為上帝會給祂的世界的最終將來——創造出在聖經故事中找到我們自己和我們當代世界的那一空間。它是使我們能夠在處境中聆聽、並要求我們這樣聆聽的詮釋，正如我們簡短地提到的那樣。它抗拒過早的閉合，抗拒窒礙在當代世界中順從地過基督徒生活的自由。它既保持那故事之開放性，包括所有其他故事；也邀請所有其他故事，在上帝國度的來臨中，找到會給它們意義的終結。要正確地掌握聖經文本的權威和教會的詮釋者的自由怎樣沒有衝突地關連起來，我們必定不能訴諸一般的詮釋原則，而要訴諸主要生發出聖經權威的宏大敘事的本質。[23]

註釋：

1. 例如：最近期聖公會—羅馬天主教會國際委員會（Anglican-Roman Catholic International Commission；簡稱"ARCIC"），*The Gift of Authority: Authority in the Church III* (London: Catholic Truth Society / Toronto: Anglican Book Centre / New York: Church Publishing Incorporated, 1999)。
2. 引自 P. Heelas, ed., *Religion, Modernity, and Postmodernity* (Oxford: Blackwell, 1998), 218。
3. R. Holloway, *Godless Morality: Keeping Religion out of Ethics* (Edinburgh:

Canongate, 1999), 152.

4. G. Macdonald, *Unspoken Sermons: Series I, II, III* (Whitethorn, Calif.: Johannesen, 1997), 226.
5. 引自 Y. R. Simon, *A General Theory of Authority* (Notre Dame / London: University of Notre Dame Press, 1962), 148。
6. Z. Bauman, *Postmodernity and Its Discontents* (Cambridge: Polity Press, 1997), 185.
7. Bauman, *Postmodernity*, 183.
8. Bauman, *Postmodernity*, 185.
9. Holloway, *Godless Morality*, 30.
10. L. T. Johnson, *The Real Jesus* (San Francisco: HarperSanFrancisco, 1997), 8. 這裏指出，耶穌研討會（Jesus Seminar）廣泛地宣傳的方法論雖然是歷史客觀主義，但它的創辦人方克（Robert Funk）也明確以徹底後現代的建構主義方式來看它：「我們需要一個虛構（fiction）〔也就是虛構的耶穌〕，是我們承認是非真實的（fictive）。」
11. 引自 Heelas, ed., *Religion*, 8。
12. 見 Heelas, ed., *Religion*, 16。
13. J.-F. Lyotard, *The Postmodern Condition*, trans. G. Bennington and B. Massumi (Minneapolis: University of Minnesota Press, 1984), xxiv.
14. 引自 Heelas, ed., *Religion*, 7。
15. F. Nietzsche, *Thus Spoke Zarathustra*, trans. R. J. Hollingdale (London: Penguin, 1969), 54～56.
16. 這個詞也在 E. D. Reed, *The Genesis of Ethics: On the Authority of God as the Origin of Christian Ethics* (London: Darton, Longman & Todd, 2000), 87 中使用。它也是 W. A. Whitehouse, ed., A. Loades: *The Authority of Grace: Essays in Response to Karl Barth* (Edinburgh: T. & T. Clark, 1981) 這本文集的書名，在其中引述了富希士（P. T. Forsyth）的話：「心靈最後的權威，永遠是聖潔上帝的恩典，這恩典即上帝在耶穌基督裏那恩典之愛的聖潔。」（頁 242）
17. W. Brueggemann, *Theology of the Old Testament* (Minneapolis: Fortress Press, 1997), 200. 頁 198 至 201 整節都是關於這個問題的，值得閱讀；並比較Reed, *The Genesis*, 47。
18. 比較利科（Paul Ricoeur）所說「神治這個觀念惟一可以接受的意義」；

「愛迫使」（“love obliges”）並「它迫使的是愛的服從」（P. Ricoeur, “Theonomy and / or Autonomy, in M. Volf, C. Krieg, and T. Kucharz, eds., *The Future of Theology*, FS J. Moltmann〔Grand Rapids: Eerdmans, 1996〕, 296）。

19. 比較 A. Storkey, “Post-Modernism Is Consumption,” in C. Bartholomew and T. Moritz, eds., *Christ and Consumerism: A Critical Analysis of the Spirit of the Age* (Carlisle: Paternoster, 2000), 100～117〔中譯：《基督徒看消費主義》，陳永財譯（香港：基道，2005）〕。
20. 關於辨別聖經思想的方向的詮釋學原則，參本書第一章；關於實際例子，參本書第六章。
21. T. A. Hart, *Faith Thinking: The Dynamics of Christian Theology* (London: SPCK, 1995 / Downers Grove, Ill.: InterVarsity Press, 1996), 119.
22. Hart, *Faith Thinking*, 142.
23. 我在這一章特別獲益於以下著作：

W. Brueggemann, “The Commandments and Liberated, Liberating Bonding,” in *Interpretation and Obedience* (Minneapolis: Fortress, 1991), 145～158.

J. Goldingay, *Models for Scripture* (Grand Rapids: Eerdmans / Carlisle: Paternoster, 1994).

G. Gunton, *Enlightenment and Alienation* (Basingstoke: Marshall Morgan & Scott, 1985).

T. A. Hart, *Faith Thinking: The Dynamics of Christian Theology* (London: SPCK, 1995 / Downers Grove: InterVarsity Press, 1996).

T. A. Hart, “(Probably) the Greatest Story Ever Told?: Reflections on Brueggemann's *The Bible and Postmodern Imagination*,” in A. N. A. Lane, ed., *Interpreting the Bible: Historical and Theological Studies in Honour of David F. Wright* (Leicester: Apollos, 1997), 181～204.

N. Lash, *Voices of Authority* (London: Sheed & Ward, 1976).

J. R. Middleton and B. J. Walsh, *Truth Is Stranger Than It Used to Be: Biblical Faith in a Postmodern Age* (Downers Grove: InterVarsity Press, 1995).

A. C. Thiselton, “Authority and Hermeneutics: Some Proposals for a More Creative Agenda,” in P. E. Satterthwaite and D. F. Wright, eds., *A*

Pathway into the Holy Scripture (Grand Rapids: Eerdmans, 1994), 107～141.

4 權威與道德

一九九九年，當時任職愛丁堡主教和蘇格蘭聖公會首席主教（Primus of the Scottish Episcopal Church）的霍洛韋出版了一本名叫《無神的道德：將宗教排除在倫理外》（*Godless Morality: Keeping Religion out of Ethics*）的書。[1] 它的主要論據——應該將上帝排除在道德以外——在其寫作背景下，是值得討論的，因為它回應了霍洛韋在當代英國社會看到的道德混亂。而這道德混亂是源自傳統權威的不可信，他也將此描述為當代社會的權威危機。這本書說明了西方社會廣泛流傳的那種對聖經靈性和道德傳統的嚴重誤解和歪曲——令人更驚訝的是，在這裏採納、認可，並以滿腔熱情的確信及意圖引起爭論的雄辯言辭來表達這些見解的人，是一位主教。霍洛韋對當代以宗教倫理學（religious ethics）為專制和他治的這種歪曲，完全沒有作出批評，但他這本書最值得留意的地方，是他公開輕蔑他一生都活在其中的傳統。他對那傳統是如此熟悉，表示他對那傳統的價值和它對那些愛和順服上帝的人所具有的真實意義，並不是出於無知的忽略。這表示他的忽略必然是故意的，從而企圖抹黑他現在所輕視的整個生命的取向的聲譽。至少，他承認自己的表現完全改變了：「我在六十多歲時，成了自己在三十多歲作聖職人員時鄙視的那種主教，實在是我一生中其中一個最深刻的諷刺。」[2]

將上帝排除在道德以外

在這一章，我們關心的，不是霍洛韋在他的書中處理的特定道德課題，而是他對倫理的本質和作出倫理判斷的本質的基本取向。他的命題是：我們不單可以，而且也應該和必須將上帝排除在所有關於道德的考量之外。重點不是非信徒可以道德地思想和行動，這當然是毫無疑問的。重點也不是宗教信徒可以不提到上帝、並根據共同的前提與非信徒進行有用的道德討論。重點是道德不能也不應該連繫到上帝，無論是信徒還是非信徒都不應該作出這種連繫。

在進行任何批評前，重要的是盡可能準確地列出霍洛韋作出這個激進的宣稱時所提出的理由（正如我們會看到，那不是他在書中對他自己不同意的人所表現的那種禮貌對待）。以下是他提出需要將上帝排除在道德以外的主要原因：

（1）很多人不再將道德和宗教連繫起來（參頁 3～4，19～20；編按：頁碼為原書頁碼，下同）。這是信仰在宗教和道德的諸偉大傳統中受到侵蝕的結果，這是一個「分裂的過程」（process of disintegration），「現在已經到了關鍵的時刻」（頁 153，比較頁 30）。因此，新道德共識的惟一前景，在於一種不建基於宗教信念的道德。

（2）宗教傳統的一個困難，也部分解釋了它們的可信性為甚麼減退：它們沒有看到道德在歷史上那相對的性質。道德傳統實際上是「人類的創造……回應特定的環境和它們的挑戰」（頁31），但藉著訴諸神聖的權威作為道德的基礎，它們絕對化本身的道德原則，因此在回應改變的環境時，便變得困難或者不可能（參頁4，69～73）。因為同一個原因，它們不能容許和它們不同的道德觀點有任何合法性：「它們單單將上帝和它們的觀點連繫起來」（頁72）。簡單來說，以上帝為基礎的道德是欠缺彈性的。這種欠缺彈性是不能接受的，這可以從「很多代表上帝所作的宣稱最終因為道德的原因而被拒絕」這個事實中看到（頁9）。霍洛韋展示的例子，是基督教傳統中女性的從屬地位（例如：頁4）。與傳統道德系統的絕對主義相對，霍洛韋認為，道德需要「多變性」（versatility）和「即興的能力」（ability to improvise）（頁16，87）。

（3）伴隨著「傳統的侵蝕」（the erosion of tradition），當代文化狀況最相關的方面是「權威的危機」（頁30，比較頁154）。傳統道德是「命令道德」（command moralities）（頁33），要求服從權威，包括神聖和人類權威、教會和世俗權威。這種命令道德，實際上往往是宰制的壓迫系統，要很多人順從少數人的意志，他們利用大多數人來提高自己的權力和特權（比較頁9，152）。在這個意義上的外在權威（區別於藉論證以令我們相信的內在權威性）的不可信，表示新的道德必須是同意，而不是命令和順從。取代對神聖命令「不思考」（unthinking）的順從（頁7），需要「我們自己道德和理性上的同意」（頁8）。

（4）另一種描述「命令道德」的方法是：它們建基於恐懼：「藉著聲稱它們的誡命和禁令是神聖的和具權威的，因此不服從的人會受到永恆的懲罰；宗教道德系統根據恐懼來運作」（頁17）。但這種神聖的禁令已經不再可信。

（5）道德原則或宣稱，只有在能夠以所有人都可以接受的方式得到支持時才是道德的：「說一種行動是錯誤的，因為它是上帝禁止的，這是不充分的，除非我們也可以在道德基礎上提供支持」（頁 15）。霍洛韋解釋說，宣稱某個宗教傳統的要求在那個傳統以外都要得到遵從，就是混淆罪和道德（頁 5～6，12～14）。這樣做時，他實際上是**界定**道德為「無神的」。那麼，道德宣稱怎麼能夠以社會中任何人都認為是有效的方式得到支持？「那挑戰……是要區分可能有助引導我們穿過被稱為道德迷宮的基本原則」和傳統道德的絕對系統兩者間的分別（頁 16）。他可以說「新道德的理解的基礎是甚麼，並不是對今天所有人來說都是清楚的」（頁 31），但在某種張力下，他也有信心地以「傷害（harm）這個觀念作為我們的道德準則」（頁 15，比較頁 159），並似乎視這準則為頗為足夠的，並可以引導他和任何明智的讀者穿越他寫進書中的道德辯論。有幾次他指出這是甚麼意思：「錯誤的行動，是明顯傷害別人或別人的利益，或者侵犯他們的權利或引致不公平」（頁 14，比較頁 57，71）。在書中，他沒有提到任何道德原則是他認為是有效的。

（6）現代對例如聖經這類經典文本的歷史研究，令我們不再可能視它們為「永久地表達上帝的心意」（頁 27）。和所有傳統一樣，它們只是反映了特定的社會和歷史處境。

當代的道德任務

所有這些論據都有一個前設：就是在當代處境中對道德思考的任務的一個特別觀點。我們的社會處於嚴重道德混亂的狀況：「我們很難誇大我們這個時代的道德混亂」（頁 151）。霍洛韋似乎對為甚麼會這樣，持兩套不同的論述。其中一套歸因於傳統的侵蝕和權威的危機（參以上第1點和第3點），因此需要的是不建基於傳統或外在權威的道德。另一套論述則談及我們社會前所未有的道德多元化，在其中，沒有一種傳統道德系統是主導的，因此道德系統彼此競爭和衝突著。我們不清楚這兩套論述怎樣協調，因為後者似乎暗示，很多人仍然接受他們本身的權威和傳統。但霍洛韋似乎認為，在多元化的社會中，所有傳統的權威都致命地被削弱了。在這樣的社會中，傳統的權威可以被選擇，但卻不再是不證自明的。無論如何，實況是：上帝不再提供社會所需的道德協調。現在迫切需要的，是為共同的道德觀（common morality）發現一個「大家意見一致的基礎」（頁151）。霍洛韋的目的，是「在為我們的時代發現一種可行的倫理觀時，聯合那些相信和不相信的人」（頁5）。

這個目的是有需要加以反省的。這本書一個誘人的詮釋是：霍洛韋只是在民主和多元化的社會中，找出一些共同的道德價值觀，以及於制定法規和其他公共事務上所需要有的道德共識程度，但卻不觸及信徒在宗教信仰中所找到的更完滿和豐富的道德傳統。英國的首席拉比薩克斯（Jonathan Sacks），善辯和具說服力地論證支持特定道德羣體和道德傳統——並以之作為人們在道德的理解和行為中受到培養的背景——的重要性；但他同時也敦促：即使在我們世俗和多元化的社會中，對重要的價值觀，即對「任何社會所需要的道德之一致性的程度來說是重要的」道德價值觀，仍然要有足夠的共識。[3]

但細心留意霍洛韋的論證，顯示這明顯不是他的觀點：因為以上列出的各個原因，使宗教道德系統被證明為不可信，甚至不能得到宗教信徒的同意（除了由於習慣或因為復蘇的基要主義渴求「絕對的確實性」這種心理上的脆弱以外）。我們社會的顯著事實，不是幾個道德傳統同時存在，而是它是「後傳統的」（post-traditional；頁 88）。不單宗教信徒在與非信徒討論道德問題時不應該訴諸上帝，宗教信徒也不能夠合理地視上帝為自己道德信念和原則的來源或權威。正如我們已經看到，霍洛韋界定道德為：可以讓我們社會中任何成員都可以找到支持，而又毋須訴諸任何不是所有人都共同持守的信仰。換句話說，多元道德辯論是道德的界定性背景（the defining context）。只要是關乎道德，我們都必須放棄上帝，我們都必須世俗化，我們都必須在世俗社會中找尋我們的道德羣體，我們也都必須尋找「新的、輕便的道德傳統」，與傳統道德相比，「沒有那麼牢固」、「更權宜和臨時性」，建基於同意的原則，而不是服從權威（頁 156）。在這個場景下，根據定義，不能夠有基督教道德或伊斯蘭教道德，甚至不能夠有人本主義道德——只要那是特定的道德傳統。實際上，世俗、後傳統的人——「我們這些不受傳統系統的真理宣稱感動的人」（頁 11）——為我們所有人傳授遊戲的規則。

尋求道德共識

雖然霍洛韋頗經常提到道德多元主義（moral pluralism），他明顯沒有為道德傳統的真正多元主義留下任何真正的位置。這可能似乎是令人驚訝的觀察，但一旦我們明白霍洛韋對道德和社會的關係的模式是一個基督教世界（Christendom）的模式，他的論據便變得清楚。在西方社會界定自身為基督教社會的漫長時期，對共同道德有大家意見一致的基礎。除了持不同意見的少數派——例如猶太人（他們因此不是社會的正式成員）——以外，道德原則和道德規則是可以根據共同的前提而得到所有人支持的。但基督教世界在現代的崩潰，表示這些前提已經不再是人共同秉持的。由於大部分人不再接受基督教啟示的權威，它亦不再是道德切實可行的基礎了。因此，必須為世俗社會尋找一個新的基礎——一種同意而不是權威的道德——就好像基督教道德於以往對基督教世界那樣，對我們發揮作用。（這論證並不需要特別針對基督教。霍洛韋的一般論證實際上總是嚴格地指「宗教」，而不是特定的宗教，雖然例子都是取材自基督教。但平行的論證也可以就〔譬如說〕伊斯蘭社會提出。由於他的思想主要是關於歐洲和美洲社會，霍洛韋的論證，實際上主要是關乎由基督教世界過渡到多元或世俗社會的。）

另一個表達這論點的方法，乃是說霍洛韋的立場是「傳統的」（！）啟蒙時代的立場，不被任何後現代的諸限制條件所嚇怕或影響。（他偶然會提到尼采，顯示他完全沒有留意到尼采那些徹底反啟蒙的目的。）啟蒙時代的思想家確信，傳統道德可以並且也會被真正普遍的道德取代，這種道德對所有理性的人來說，會好像基督教道德於基督教世界——即啟示的權威不受質疑——那樣不證自明。對於發現霍洛韋實際上將自己放置於下述的一個歷史時刻：在其中，他聲稱發現這種新的、後傳統的道德觀（posttraditional morality）的任務變得迫切；但卻沒有提到這任務在長達兩個世紀、於西方啟蒙時代的議程上已曾佔有重要位置，那實在是奇怪的。

霍洛韋的立場惟一接近更後現代立場的一方面，是他堅持道德必然隨著歷史環境而改變。但在他樂觀地追求超越單純的相對主義和單純的多元主義的理性共識時，他很大程度上是未改造的啟蒙時代倫理學家：沒有怎樣嘗試認真看待後現代對啟蒙時代的批評，或者承認後現代文化中以意識形態為基礎的道德犬儒主義。雖然他認為社會有嚴重的道德混亂，但他對實現道德共識卻抱持典型的啟蒙時代式樂觀主義，即只要宗教傳統從這領域撤離，讓理性的人有自由同意不傷害別人這個基本原則。

在這個場景中，霍洛韋明顯完全不留任何位置給教會——作為委身於由耶穌和使徒所教導的獨特倫理道路的獨特道德羣體。他承認人們「有權選擇所謂完整的道德羣體」，也就是一個羣體「選擇完整地維持一個現存傳統，雖然時間和改變對它產生重大的侵蝕」，但這只是「一種避免道德困境將我們置於痛苦和時間的消耗中的方法」（頁 74）。我們再次回到霍洛韋給基督徒讀者和所有其他讀者的清楚信息：除非我們想引來智性懦弱和逃避責任的指控，否則我們不能將我們的道德確信和原則，建基於任何社會中所有人共有的前提以外的前提。社會作為整體是惟一合法的道德羣體，而道德只能夠由現在這個高度世俗化的世界所可能有的那種理性辯論產生。

雖然霍洛韋認為我們的社會有嚴重的道德混亂，但他的取向的結果，很大程度上肯定了在我們社會中佔主導的道德氣候。我們實在很難看到除此以外還可以怎樣。霍洛韋沒有立足點去批評這種道德氣候。不傷害別人這個準則，是他在尋求新共識時提供的惟一基礎，這個準則很可能會得到廣泛接納。但它的影響，只是在追求選擇某種形式的自我實現——是目前廣被接受的人生目標——這種高度個人主義式的追求的周圍，加上一個圍欄罷了。我可以以我選擇的任何方式，單單為了自我滿足而活，只要我不侵犯任何其他人的權利。我對別人的責任純粹是否定式的。事實上，現代社會的道德共識，不大可能能夠提供充分的倫理準則給所有人並讓他們賴以生活，但我們至少可以期望霍洛韋提出一些像在公共領域中積極的責任與義務的公民道德（civic morality），好像現代社會所曾經有過的那樣。即使在一九六〇年代，在激進的基督徒圈子中流行的處境倫理（situationist ethics），也維持以愛作為惟一的道德準則這條積極的原則。這是和一九六〇年代的理想主義一致的倫理學。比較起來，實在太明顯的是，霍洛韋的倫理學是為了自我世代的貪婪和享樂式的個人主義度身訂做的。他深深捲入了當代的道德困境，這個困境源自高舉選擇的自由並以之作為至高的善，同時又藉著以不傷害別人作為對自由的限制（嘗試限制這種自由的反社會後果）。或許，發現霍洛韋這位一度是社會主義者的人，竟會為了全球化的資本主義在全世界推廣自由市場道德而鼓掌（頁 88～89），也不太令人感到奇怪吧。

道德系統是相對於對人類生命的意義和目的的特定視角。正因為這樣，它們通常是宗教傳統的一些面向，但隨著宗教衰落，它們沒有變得不證自明，而對於世界觀或生活取向的其他方面來說，它們也不是中立的。馬克思主義倫理學（Marxist ethics）——如果這個詞語是適合的話——與一般的馬克思主義意識形態和人本主義倫理學（humanist ethics）一致，人本主義倫理學對人的本性秉持人本主義式的觀點（這受到以尼采為先驅的後現代的嚴厲攻擊）。尼采式的——和頗多後現代的——倫理學是建基於權力意志（will to power）這個尼采式的觀念，並以它作為人類至高的善。霍洛韋尋求的新道德共識，如果脫離一種共同的思考方式，即脫離對人類生命的本質和目的一種共同的思考方式，便是不能設想的。藉著使道德脫離上帝，而又不依附到某些宗教以外的世俗選擇，霍洛韋無可避免地將道德置於消費主義的個人主義式（consumerist individualism）的影響之下，這種消費主義式的個人主義，是我們文化中主導性的生活取向。他的道德建議，完全不會挑戰這種消費主義式的個人主義。

這並不是否認民主和多元的社會實現某程度的道德共識的重要性。但那共識必須源自某些方式，即多元社會中不同的道德傳統，能切實地以重要的方式匯聚的那些方式。這不會是否認不同道德傳統本身的完整性和基礎的結果。這種道德共識不能夠取代它們，因為它不能夠給世界觀提供倫理學的基礎。它會是溫和的共識，是為了調節公共生活而找出來的。它不能提供由特定的道德傳統所提供的豐富和智慧；它不能為個人和羣體提供賴以生活的道德視域。關於這方面，總需要有道德的羣體（即使其中一些現在是虛擬的），讓人們在其中不單學習規則，也學習成為道德的人。

基督教道德的諷刺畫

霍洛韋的論據（特別參以上第 3 點及第 4 點），至關重要地取決於對基督教對道德的傳統理解的嚴重歪曲。（他自己樂意輕蔑地提到一般的宗教道德，但我只會從基督教的角度回應。）作為開始，讓我們先討論他如下的觀點：他把基督教道德描述為「命令道德」，是建基於外在的權威和恐懼，並要求不經思考地服從那些神聖的命令。這樣描述宗教（他應用得很概括）道德，對於他不將道德建基於宗教這個論證的第一階段是十分重要的。他視為理所當然的是（頁 3，比較頁 17）：信仰上帝對道德所帶來的惟一的分別，是透過恐懼阻止人們做出他們相信上帝會懲罰的行為。對宗教道德進行諷刺描述，對論證非宗教道德是惟一配稱為道德的道德，並且是理性同意而不是出於恐懼和非理性地服從的道德，這技巧是十分重要的。

霍洛韋建立的虛假兩極化（false polarities）與他那種「將權威等同專制主義、將順從等同強迫、令權威對自由不利、令順從對理性同意不利」的典型的當代做法，兩者有很大關係。[4] 事實上，同意的相反是強迫而不是順從。任何要求順從外在規範都是專制的強加、對我的自由不利這等觀念，是後現代自主性的其中一方面，對這種自主性來說，惟一真實的價值觀，是我個人為自己創造的價值觀。如果，道德價值觀只是我們隨自己的意志或奇想而設計、改變和交換的自由地創造的理想的話，它們當然不能要求我們遵從；除了這極端相對主義和建構主義式的道德觀外，所有道德觀所固有的道德責任也因而可以被取消。但如果有任何意義上客觀的道德的善是要求我們爭取的，那麼順從的語言便完全合適，也是很多倫理學家都曾使用過的，他們不會想及位格的上帝的命令，而只是想到要求我們同意和順從的那些客觀道德價值觀。順從是道德責任的語言，不是強迫或恐懼的語言，雖然很自然地，專制的政權也可以以後一種意思來誤用它。對基督徒來說，客觀的道德的善（moral good）被建構為神聖的命令，但這並不令順從變成奴役。上帝是所有道德的善的來源和體現。順從上帝就是全心全意同意那善，它乃是現實的道德真理和我們人類自己的存有的道德真理。

良好的公民（good citizens）服從法律，因為他們認為那是好的做法（good idea），而他們也想成為良好的公民，這不單是因為害怕受到懲罰。而且，即使是良好的公民，如果沒有法律，他們也不能成為良好的公民。作為順從神聖律法的類比，這個類比的用處是有限的，但它卻顯示出，服從律法這個觀念和奴隸的盲目性和恐懼性的服從毋須有任何關連。關於聖經和基督教道德中對上帝的順從，還可以提出另外三點。首先，最大的無所不包的誡命——包含了所有其他誡命的誡命——是以全人愛上帝。這愛上帝的一個部分，乃是為了道德的善本身而愛的。但究竟那善是因為它是上帝所想望的而成為善，還是因為它是善所以為上帝所想望的呢？這是信徒在實踐中很少想到的一個謎。無論怎樣，愛上帝因而想上帝所想，就是渴望道德的善，而這是世界受造要配合的，我們也要以自己配合上帝自身和我們自身存有的道德真理。

第二，真正順從上帝，總是對上帝的恩典的回應：「我們愛，因為上帝先愛我們」（約壹四 19）。對上帝那極大的慷慨的自由和樂意的回應，喚起我們的感激和信任，以及順從。強迫和恐懼的觀念，在這裏沒有任何地位：「愛裏沒有懼怕；愛既完全，就把懼怕除去」（約壹四 18）。聖經對真正順從上帝的本質的典型表達，是詩篇四十篇 8 節（應用在耶穌身上的，則是希伯來書十章 5 至 7 節）：「我的上帝啊，我樂意照你的旨意行；你的律法在我心裏」。基督徒在聖靈裏的生命的目標是配合上帝的旨意，同時發覺它是我們自己存有的法則，以致我們自己知道那悖論是真實的：「事奉你是完全的自由」。

霍洛韋完全忽略了——但卻是對基督教道德傳統十分重要的——利科（Paul Ricoeur）所說的「神治這個觀念惟一可接受的意思」，也就是「愛迫使」（love obliges），「它迫使的是愛的順從」。[5]（正如從傳統可以清楚看到、也值得留意的是聖本篤的會規〔Rule of St. Benedict〕：西方修道傳統中強調順服的主要來源，強調基督徒和修道士的順服是愛的順服。根據其序言，隨著靈命成長，「我們的心會更廣大，我們會以說不出的愛的甜蜜跑上帝誡命的路。」[6]）

第三，神聖誡命為基督教道德判斷和實踐提供框架，但基督教道德觀從來都不是霍洛韋所說的那樣：「只是對一連串用來管理人類每一件可能發生的事的神聖誡命獻上順從」（頁 23）。神聖誡命並不排除在特定的處境和環境中，是需要運用道德判斷和智慧的。它們即使對一些十分古老的道德困境也不提供現成的答案，例如戰爭的道德（morality of war），在整個基督教歷史中，和平主義者（pacifists）和維護正義戰爭（just war）這個觀念的人，都對這課題進行辯論。聖經的神聖誡命，更不會就現代醫藥在某些方面提出的新的困境提供現成的答案。在聖經和傳統中，神聖命令在道德論述和實踐中總是由道德智慧、對聖經和傳統的反思和經驗的豐富傳統，以及道德品格的模塑所補充（而沒有矛盾或張力）。在這一切中，信徒相信聖靈在他們羣體和個人的心裏和思想中作工。認為在「命令道德」中，「我們的角色只是降服和順從」（頁 27），這是一種歪曲，是設計來確立一種虛假的兩極化，即「簡單地」服從神聖誡命和所有其他運用道德判斷的方法之間的那種虛假的兩極化。

聖經和傳統

　　這裏的篇幅，只容許我就霍洛韋怎樣將聖經和傳統帶到他的論證中（參以上第 6 點和第 2 點）提出簡短的評語。他頗為天真地訴諸聖經學術，並似乎在假設：只是因為聖經的內容在不同時間和地點寫成，因此有特定的處境（沒有人否認過這點），所以不能夠包含永久的道德原則。雖然霍洛韋強調道德的即興性，但他似乎相信某種永久的道德原則，至少他相信傷害別人和別人的利益是錯誤的。如果這個原則沒有超越它在其中得以闡述的特定處境，一個人怎能夠（譬如說）批評中國政府踐踏人權？因為他們的文化和我們十分不同。如果霍洛韋可以建構一種道德原則，是他認為於所有主要文化差異中仍能適用的，為甚麼聖經教師不能夠這樣做、並由上帝所啟迪而這樣做？傳統基督教神學和倫理學總承認聖經確實包含一些規則，是只適用於最初讀者的特定處境的。但反過來說，只有極端的後現代相對主義，才會認為例如「不可偷盜」或「不可作假見證」或「愛你的仇敵」等誡命，是不能夠成為永久的道德原則的。

基督教傳統是很龐大和很複雜的歷史現象，認為我們可以在每一個道德批評中為它辯護是愚蠢的。但在大多數情況下，隨著時間的推移，它在其道德教導方面顯得頗為一致，而且也樂意考慮環境的改變。（例如：關於性這方面的教導便有改變，但只是在——至少直到十分近期——下述的範圍內改變：即在仍然確信性行為只在一夫一妻、異性和有意永久聯合的情況下發生才是合適的這個範圍內改變。）它也包含自我批評的原則，例如聖經權威的首要性。這些自我批評的原則，對理解例如婦女在教會中的角色是十分重要的。霍洛韋不止一次請讀者留意這個問題。支持按立婦女牧職的論證，訴諸女性和男性在創造（創一 27）和救贖（加三 28）中平等這個基本原則，以及聖經和傳統都有女性領導的例子；並基於這些基督教內部的準則，批評大部分教會在歷史中大部分時期的踐行。這不是隨意地適應以求改變，而是被聖經和傳統核心的那些真正的基督教關注所啟發推動的一種改革。毫無疑問，教會以外的人對這個過程是重要的，他們提醒教會內的人，教會自己那些過分習慣的邪惡是甚麼。開放地向外面學習，是教會向上帝開放的一個重要部分；但這種開放性，只是一種基督教具建設性的分辨能力的一部分；與此同時，這開放性是方向的重新發現，在其中，上帝於聖經的話指引著祂自己的百姓。

重新發現教會作為獨特的道德羣體

在我們多元的社會中培養道德共識的任務雖然重要，但它不能夠成為基督教會的首要任務，而基督教會並不能夠對它作出特定的貢獻，除非教會優先處理最重要的事情。首先和首要的是，教會的召命，是忠於上帝在耶穌基督裏的愛和救贖的福音地生活。就道德來說，這表示根據由耶穌和祂的使徒所教導的獨特倫理來生活（並非不參考律法和先知，那也就是這些的教導的前設）。在回應這篇文章的最初版本時，有些讀者對我所說的獨特的基督教倫理是指甚麼感到疑惑。我可以提供的最佳答案，是指出新約對它的一些經典表達，例如馬太福音五章、羅馬書十二章9至21節和哥林多前書十三章4至7節。這些經文所提出的基督的門徒的倫理是獨特的：它有極端高要求的特點，遠超過大部分世俗人努力活出的倫理標準，也遠超過霍洛韋建議的最低倫理原則。但這基督教倫理的內容也是獨特的，例如愛仇敵、在性方面貞潔、徹底真誠、不報復、無限饒恕、和平、謙卑、預備放棄權利、關心社會中最被邊緣化和最不幸的人。當然，這些質素和其他道德傳統重疊，但基督教對這些質素和其他原則及質素的形構卻是獨特的。很多實踐這種倫理的基督徒可能不認為它們是獨特的，但這是因為在基督教化的多個世紀中，它們某程度上成了西方文化的共同財產。但現在這個情況已經改變了。基督教倫理道路的獨特性，在後基督教文化中愈見浮現，正如它在晚期羅馬帝國和很多基督徒是少數派的其他文化處境中一樣。

這種基督教倫理遠遠不單是一套規則；它是一種生活方式，將整個人的生命獻給上帝。（在這意義上尋求過這一種基督徒生活的人，可以將上帝排除，那實在是荒謬的說法。）它包括徹底將意志重新配合上帝，模塑好像基督樣式的品格，而兩者都只有透過基督的靈才是可能的。它也包含著一個基本的羣體面向。教會是委身於活出其獨特的倫理的羣體的：既在羣體自己的生活中，也在羣體相對於個體和羣體棲居的世界的生活中。

這並不表示基督教倫理是派別性的（sectarian），意思是它不適用於基督徒羣體以外。這也並不表示基督徒不需要向別人的智慧和經驗學習。[7] 但基督教倫理是與基督教對上帝、人類和世界的理解一致的。因此，教會可以將它的道德傳統推薦給其他人的最重要方法，就是推薦福音本身，如果沒有它，基督教道德的一些要求，便會完全失去意義，或者顯得具有壓迫性。教會那真正的基督教道德獻議，是基督徒對上帝在福音中那極大的寬宏良善的一種自由和快樂的回應。用另一個方式來說，教會在世俗和多元化的社會中的召命是宣教（missionary）。

當然，我們的社會有一重要的需要：持各種信仰的人之間可以進行明智的道德辯論，特別是就例如生物科技所提出的新問題進行辯論。但這些辯論不是道德生活的實質，不決定人們賴以生活的基本信念。道德榜樣（moral example）對道德模塑和道德勸說可能更為重要，在傾向視所有真理為相對的文化中，認為教會可以更多地以活出另類的選擇，即與我們文化中的道德混亂和道德犬儒不同、且具有說服力的另類選擇——而不是以道德辯論的方式把基督教倫理推薦給別人——似乎是可行的。霍洛韋的取向，藉著禁止上帝參與道德，令教會沒有活出這個另類選擇的基礎，並顛覆了教會的召命，即在十分需要上帝和道德洞見的社會中為上帝而活的召命。

註釋：

1. Edinburgh: Canongate, 1999. 有關一部以多種方式回應這本書的文集，參 *Scottish Episcopal Church Review* 8, 2 (2001)。哈特（Trevor Hart）和羅邁

喬（Michael Northcott）的文章和我在這一章的論據十分一致。

2. 引自 *Church Times*, Nov. 3, 2000。
3. J. Sacks, *The Politics of Hope* (London: Jonathan Cape, 1977).
4. E. D. Reed, *The Genesis of Ethics: On the Authority of God as the Origin of Christian Ethics* (London: Darton, Longman & Todd, 2000) 提供一個很好的論述，指出神聖權威在倫理學中是非強迫和非專制的：上帝的「權威不是控制或他治的，而是對話、有交代的，將人帶進關係中」（頁 xxiv）；它「並不破壞個人、道德的自由，而是令它變得可能和實現它」（頁 xxv）；「在尋求自主和自我滿足的個人自由，以及尋求滿足由上帝在基督裏賜下的潛能，與上帝和其他人團契的自由之間需要在觀念上有清楚的區分」（頁 xxv～xxvi）；「神聖權威與創造主和受造物之間喜悅的關係是必然包含對方的」（頁 40）。
5. P. Ricoeur, "Theonomy and / or Autonomy," in M. Volf, C. Krieg and T. Kucharz, eds., *The Future of Theology*, FS J. Moltmann (Grand Rapids: Eerdmans, 1996), 296. 利科論證說，神治不是一種他治，也不是反對自主——只要自足的觀念從後者中排除。
6. *The Rules of St. Benedict*, trans. J. McCann (London: Sheed & Ward, 1976), 4.
7. 有關對基督教道德的獨特性和教會作為道德羣體的重要性一個溫和的辯護，同時也承認教會可以和應該與世俗自由主義找到某些共同的基礎的，可參 D. Fergusson, *Community, Liberalism, and Christian Ethics* (Cambridge: Cambridge University Press, 1998)。

5 權威與傳統

自從有些人宣稱有所謂聖經、傳統和理性這三重繩索的支持開始，[1] 另一些人便已忙於拆解它。在這三個「權威」那並非總是關係和諧的歷史中，最經常受到懷疑的是傳統，至少自從宗教改革運動（the Reformation）以來便是這樣。我們可以將現代西方的歷史，表述為漸進地從傳統的力量中解放出來，雖然這不是完全準確，但卻並非沒有洞見的。宗教改革運動將聖經從傳統中解放出來，啟蒙時代將理性從傳統中解放出來，而後現代主義則建議我們甚至視啟蒙理性為我們需要從中解放出來的傳統。這段歷史，以反動和壓迫的暗示圍繞著傳統這個觀念，令基督教傳統在教會中，以及特別是在這個傳統與三重繩索中其他伙伴的關係中的角色產生困難。任何為今天的教會界定傳統的權威並為這權威辯護的嘗試，都必須頗為小心地檢視傳統與聖經和理性的關係。

傳統與聖經的關係

有關對聖經與傳統的關係的看法的歷史，是很多研究和討論的主題，並通常會以它對普世教會的含義為目的。[2] 在一個最有用的批判性綜合討論中，[3] 萊恩（Tony Lane）將直到近期西方歷史對這個課題的觀點 [4] 分為四種，他稱為一致觀點（the coincidence view）、補充觀點（the supplementary view）、從屬觀點（the ancillary view）和展現觀點（the unfolding view）。他也正確地指出，我們不能充分理解這些對聖經與傳統的關係的不同觀點，除非我們參照第三個因素，就是教會的當代教導。就我們的目的來說，簡單地總結這四個觀點已經足夠：

（1）**一致觀點**[5] 從愛任紐（Irenaeus）和特土良（Tertullian）的時代便十分普遍。這個觀點認為，使徒傳統（apostolic tradition）的內容和聖經的內容一致。這個觀點最先在愛任紐針對諾斯底主義（Gnosticism）而為大公教會的教導辯護時，清楚地浮現出來，他所關注的，是要顯示這教導和諾斯底主義者的教導不同，前者保存了使徒真正的信息。真正的使徒傳統，與諾斯底主義者那偽裝的傳統不同，是可以在使徒著作（apostolic writings）那成文的形式（正在浮現的新約正典）和由使徒傳給他們的主教繼任人（episcopal successors）那口述傳統中，可以找到的。根據這個論證，使徒著作和使徒傳統在內容上一致是重要的，但卻要從屬於這一要點之下：那就是兩者與主教的教導是一致的，主教保管著聖經和傳統，因此他們的教導被視為真正的使徒信息。

雖然在這早期階段，「信仰規條」（rule of faith）——作為總結該時代教會的教導，而這教導假定是與源自使徒的傳統完全相同的——可以作為正確詮釋聖經的指引，對抗異端誤用聖經；但這並非表示聖經被視為需要權威的詮釋才能夠讓人明白的。[6] 一致觀點後來接受了這個形式，正如在第五世紀萊蘭的萬桑（Vincent of Lérins）的經典表述那樣，他清楚表明雖然聖經在**材料上**（materially）是充分的（它的內容不需要傳統補充），但在**形式上**（formally）卻是不充分的（它需要權威的詮釋）。正如無數異端表明，聖經「似乎能夠有和詮釋者數目同樣多的詮釋」；十六世紀到現在的羅馬天主教神學家也呼應這一論點。因此，聖經必須根據「天主教會的傳統」來詮釋，而萬桑則以他提出的普遍性（universality）、古老（antiquity）和同意（consent）這著名的三重測試，把這傳統辨別出來。天主教傳統是「各處所有人總是相信的」（*"quod ubique, quod semper, quod ab omnibus creditum est"*）。萬桑並非完全沒有留意到，要確定以這方式界定傳統是困難的。但我們可能覺得它們會令傳統比聖經更含糊，因此正如紐曼（John H. Newman）指出：「〔萬桑準則（the Vincentian canon）〕提供的解決方法和原來的問題同樣困難」，[7] 但萬桑沒有被這些困難嚇怕，因為他真正關注的，是將當代教會的教導合法化。因此，在他對共識的理解中，不是每一個人都同樣重要：聖職人員比平信徒更重要，主教比聖職人員更重要，教區議會（synods）和大公會議（councils）比個別主教更重要。他特別認為，教會大公會議（ecumenical councils）的諭令（decrees）是基督教共識的權威表達，因此，不同意的人也不能夠對這共識帶來負面影響。[8] 源自萬桑的一致觀點，已經用使徒傳統的觀念來支持教誨權（magisterium）作為聖經權威詮釋者的角色。

（2）**補充觀點**也被稱為啟示的「兩源論」（two-source theory）。雖然在教父作家中，可以找到這種觀點的一些痕迹，但它實際上是在中世紀時取得進展，與「一致觀點」並存，並在後天特的羅馬天主教（post-Tridentine Roman Catholicism）中取得勝利的。這個觀點認為聖經不單在形式上，也在材料上不充分。啟示的全部內容不是只在聖經中找到，而是在聖經和沒有寫下的使徒傳統中找到的。如果我們記得，在討論傳統時，主要的關注是證明當代教會的教導在實質上與使徒的教導等同，這個觀點的發展便可以理解。前設是聖靈藉著保證教誨權的教導，將教會保存在真理之中。如果教誨權被視為不再與聖經的內容一致，而是超越它，那麼沒有寫下的傳統，便必須填補聖經和當代教會的教導之間的空隙。

這個教義在回應中世紀晚期的異端和十六世紀的改教家時特別吸引：改教家在堅持當代教會的教導違反和超越聖經時，訴諸聖經並以此**反對**教會當代教導的權威。雖然一致觀點可以、而實際上也被用來證明教會的當代教導是聖經惟一正確的**詮釋**，補充觀點對很多人來說，似乎是維護教會的教導一個更有說服力的方法，特別是因為在十六世紀人文主義的解經氣候中，訴諸聖經的寓意式閱讀（allegorical reading）並以之作為爭論教義的基礎，並不是好的護教學。新教徒拒絕中世紀寓意化的讀經方式，宣稱羅馬天主教的教導不能從聖經的字面、歷史意義中得到支持；羅馬天主教的回應是它毋須得到這種支持，因為使徒的教導不單在新約中找到，也在沒有寫下的傳統中找到，而這傳統往往可以由教父的證據支持，而最終可以從教會教導這些教導這個事實中分辨出來。[9]

天特會議（Council of Trent）製訂一個諭令，它的字眼和它的詮釋一樣變得具爭議性，[10] 而這些字眼似乎和一致觀點和補充觀點都相容，容許現代天主教神學家回到一種一致觀點的形式。[11] 不過，大部分會議教父（Council fathers）持補充觀點這個事實[12]

顯示，羅馬天主教神學的潮流——回應並反抗改教家的——強烈地朝支持補充觀點移動。[13] 天特會議後，它的諭令幾乎被十六世紀到十九世紀的羅馬天主教神學家普遍詮釋為教導補充觀點。

（3）**從屬觀點**是萊恩給十六世紀新教觀點的名稱，在其中，傳統作為詮釋聖經的輔助，但不是規範。宗教改革運動唯獨聖經（*sola scriptura*）的原則，主要不是針對傳統，而是針對當代教會的教導，但亦因而拒絕如下的觀點：即那些將傳統的角色理解為支持其當代教會的教導是使徒教導，並且不容許人們訴諸聖經反對這些教導。換句話說，它拒絕一致觀點**和**補充觀點。雖然也有相反的宣稱，[14] 但改教家沒有回到一致觀點，也不能這樣做，因為那個觀點倚靠當代教會的教導與聖經和傳統的和諧及延續性。一旦當代教會的教導被判為不合符聖經，並因而被指是倚靠**腐敗**的傳統，它便不再可能好像一致觀點所要求的那樣，藉著萬桑的準則分辨真正的傳統。現在只能夠根據傳統是否忠於聖經這個標準來判斷所有傳統，從而將真正的傳統從腐敗的傳統中區分出來。聖經無可避免地成為辨別真正傳統的規範，而不是傳統成為詮釋聖經的規範。宗教改革運動在教會歷史中設想某程度的不連貫——即教會當局有可能、而且實際上也嚴重和長久地延續著教義的錯誤——必然地剝奪傳統在一致觀點和補充觀點中的規範性地位。如果聖經可以與傳統對立，並揭露它的腐敗，聖經必定不單在材料上（與一致觀點相同），也在形式上是充分的。

改教家對教父，特別是信條和初期教會會議的極高尊重，並不與這樣相信聖經在形式上的充分矛盾。當然，他們可以訴諸初期教會的真正傳統，以反對中世紀時期的腐敗傳統，但這某程度上，最終還是假設了聖經的獨立權威。只有藉著根據聖經的標準判斷傳統，他們才能夠評估最初的五或六個世紀為相對純正，而其後的世紀則是逐漸腐敗的。沒有其他原則（例如未分裂的教會的觀念）令教父時期的傳統特別有權威，因為正如英國聖公會〈三十九條信綱〉（"Thirty-nine Articles"）的第二十一條所說，甚至普世會議「都可能犯錯，有時也確實犯錯」。

當然，聖經在形式上充分這個觀念，並不意味著聖經完全不需要詮釋——這個動議是反基督教的作者往往和輕易地反駁的，亦因此沒有擊中要點——而是意味著聖經不需要**規範性**的詮釋（normative interpretation）。基督教對聖經的詮釋，運用了所有詮釋文本的普通手段，特別是人文主義學術發展來詮釋古老文本的工具，並尊重過去的神學家和解經者的觀點，視之為理解聖經有用而不是規範性的指引。古典新教和古典羅馬天主教的觀點的真正分別，在於新教拒絕以教誨權的教導來表達的傳統，是擁有具**約束性**的權威（binding authority）的，是不能訴諸聖經來反對它的。一方面，在這個分別背後，是宗教改革運動在其當代教會的教導以外（並相對於這教導），重新發現聖經中的福音那原本的經驗；另一方面，羅馬天主教相信上帝在真理中保存上帝的教會這個應許。一方面，傳統被聖經及其當代教會兩者之間的非延續性（discontinuity）的經驗所打破；而另一方面，不被打破的傳統，仍然是使徒教導和當代教會的教導之間的延續性的載體。

（4）**展現觀點**是萊恩用來指現在羅馬天主教對教義發展的理解的用語。這種理解源自紐曼，並包含與前面三種觀點的重大分歧——也因而決定性地帶領我們進入現代時期。前面三種觀點假設真正的傳統是絕對靜態的：它不變地**保存**著使徒的教導。在一致觀點和補充觀點中，傳統的延續都表示當代教會所教導的必定是使徒明確教導的。但現代的歷史意識，令上述的講法對現代羅馬天主教來說，好像它（因為不同的原因）面對十六世紀的新教徒來說是不合理的一樣，而紐曼對教義發展的觀點，則主導著二十世紀羅馬天主教的神學，因為它似乎在教會——在官方的教導中——忠於使徒傳統這個古典天主教的確信內，在教會的教義性教導中容納歷史改變這事實。傳統被理解為一個過程，而使徒信息的全部意義，則藉著這個過程給揭示出來。

我們需要留意這個觀點的兩個含義。首先，它傾向比先前更重視以教誨權的當代教導作為基督教教義的真正規範，因為在聖經和較早期的傳統中隱含的東西，在這裏達到最完滿的發展。紐曼自己頗為明確地表示，他對發展的理解，要求一種無誤的發展權威，那是以羅馬天主教教誨權的形式出現的。[15] 第二，發展的模式促使大部分現代羅馬天主教神學家拋棄補充觀點，回到一致觀點；但在這種新形式中，以發展的觀念來加以修改。[16] 但這樣比維持聖經在形式上的不充分更為重要。[17] 聖經明確的內容和當代教會的教導之間同樣的鴻溝，被補充觀點以沒有寫下的使徒傳統填平，現在則由發展的過程填平。

自從第二次梵蒂岡會議（Vatican II）開始，很多作者都談及關於聖經與傳統這個課題的普世趨同。[18] 當然，在羅馬天主教那邊大致放棄補充觀點；而在新教這邊，則傾向更正面地欣賞傳統作為在歷代教會生活中所傳遞和實現了的聖經的信息；[19] 這令羅馬天主教徒和新教徒更接近。杜理安（Max Thurian）以下的這番話，正確地將這個課題帶到聖靈論（pneumatology）的領域，並指出聖經與傳統的關係將會帶來普世教會的普遍性一致：

> 聖靈將新約正典賜給教會，也藉教會賜下，並繼續不斷地給包含在聖經中的上帝的話予以生命，使其在教會和

世界臨在和發揮影響力。傳統正是聖經在聖靈影響下在教會中這種不衰的生命。傳統是教會的生命：聆聽聖靈嶄新地重複上帝的話。[20]

不過，在提出關於規範的問題時，新教和羅馬天主教的主要分別仍有浮現出來的傾向。上帝的話在所有教會的思想、崇拜、生命和實踐中，並不同等的充分地表達，它在教會一時一地的存在中的表達，也不一定毫無改變地傳遞到其他時代和地點。永久具約束力的東西，怎樣與需要修訂或改革的東西區分出來？或者用奧柯林斯（Gerald O'Collins）的話，「那傳統」（也就是福音）怎樣「在眾多傳統之中」被找到？[21] 對大部分羅馬天主教徒來說，規範仍然可以是使徒傳統給權威地在教誨權的教導中被表達出來的，因為「忠實地詮釋上帝的話語——無論是寫下還是傳遞下來的——這個任務只是交託給教會生活的訓導當局」（第二次梵蒂岡會議，《天主啟示憲章》〔*Dei Verbum*〕第十條）。[22] 對大部分新教徒來說，規範仍然是使徒傳統單單在聖經內被權威地表達出來。但那分別已經不再好像以前那樣明確。對奧柯林斯所提出的問題，很多羅馬天主教神學家會提出更複雜的回答，正如他自己所做的那樣，[23] 而大量羅馬天主教神學，即使不是到了龔漢思（Hans Küng）的那種程度——即徹底地接受新教的宣稱，只有聖經是眾規範之規範（*norma normans*），而其後的傳統只能夠是教會的認信的標準化規範（*norma normata*）——[24] 也正在朝這個方向走去。另一方面，少數新教神學家似乎正在朝相反的方向走去，即消除聖經和傳統之間任何真正的區別。[25]

以下的批判性評語，有助於將討論朝向本文第三個大段落所提出的新範式推進：

（1）聖經不單是傳統的第一部分。當然，從歷史的角度，它是一個沒有中斷的傳統寫下的沉澱物。但同樣真實的是，即使從歷史的角度，教會對聖經的正典的承認，也製造了一個真實的中斷，給傳統的來源——以一書寫的形式——相對於其餘的傳統有一更為獨特的規範地位。[26] 我們如果不認真看待傳統與聖經那基本上是**解釋性**（interpretative）的關係的話，便不能夠認真看待傳統，這關係（除了補充觀點有部分例外以外）是傳統本身也完全承認的。這是基督教啟示的本質所要求的：在耶穌的歷史中，上帝對上帝自己的啟示達到高潮，乃是主再來（parousia）那彼岸所不能超越的。

不過，啟示隨著使徒死去便終結這一傳統觀念，可能是一誤導性的表達，帶來「神祕的自然神論」（a cryptic deism）這個指控，「上帝啟動了一個動態或機制……已經來到一個結論或一個高潮，從那時開始，只需要透過神學詮釋，以揭示和發展這個觀念」。[27] 我們最好採納奧柯林斯所提出的「基礎啟示」（foundational revelation；聖經時期）和「從屬啟示」（dependent revelation；教會歷史）[28] 這種區分，即完全承認聖靈自從使徒以來的啟示活動，但卻視之為基礎啟示的當代化和處境化。傳統在**這種**意義上詮釋聖經，不僅僅是重複或翻譯聖經，而是真正的創意——在聖經與其信息被人聽到的每個新處境之間的相遇中所生發的新意義。上帝在耶穌的歷史中對上帝自己的啟示永遠都不會被超越，而它的意義在**主再來**的彼岸也不會被窮盡。但聖經取得新意義的過程，必須維持**從屬**於使徒對它的基本意義的論述。這不是限制聖靈的工作，而是承認它與上帝在耶穌裏的啟示是一致的。它也是現象學般（phenomenologically）的準確描述自從第二世紀開始的基督宗教的結構。

（2）傳統現在正廣泛地和正確地被理解為實質上是一詮釋的過程，在其中，聖經的信息被詮釋和加以發展。它在聖靈的引導——聖靈保守教會免於不能修補的叛教——和教會作為一人類社會的可誤性之間的張力中發生。正如現在很多羅馬天主教徒一樣，認真看待宗教改革運動經驗的人（只用最明顯的例子），沒有人可以懷疑聖靈的引導不單透過傳統的延續，也透過與傳統徹底和痛苦的中斷而發生。

因此，一方面，我們可以承認羅馬天主教所關注的，即要在聖靈引導下聆聽聖經的信息這一教會的傳統中，去聆聽和詮釋聖經。聖經不是以從未經詮釋的書本這一形式來到我們面前，它的意義在過去很多不同環境中以多種方式向基督徒實現（actualized）、並由基督徒實現。但另一方面，我們也必須承認，基督新教關注到要容許聖經挑戰傳統。宗教改革運動在很大程度上，因為以新的譯本來閱讀聖經，而這些譯本卻不再帶有圍繞著《武加大譯本》（Vulgate）建構的中世紀神學的聯繫，因此可以**不**在傳統的眼裏閱讀聖經，其信息也可以好像是初次被聽到的那樣被聽到。十九和二十世紀對聖經的歷史批判研究，在最好時也有類似的解放效果。解放神學再次根據它對當代情境的理解來閱讀聖經，這個情境要求我們與詮釋的傳統清晰地分離。這種與傳統的決裂，當然也製造了它們自己的傳統形式，這見證著聖經不是被傳統的詮釋所吸收，而總是超越其傳統的詮釋的。

（3）對傳統的挑戰和與傳統的決裂，這種需要可以聯繫到傳統的「重新運作」（refunctioning）並以這個現象來理解，格羅斯（David Gross）論及一般的傳統（而不是特定的基督教傳統）時便討論了這個現象。[29] 他提到，在現代時期，政治國家和經濟市場都基本上是反傳統的促成者，它們為了自己的目的而重新運作傳統或傳統的一部分。這種重新運作，並不表明改變那微小和漸進的過程（這是所有傳統隨著時間過去都經歷過的），而是表明在傳統中刻意打造極端的改變，顛覆傳統原本的目的，並挪用它來達到政治和經濟利益，當作是從國家和市場的角度來看一樣。這種重新運作，在基督教傳統中曾經發生（甚至繼續發生）似乎是很有可能的——考慮到基督教傳統在很多時空中，都曾深深捲入政治和經濟利益之中。在基督教傳統中的更新和改革運動，當它為著基本上與它不相容的目的而要重新運作時，可以代表傳統原來的目的得到恢復的實例。考慮到傳統對重新運作的脆弱性，基督教傳統在其承認聖經作為獨特的規範時，都包含一種自我批判的元素，這是它固有和必不可少的，是極為重要的。在這方面，聖經的角色，不是以一種「再生產聖經的過去」的「非歷史嘗試」將傳統勾銷，而是恢復傳統真正和原本的意圖和目的，釋放它們的批判能力，以挑戰其他為著利益挪用傳統的具體情況。

（4）在過去，很多關於傳統的討論，都是由下述的關注點所模塑的，即怎樣將正統天主教從異端中區分出來，這些討論，狹窄地集中在傳統普遍和永久的規範性表述這個問題上。教義的發展這個觀念，也沒有在很大程度上改善這個情況：這個觀念只在規範性傳統的累積這形式中包含歷史的轉變，用漢森的圖畫來表達，即這種轉變好像珊瑚礁一樣生長。[30] 一旦經由教誨權詳盡地闡述和權威地教導，教義便具有普遍和永久的有效性。

這樣，傳統大部分真正的價值都被忽略了。傳統是福音在教會歷史中的不同時空中所取得的**特定**形式的過程。我們現在應該能夠看到，傳統的進化的模式，是可疑地接近十九世紀以歐洲為中心的文化進步觀的。在第三世界的教會，強加那些假定為普遍的規範於他們身上——發展於西方的基督教傳統——則好像另一種文化帝國主義的形式：根據西方自身的智性習慣，誤認自己的特殊性為普遍性。因此，不單「藉擴展來發展」（development by expansion）的觀念需要以「藉修剪來發展」（development by pruning）[31] 的觀念來加以補充，這裏也需要設想一個複雜得多的**處境化**（contextualization）過程。[32] 正如施賴特爾（Robert Schreiter）說，傳統實際上是「一系列的本土神學，緊密結合到不同的文化狀況，並回應不同的文化狀況」。[33] 這表示傳統的**真正**延續性，是同樣由轉變和永久性來維持的。[34]

（5）若與下述的傾向結盟，即與「將傳統的觀念收窄為普遍有效的規範」這傾向結盟，乃是將教導的教會（*Ecclesia docens*）和學習的教會（*Ecclesia discens*）頗為專制地二分，並傾向將傳統等同於教誨權的教導，因為只有在那裏，傳統才可以成為有效的規範。[35] 革新的羅馬天主教神學，藉著給予諸如忠心者的感覺（*sensus fidelium*）、恩賜的多樣化，以及禱告的法則（*lex orandi*）等觀念更大的重要性，很快便離開了這個視角。[36] 教誨權的權威被放置於更大的背景下被相對化了。

傳統作為福音在教會的生活中的傳遞和實現，不單包含信條、公會諭令和主教的教導，也包含禮儀、聖詩、普及靈性、藝術、詩歌、故事、講道、牧養和宣教活動、學術和普及神學、慈善和教育機構等等。傳統的主體是人，而地方教會的基督教信徒，他們同樣地經驗基督和活出福音，因而也是眾多恩賜中的一種「教導權威」。[37] 傳統的權威不純粹是律法上的，而是屬於例如殉道者的見證，亞西西的法蘭西斯（Francis of Assisi）的生命，或者美國黑奴的靈性——在所有這一切中，福音明顯地給實現了，至少實現得好像它屬於任何主教會議那麼多。

傳統與理性的關係

我們在這裏不會嘗試追溯這個主題的歷史，[38] 而會集中在：當面對啟蒙時代對傳統的偏見時，要證立傳統所會遇到的困難；啟蒙時代仍然強烈影響當代文化對傳統的態度，雖然啟蒙理性的影響正在減退，而且當代不同的思想也對它作出了強烈的批評。其實，後現代主義很大程度上仍未真正以更正面的評估，以取代啟蒙時代對傳統的偏見，雖然正如格羅斯指出：

> 現代主義視傳統為一仍然強大的力量，需要將它打敗；在後現代主義中已經不是這樣。傳統現在更多地被視為一奇事，一些奇特或有趣的東西。以前對它那熱烈的反對已經減退了，因為傳統似乎不再是新事物湧現的障礙。今天的感覺是，對抗傳統的戰爭已經完結，現代主義得勝了，新事物不單已經贏了，更在各處得以建制化。這樣，個人現在有自由對傳統不置可否，或將它拋棄，視之為不相干，或者，如果個人想要的話，便隨意地向傳統借用零碎的東西，可是不致授予它們任何特別的意義。[39]

很明顯，後現代將傳統瑣碎化（例如：從為了娛樂而販賣懷舊中可以看到），預設了現代對傳統的權威的拒絕，而這種拒絕是啟蒙時代開展的。因此，我們必須從後者對傳統的權威的拒絕開始。

（1）啟蒙時代的提倡者，經驗到理性思想從傳統的枷鎖中解放出來。正如康德說：「『要有勇氣運用你自己的智性』；這是啟蒙的座右銘」。[40] 或者正如狄德羅（Denis Diderot）為法國啟蒙時代的激進思想家發言時，說得更全面：理想的哲學家是「將偏見、傳統、崇敬、普遍的遵守、權威——總而言之，是把羣眾嚇倒的一切東西——踏在腳下，敢於自我思考，提升至最清楚的一般性原則，檢視它們，討論它們，除了自己理性和經驗的見證外，甚麼也不承認」。[41] 自主性的批判理性，只接受不能被懷疑的東西，與單單相信傳統的權威形成強烈對比。我們現在仍然有這種對比，給予傳統限制和壓迫的色彩。我們仍然受到啟蒙時代的信念所害——傳統的本質是反對自由的，而自由則等同自主的理性那解放性的價值（emancipatory value）。這種批判理性和傳統權威之間的對比，其根源在於中世紀，儘管這不是現代的評估；而只要啟蒙時代的反抗，是針對傳統過分**專制**的觀念，它便肯定是合理的，而且也是現代思想那些十分真實的成就所必須有的一種先決條件。不過，諷刺的是，我們可以說，「幾乎每當自主的自我在現代的狀況下浮現時，它就會受到一度顯為是解放的力量所威脅，即受得勝的理性的力量所威脅」。[42] 格羅斯在這裏所指的是經濟和社會生活的理性化，這種理性化將很多人類活動工具化（instrumentalized）和官僚化（bureaucratized），以致人們的生活比起受傳統引導（那是啟蒙理性所反對的），受到更強大的外在力量和條件所形塑。

不過，對我們這裏最重要的一點是認識論方面的。所有人類知識和思想在多大程度上得歸功於傳統？啟蒙時代使之變得模糊。當然，事實上，「現代那反傳統的偏見，本身就是一種有力的傳統，而且有長久的地位。它是一種看待經驗和我們對經驗的反思的方式，其本身就是文化、歷史的產物」。[43] 知識的社會學（the sociology of knowledge）、迦達瑪（Hans-Georg Gadamer）的哲學詮釋學（the philosophical hermeneutics）、博藍尼（Michael Polanyi）的科學哲學（philosophy of science）、麥金太爾（Alasdair MacIntyre）對理性與傳統的相關論述，一致地提醒我們一點——一旦我們掌握了，那便會十分明顯——即使是最具批判性和原創性的思想家，也都會倚靠一個集體的知識體系，而其中很多東西都是要憑信心接受的；他們也都倚靠一個基本態度的「信念框架」（fiduciary framework；博藍尼），它塑造著我們測試和獲取知識的方法。這樣，集體的信仰傳統不是理性的對立面，而是理性的條件。[44] 當代生活的特色之一，就是在那些仍然由現代主義（關於理性的前設）所主導、甚至是助長和教唆的知性活動的領域中，因著多種原因（特別是經濟原因），以致普遍地與過去失去真正的聯繫。但這一觀點仍然得不到足夠的承認。

因此，啟蒙時代的一個重大弱點，是它看不到所有理性的歷史的特殊性（historical particularity）。但承認所有思想植根於特殊的文化傳統，不一定是指一種徹底的相對主義，這是在後現代對現代性的反抗中變得流行的。最分歧的文化傳統都有一個共同的世界，那是所有人類理性都與之連繫的，這是從我們有能力明白諸思想文化傳統、向其學習、與之溝通，以至轉而接受它們中可以看到的；這些思想傳統乃有別於我們最初學習理解世界的那些傳統。[45] 但認清這深根性確實意指——相對於啟蒙時代自稱具有超歷史的普遍性——普遍性是透過文化傳統的特殊性為中介的，而我們只有倚靠我們植根於的傳統，才能夠超越我們的傳統。從我們的傳統給我們的特殊的立足點看世界，這是受造物的知識的狀況。信任一個傳統給我們的洞見和知識，且繼續挪用更多那個傳統可以貢獻出來的東西，並不是非理性的，也不一定是保守的。即使是革命分子，無論他們有甚麼目的，都只能夠從自己的立足點看那個目的。

（2）不過，這樣辯明傳統的合理性，並沒有提供十分強烈的理由，使相信**基督教**傳統並不是現代西方或今天基督徒活在其中的任何其他文化的**那**文化傳統。現代西方文化本身比大部分其他文化更多元，但從它的立足點看，基督教在不同意世俗性這共同假設時，似乎不是現代西方文化的一個當代變體，而是前啟蒙傳統一個落伍的生還者。現代西方文化的某些根源實來自基督教的傳統，但這並不使後者變得不落伍，因為後啟蒙文化正是不關注回到根源去，而是關注從根源走向新的未來。基督教傳統和世俗理性之間的關係，對現代西方的基督徒的真正困難，不在於對基督教信仰或實踐的某些特定方面所提出的特定批評，而是它使得參與現代文化的人去挪用一個傳統，而那文化卻又故意拋棄那個傳統。這個問題在後基督教文化中是比較新的問題，與例如基督教在異教的羅馬帝國中遇到的問題不同。在羅馬帝國，基督教的問題，在於它被尊崇過去的文化視為新奇的事物；而在我們的情況中，基督教的問題在於它是屬於一個文化的過去，而那種文化卻相信進步——或者至少相信進步這信念的殘餘：宗教已經被取代了。

在這種處境下，基督教的地位是「具生產力的非同時代性」（productive non-contemporaneity）。[46] 藉著倚仗當代思想界限以外的傳統的資源，基督教可以提供另類的選擇，即現在這個在歷史上有限制的世界所沒有的那些另類的選擇。它揭露現代性的歷史性。如果，作為被現代性取代了的傳統，它必須容許現代性致使它變得可疑，且不再被接受為給定的；那麼，作為過去的傳統，若能夠證明自身不是耗盡、而是具生產力的過去，它也可以令**現代性**變得可疑，不再被接受為是給定的。它可以超越並指出現代性的失敗，無論如何，這失敗在任何地方都已經變得十分明顯。拒絕及壓抑關於超驗的意義的問題——啟蒙理性和它的後現代繼承者都這樣做——也可以變得可疑，不單藉著聆聽嘗試回答這些問題的傳統，也首先藉著觀察，然後藉著經驗，以發現挪用這個傳統是可以怎樣促進人類的生命，以及為有意義的生活打開新的前景，以超越現代性愈來愈封閉的選擇。

因此，基督教（和一些其他宗教傳統）與現代性和後現代性的文化實際上有一獨特的關係。它提供了從現代性以外批評現代性的可能性。它符合格羅斯所看到的，即需要勝過那由例如哈伯瑪斯（Jürgen Habermas）所提議的「內在批判」（immanent critique），其中現代性最「進步」的元素被用來推進現代性。格羅斯認為，需要的是

> 從現代性以外批評現代性。今天很多最敏銳的社會和文化批評，都似乎不能提供一個在當下的界限以外的視角。它們最多只能夠給我們現代對現代性的批判。但在拒絕將它們的批評建基於任何在現代性本身以外的動力時，它們只在給定的限制以內提出問題。即使當現代生活的「社會病徵」（social pathologies）被很好地診斷或批評時，那隱藏的假定，乃是這些病徵包含了它們自己的醫治。給現代性的醫治十分簡單——更多現代性。[47]

基督教不單是一可恢復的、也是一活著的傳統，應該真正成為現代性的「他者」，[48] 這也是一考慮到「現代文化的給定變得成問題時」的傳統。[49]

基督教相對於現代性和後現代性，在批判的潛力方面也有

著很大的優勢。晚期現代文化以及特別是後現代文化，都證明是十分兼收並蓄的，能夠將過去和現在各種其他文化的元素吸收過來。但這是一種「包容性」的兼收並蓄，即將所有這些元素吸收進（現代的）同質的整體或（後現代）消費者選擇的文化超級市場之中。無論怎樣，這些文化元素都被奪去它們的他性（otherness）和批判的潛力。但基督教卻愈來愈被排拒而不是被吸收。（這令人想起一間大學的一個學系，在其中，人們宣稱聖經幾乎可以從任何角度予以探索和詮釋的——女性主義、生態學、素食主義——**除了**基督教神學的角度。）基督教重大地抵抗當代西方社會的文化收編，而重要的是，它將繼續這樣做，即使代價是被邊緣化。從邊緣而來的觀點，有時能夠令本來很難看得清楚的東西變得十分清晰。

（3）重要的是，要與梅茨（Johann B. Metz）一起，從另外兩種處理基督教的非同時代性的經驗中，區分「具生產力的非同時代性」。一方面，有一種「在神學上趕上的心態」，其目的在於喚起一種「盡可能與資產階級—自由社會（bourgeois-liberal society）和科學—技術文明（scientific-technological civilization）同樣存在於同時代的意識」。[50] 這是自由神學的典型試探，它的本能是減低他性，變成同一性（sameness）。另一方面，有一種純粹的保守的傳統主義，它基本上嘗試藉著留在過去而選擇退出歷史。兩者都避免非同時代性的創造性張力，而這種張力則倚仗基督教傳統的資源，藉以為了改變而批判性地與現代性交往。過去有文化敵對的情況，或許這種情況會持續增加，在其中，傳統只能夠在隔離中保存生命，但它仍然必須保存生命，不單為了過去，也著眼於將來。

要堅持的是，具生產力的非同時代性不是回顧式的。它訴諸於傳統，也不是為了再生產過去，而是在過去中尋找將來，那就是被遺漏、但卻仍可以以富創意的方式重拾的可能性。[51] 傳統並非只是為了似乎是有用的東西（此乃根據現代性的立場來判斷的）而被劫掠。我們必須留心聆聽傳統與現代性最深的異議，因為其適切性也可能正好在那裏。但那結果必須是處境化的，是一種為了將來而與現在交往——一種具生產力的交往，這永遠都是與過去不同的，雖然也可以從過去有所學習。

（4）由於後啟蒙文化本身是一種傳統或多種傳統，它和大部分前現代和非歐洲的傳統文化不同，它是朝向改變的；而傳統文化則朝向穩定。當然，這是一種相對的分別。但它解釋了為甚麼前現代文化將權威歸給過去，而啟蒙時代之排除傳統，則是拒絕過去的權威，並支持朝向新的將來。[52]

基督教傳統頗為容易被吸收進古代和中世紀對昔日的崇敬：它變成神聖和權威的來源的一種重複。萬桑正典——至少正如萬桑的闡釋——十分倚靠這個觀念。[53] 改變——當然在福音新的處境化中發生——無疑是被吸收到再生產或恢復過去的模式之中。讓基督教被這個模式所吸收的，乃是其昔日歷史片斷——在耶穌的歷史中達到高潮的歷史——那獨特、規範性的宗教意義的屬性。不過，那吸收是一種誤解。根據聖經的理解，耶穌故事的權威，在於它對將來的應許。它的獨特性（uniqueness）是終末性的。在它裏面，不同的將來的可能性——上帝的國度——被揭示。這不能以任何遞增的進步達成，但在朝著它而活之中，它的可能性卻變得臨時地實在。往事在盼望中讓人憶起，不是作為對歷史性的逃避，而是作為：為了世界的將來而與世界有宣教性交往的啟發和指引。[54]

因此，基督教傳統絕對不是無可避免地傳統主義的。它的終末盼望和它的宣教取向，催促它不斷朝福音那不斷改變中的處境化走去，在其中，過去的資源被帶進與當下處境的批判性關係之中，並著眼於將來。即使在歐洲基督教世界的時期，一般的文化傳統只是微弱地基督教化，基督教傳統本身也經常以批判的酵素這個姿態再現並帶來新的願景。

當然，現代世界與傳統決裂，並朝向改變，產生了保守的反動。不斷改變會令人迷失方向——現代文化那無家可歸感（homelessness）——這可以引發對傳統的懷舊，而宗教作為傳統主義，則正好吸引那些逃避現代性的人。渴望朝更美好的將來繼續進步，和對美好的過去那不抱幻想的懷舊之間的衝突，也入侵了教會，這在關於禮儀語言或社會政治態度的辯論中便給反映出來。無論如何，延續和改變都是互相依靠而不是互相排斥的，但基督教必須不單止在兩者之間實現某種可以容忍的平衡；它必須在對耶穌的故事的記憶中，以及忠於那故事所指向的方向中（朝向上帝的國度），找到其延續性。「基督教不單是傳統，它也是盼望。」[55]

（5）基督教傳統作為一種對現代性的批判和另類選擇的價值，不是要提出，在與現代性的批判性對話中，它可以逃避現代性的批判。但在討論純理論的可信性問題上，我們需要承認現代性的立足點並非總是優越的。很可能更重要的是，將意識形態批判應用到基督教傳統，以揭露那些在教會或社會中掌權的人，怎樣運用意識形態的操控。例如：傳統的聖工教義將聖工限制在男性之內，提倡者的那些自我辯解必定容易遭到懷疑。[56] 當代的意識形態批判，於此，證明是新約的重要關注點的盟友。[57] 而且，完全和羞愧地承認「教會歷史的兩面性」（"the Janus face of church history"）[58]——它同時是人類的祝福和咒詛、是世俗的史學和聖經的判斷都可以揭示的——必定要阻止具生產力的非同時代性變成一種新的勝利主義（triumphalism）。

意識形態的批判或許也有助拯救傳統的真正權威脫離專制主義。其他利益——例如社會從眾（social conformity）——將傳統扭曲成純粹外在的、壓迫的權威。它的真正權威乃是非壓迫性地見證一真理的神聖揭示，這種權威藉著提供救贖意義的可能性而發出邀請，以及透過經驗它那救贖性地與所有處境交往的能力，從而令人信服。特雷西（David Tracy）所論述的「經典」的權威——至少就基督教傳統要人留意的宣稱——提供了一個富啟發性的模式。他說經典邀請我們投進一「詮釋的冒險」（the risk of interpretation），在其中，詮釋者奮力進行詮釋時，自己也被詮釋。經典的真正權威得到承認，不是憑藉要保持自己完全自主的人（應用純歷史和社會—科學的詮釋方法），也不是憑藉只以專制、「基要」的方式重複著經典的人；其權威得到承認，是憑藉與經典進行真正對話、從而從自己對經典的經驗中產生出對經典的新詮釋的人。[59]

（6）最後，把問題界定為傳統和理性之間的關係是否有用，可以受到質疑。首先，傳統當然包括理性。它包括歷史上一些最偉大的心靈所寫下的作品。它包括反思、實用的智慧、直觀的洞見，以及關於信仰的理性論證的傳統。只有將傳統狹窄地理解為等同於啟示的規範性的使徒傳統，才會產生傳統和理性之間的簡單對立。

此外，如果用它來指傳統與傳統以外的**理性**的活動的相遇，理性這個詞便有誤導的可能，因為它掩飾了理性的歷史性，其普遍有效性總是由實際思想傳統的特殊的立足點為中介的。對基督教傳統來說，理性曾意指：由柏拉圖主義（Platonism）到吠壇多哲學（Vedantic philosophy）到法蘭克福學派（Frankfurt school）的批判理論的任何東西。而且，它掩飾了這歷史性實際意味著其自身是一社會和文化處境中的立足點。如果我們將基督教更廣泛地連繫到它的**處境**來思想，便可以避免這些問題。處境化的模式會包括理性，而這是在基督教過去的傳統中需要當代化的理性，以及它必須在其中處境化的新當代處境中的理性。

一個新模式：聖經、傳統和處境

在近期進行的一次討論中，莫特曼明斷地主張，所有基督教神學同時都是處境性和普遍性的：

> 神學思想、神學語言和神學隱喻的形式，在任何地方都總是處境化的。它們由其情境所決定，並由特定的旨趣所引導……但另一方面，每個特殊的和處境化的神學……都是**神**學（*theo*logy），講述所有人類、所有受造物和所有時代中的一位永恆上帝……不過，每一種基督教神學都由它的處境所制約——即時機（*kairos*）和文化——而說出一些關於上帝和對所有相信上帝的人都重要的事情。不過，每種基督教神學都由它的處境所制約——即時機和文化——而跟隨和詮釋聖經著作的文本。[60]

結果是，一個處境中的神學，並非與另一個處境中的教會及其神學不相干或無關。神學——對教會生活那些更廣闊的領域也可以這樣說——既與處境有關，也超越處境。只因為它超越處境，它才可以批判性地與處境連繫。聖經作為基督教信仰的文本來源和

圖 1

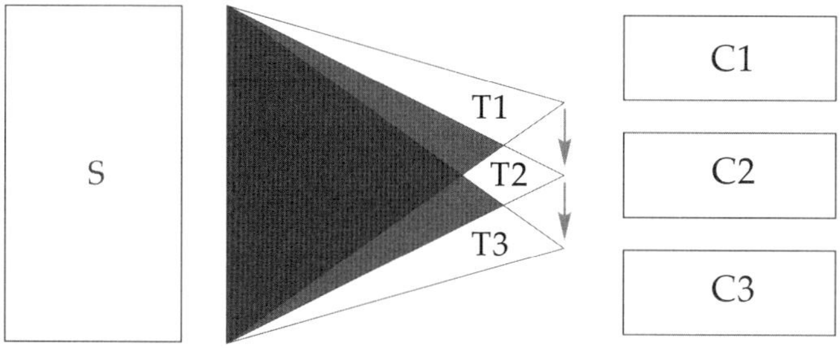

S
T1
T2
T3
C1
C2
C3

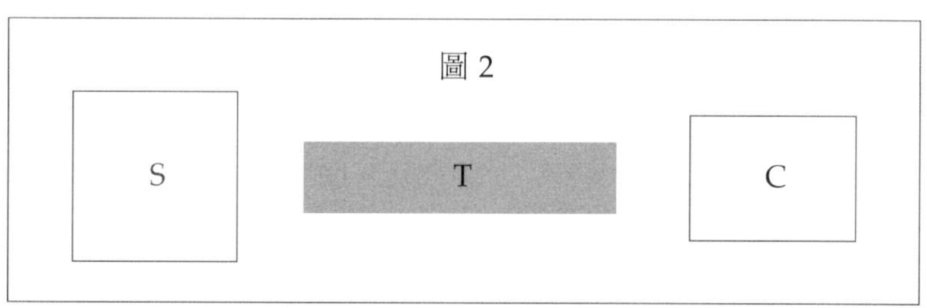

圖 2

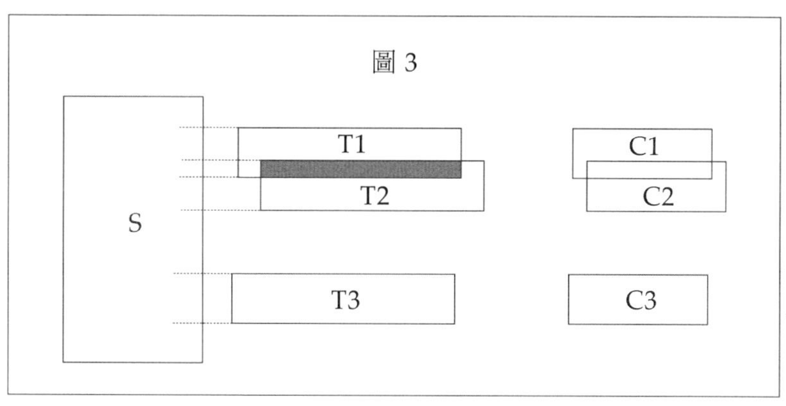

圖 3

指引，是令所有地方和時代的基督徒，有可能彼此明白和學習的共同性的其中一方面。另一重要的方面，就是傳統，它以詮釋的方式發揮作用，協助教會維繫聖經和當代處境之間那必須維繫的持續性關係。

前頁這些圖表[61]，代表（無可避免地以簡化的方式）教會在任何特定的時代和地方的生活和思想是一聖經、傳統和處境這三個因素的中介。（處境在這裏取了最廣義的意思，包括教會存在於其中的社會的每一方面。）在「圖 1」，S 代表聖經，C1、C2、C3 代表三個連續的處境。三個三角形（T1、T2、T3）代表在每個處境中教會的生活和思想，由聖經的信息在那個處境中的處境化所形成。換句話說，傳統有三個連續的階段。傳統的延續性跨越這三個階段，是由圖的兩個方面代表。三角形重疊的陰影部分，顯示福音各種不同的處境化必定有主要的共同特點。箭咀代表聖經的每個處境化都受傳統的先前階段所影響，例如受繼承的信條、禮儀或神學影響。

「圖 2」和「圖 3」解釋「圖 1」重疊的陰影部分是怎樣出現的。傳統的這種延續性有兩個面向。在「圖 2」，C 不是代表任何特定的人類社會，而是共同的人類狀況。若說所有社會和文化，純粹由於這地上的人類社會而分享著一共同世界，C 即代表其分享的程度。因此，T 則代表傳統透過反映聖經與人類狀況那些不變的特點的關係並因而得到的洞見。這些洞見，不是一定存在於傳統的每個階段，但一旦在傳統的一個階段中取得，它們便可以轉移到其他階段。這是紐曼的教義發展理論，作為一「不能改的」（irreformable）教條的累積（在可以容許其有任何有效性的程度下），可以配合這幅圖的地方。

「圖 3」闡明處境的重疊，可以獨立於它們在共同人類狀況中的參與。例如：C1 和 C2 可能代表西方歐洲文化的兩個連續階段，展示了延續和改變；或者可以代表當代西方文化，以及在頗大程度上受西方文化影響的非西方文化。文化重疊也可以在不在歷史上延續的處境中出現。C3 提供了不與其他處境重疊的處境這個可能性。T1 和 T2 的陰影部分，代表傳統源自處境重疊的延續性的面向。這幅圖也代表了聖經的不同部分或面向，在不同的處境中變得相關。「圖 2」和「圖 3」所代表的延續性的兩個面向之間的區別，當然是一抽象的描述，在實際狀況下並非總是容易作出的。

真實情況的各種複雜性，不能在這些圖表中表達出來，這是我們需要留意的：（1）我們的前設是聖經本身源自一個含多個原始處境的傳統。（2）處境不單隨時間轉變，也隨著空間而轉變，不同處境中的傳統那些同時期的分支，會互相重疊和影響。（3）同一處境中的特定基督徒羣體，可以演化出相對不同的傳統。（4）這幅圖並未加上基督教對它的處境的影響，例如，這可以表示，特定的處境可能部分地由基督教傳統的先前階段所形成。

雖然有其限制，但這個圖表所展現的模式，可以是有啟發性的。例如：它顯示傳統主義和在新處境中創意地忠於傳統之間的重要分別。傳統主義將傳統的先前階段那沒有陰影的部分（「圖 1」）誤以為陰影部分，因此保存了傳統中一些不再合適的方面。創意地忠於傳統產生一個沒有陰影的部分，它的創新可以令傳統主義者反感。另一方面，我們需要明白，傳統特點——是源自滿足被取代的處境的需要的——的持續性，有時可以在新處境中提供意想不到的用處。例如：修道主義（monasticism）——無論是否在任何處境中均能實現其目的——曾發揮著很多與處境有關的作用。

「圖 2」所代表的面向，在現代的討論中往往被低估，但這卻是極之重要的。[62] 它解釋了為甚麼我們可能發現傳統中距離文化最遠的部分是具有啟發性的。文化處境的不同，可以幫助我們強調生命的一些方面，那是我們自己的處境忽略了、但卻需要重新強調的。共同人類狀況和實際人類社會的特殊性之間的相互關係，構成傳統在不同時空的文化多樣化，它不是妨礙溝通的決定性因素，而是豐富其歷險的一種途徑；材料可以從傳統於過去的所有部分中取回；而在頗為不同的當代文化中的基督徒的經驗，也可以向我們自己的文化說話。前者一個熟悉的例子，是幾乎任何詩歌集——即肯定不能在今天寫成的詩歌——正是因為這個原因而豐富了當代的崇拜。而且，人類狀況背後的延續性也可以表示，即使是一新處境中的那些創新特點，雖然在某種意義上需要一些創新的回應，但也可以在傳統中擷取意想不到的資源。例如生態危機——它由近期基督教傳統對大自然那種削剝性宰制的態度所引致——令亞西西的法蘭西斯對大自然的態度，不單只是有情感上的吸引力，而且更可對基督徒以新的方式尊重大自然有所貢獻。[63] 傳統的充分，乃是在其不斷地解釋新處境的創新特點中那些預期不到的資源中得到證明——不是藉著否定創新，而是藉著產生對一創新的詮釋，而這詮釋同時是與傳統融貫一致的。

我們不能總是能輕易地——而且通常都不會——區分「圖 2」和「圖 3」所代表的面向，這通常是不大重要的。但有時卻會出現問題：西方基督教傳統的長度和延續性——實際上源自一連串大致重疊的處境的處境化——可以製造出一種假象，即它那些存在已久的特點是不變的，因為它們適合人類狀況，因此也可以轉移到任何處境。當然，自從十九世紀開始，歐洲文化帝國主義的自大助長了這個假象，而發現西方基督教傳統的相對性，則有點痛苦地，是伴隨著需要為殖民心態悔改的。

這幅圖表沒有解釋聖經**怎樣**被處境化，也就是聖經和處境怎樣在先前的傳統的幫助下被協調，以創造出傳統的新階段。在這個意義下，它遠遠沒有好像聖經、傳統和理性這古老的三重奏那樣指定一種神學的方法。[64] 對處境化怎樣實際發生的描述性陳述，會揭示出多種形式，而這些形式是需要在處境化的描述性陳述中加以批判地評價的。[65] 後者將需要堅持與處境的關係中之批判性元素，並區分批判地吸收（critical assimilation）和混合主義（syncretism），以及區分批判地交往（critical engagement）和不批判地採納（uncritical adaption）。我們需要顯示，被稱為聖經的「更完滿的意思」（*sensus plenior*）[66] 的這個現象和教義的發展，可以怎樣更充分地理解為：在聖經與新處境相遇中生出新的意義。我們也需要顯示，處境化怎樣要求辯證的運動（dialectic movement）——由聖經和傳統的關注進到處境，並由源自處境的關注和問題進到聖經和傳統。[67] 我們也需要恢復傳統相關的面向，那是神學傾向忽略的（例如靈性、聖經詮釋的歷史或聖徒的生平），以及同時需要解釋傳統的一些標記——例如信條——所取得的那相對的普遍有效性（因此是作為標準化規範〔*normae normatae*〕）的地位。但指定方法的有用性，也是有限制的。處境化不是一精確的科學，而是一神學可參與其中的艱難藝術，即教會那忠於福音的整個生命——來自真誠地回應一個特定情況的挑戰——的艱難藝術。[68]

註釋：

1. 我不知道有任何找出「聖經、傳統和理性」這公式的最初使用的嘗試。通常引自胡克（Richard Hooker）《教會政制法規》（*Laws of Ecclesiastical Polity*）5.8.2 的段落，很可能不是最初的來源。胡克無疑根據這三個權威的觀念而寫作（雖然他也總是想著，正如在《教會政制法規》5.8.2 教會對無關信仰之事〔*adiaphora*〕的權威），我們可以合理地將他視為部分地為這個觀念在較後期聖公會思想中佔主導而負責（像這樣 J. E. Booty, "Hooker and Anglicanism," in W. Speed Hill, ed., *Studies in Richard Hooker*〔Cleveland / London: Press of Case Western Reserve University, 1972〕, 207～239）。但他從沒有以這個公式的意思使用**傳統**這個詞，寧願使用**古老**（antiquity）：參 O. Loyer, L'Anglicanisme de Richard Hooker (Lille / Paris: University of Lille, 1979), 129～147。

2. 書籍包括 E. Flesseman-van Leer, *Tradition and Scripture in the Early Church* (Assen: Van Gorcum, 1955)；F. W. Dillistone, ed., *Scripture and Tradition* (London: Lutterworth, 1955)；G. H. Tavard, *Holy Writ or Holy Church* (London: Burns & Oates, 1959)；R. P. C. Hanson, *Tradition in the Early Church* (London: SCM Press, 1962)；Y. M.-J. Congar, *Tradition and Traditions* (London: Burns & Oates, 1966)；F. F. Bruce and E. G. Rupp, eds., *Holy Book and Holy Tradition* (Manchester: Manchester University Press, 1968)；F. F. Bruce, *Tradition Old and New* (Exeter: Paternoster, 1970)。有關進一步著作，參 Congar, *Tradition*, 459～460；A. N. S. Lane, "Scripture, Tradition, and Church: An Historical Survey," *Vox Evangelica* 9 (1975): 37～55。
3. Lane, "Scripture, Tradition."
4. 在東正教傳統中，西方神學需要處理的問題沒有出現。
5. Tavard, *Holy Writ*，提到聖經和傳統的「共同內在性」（"coinherence"）。
6. Hanson, *Tradition*, 105～108, 125～126.
7. J. H. Newman, *An Essay on the Development of Christian Doctrine: The Edition of 1845* (Harmondsworth: Penguin, 1974), 88.
8. *Commonitorium* 2: 4～6; 27: 70～29: 77.
9. Congar, *Tradition*, 56～61，列出十六世紀羅馬天主教教義和實踐的維護者提出的例子，是他們認為只能以不成文的傳統為之辯護的。
10. 比較 Congar, *Tradition*, 164～169；G. Moran, *Scripture and Tradition: A Survey of the Controversy* (New York: Herder & Herder, 1963), 34～38, 48～54, 63～68。

11. K. Rahner, "Scripture and Tradition," in *Theological Investigations* 6 (New York: Crossroad, 1969), 106～108; Congar, *Tradition*, 410～412.
12. H. Jedin, *A History of the Council of Trent*, vol. 2 (Edinburgh: Nelson, 1961), 75.
13. 因此 G. H. Tavard, "Tradition in Early Post-Tridentine Theology," *Theological Studies* 23 (1962): 377～405。
14. H. A. Oberman, "Quo Vadis? Tradition from Irenaeus to Humani Generis," *Scottish Journal of Theology* 16 (1963): 240～244; Tavard, Holy Writ, 210～243（關於英格蘭宗教改革運動）。
15. Newman, *Essay*, 165～178.
16. Congar, *Tradition*, 413; Moran, *Scripture*, 72～73.
17. 比較 Rahner, "Scripture," 107～108。
18. G. H. Tavard, "The Authority of Scripture and Tradition," in J. M. Todd, ed., *Problems of Authority* (Baltimore: Helicon Press / London: Darton, Longman & Todd, 1962), 30；E. Flesseman-van Leer, "Present-Day Frontiers in the Discussion about Tradition," in Bruce and Rupp, eds., *Holy Book*；G. O'Collins, *Fundamental Theology* (London: Darton, Longman & Todd, 1981), 204～207；比較聖公會—羅馬天主教會國際委員會，*The Final Report* (London: Catholic Truth Society / SPCK, 1982), 69～71。
19. 例如：一九六三年第四屆世界信仰和教制會議（The Fourth World Conference on Faith and Order）的蒙特利爾報告（Montreal report），*Scripture, Tradition, and Traditions*, 在 Flesseman-van Leer, "Present-Day Frontiers" 中討論。
20. 引自 Congar, *Tradition*, 474。
21. O'Collins, *Fundamental Theology*, 208～210.
22. W. M. Abbott, ed., *The Documents of Vatican II* (London / Dublin: G. Chapman, 1966), 117～118 的翻譯。
23. O'Collins, *Fundamental Theology*, 210～224.
24. H. Küng, "Toward a New Consensus in Catholic (and Ecumenical) Theology," in L. Swidler, ed., *Consensus in Theology? A Dialogue with Hans Küng and Edward Schillebeeckx* (Philadelphia: Westminster, 1980), 17.
25. 例如：D. Ritschl, "A Plea for the Maxim: Scripture and Tradition," *Interpretation* 25 (1971): 113～128; idem, *The Logic of Theology* (London:

SCM Press, 1986), 69～71。李哲爾（D. Ritschl）對聖經的規範化這種傳統取向的批評是需要聆聽的，但我認為不需要將傳統自己的見證，降服於它與聖經在質方面的區分。比較李爾（E. Flesseman-van Leer）在 M. Hooker and C. Hickling, eds., *What About the New Testament? Essays in Honour of Christopher Evans* (London: SCM Press, 1975), 234～242 的評論。

26. 比較 J. B. Torrance, "Authority, Scripture, and Tradition," *Evangelical Quarterly* 59 (1987): 249～250。
27. Ritschl, *Logic*, 71.
28. O'Collins, *Fundamental Theology*, 101～102.
29. D. Gross, *The Past in Ruins: Tradition and the Critique of Modernity* (Amherst: University of Massachusetts Press, 1992), chap. 7. 他借用德國布萊希特（Bertolt Brecht）、布洛赫（Ernst Bloch）和其他德國馬克思主義者在一九二〇年代使用的再作用（*Umfunkionierung*）這個德國觀念；對他們來說，這個詞「指一個重新設計資產階級價值觀的方式，藉以利用它們對抗它們原本的意圖」（頁 108），他們嘗試在自己的著作中實行這個過程。
30. R. P. C. Hanson, *The Continuity of Christian Doctrine* (New York: Seabury, 1981), 26.
31. N. Lash, *Change in Focus* (London: Sheed & Ward, 1973), 145～146.
32. 「處境化」（"Contextualization"）——這個詞源自關於基督教與非西方文化處境的關係的宣教討論——似乎對不同的人取得不同的細緻分別。例如：R. J. Schreiter, *Constructing Local Theologies* (London: SCM Press, 1985), 12～15，視「解放取向」為一種「處境化模式」，而 T. Witvliet, *The Way of the Black Messiah* (London: SCM Press, 1987), 42～43，則清楚地區分處境化和解放神學。我當然不是主張（維特弗利特〔T. Witvliet〕拒絕的）傳統存在於非處境化的形式，而後來則被處境化。我使用這個詞時，好像黃彰輝（Shoki Coe）的經典文章中那樣（"Contextualizing Theology," in G. H. Anderson and T. F. Stransky, *Missions Trends No. 3: Third World Theologies* (New York: Paulist / Grand Rapids: Eerdmans, 1976), 19～24），對他來說，「真正的處境化，必須不斷向為了再處境化（re-contextualization）而非處境化（decontextualization）這個痛苦的過程開放」（頁 24），他希望這個詞是一個動態、將來取向（future-oriented）的觀念，暗示的不是適應靜態的文化，而是參與轉變的過程。
33. Schreiter, *Constructing*, 93.

34. 比較艾保林（G. Ebeling）：「同一個詞，只有被不同地說出來，才可以用來指另一個時間」（引自 A. C. Thiselton, *The Two Horizons*〔Exeter: Paternoster / Grand Rapids: Eerdmans, 1980〕, 99）；Witvliet, *Way*, 7：「在一個處境中是解放的神學洞見，在另一個處境可以變成相反的東西。」
35. Congar, *Tradition*, 181.
36. 例如：L. Sartori, "What is the Criterion for the Sensus Fidelium?"；Y. Congar, "Towards a Catholic Synthesis," 兩者都在 J. Moltmann and H. Küng, eds., *Who Has the Say in the Church?* (Edinburgh: T. & T. Clark, 1981 = Concilium 148〔8/1981〕), 56～60, 68～80；L. Boff, *Church: Charism and Power* (London: SCM Press, 1985), chaps. 10～13；P. Suess, "The Creative and Normative Role of Popular Religion in the Church," in N. Greinacher and N. Mette, eds., *Popular Religion* (Edinburgh: T. & T. Clark, 1986 = Concilium 186〔4/1986〕), 122～131.
37. 宣稱主教的職位是傳統的特別工具是非歷史的（unhistorical）；它忽略了主教實際上與地方教會聯繫的方式，在不同時間和不同地方有很大的分別（關於一個樣本，參 R. P. C. Hanson, *Christian Priesthood Examined*〔Guildford / London: Lutterworth, 1979〕, chap. 3）。
38. 有關這方面，參 D. A. Pailin, "Reason in Relation to Scripture and Tradition," in B. Drewery and R. Bauckham, eds., *Scripture, Tradition, and Reason: A Study in the Criteria of Christian Doctrine: Essays in Honour of Richard P. C. Hanson* (Edinburgh: T. & T. Clark, 1988), 207～238。
39. Gorss, *The Past*, 59.
40. 引自 C. Gunton, *Enlightenment and Alienation* (Basingstoke: Marshall, Morgan & Scott, 1985), 153。
41. 引自 C. Taylor, *Sources of the Self: The Making of the Modern Identity* (Cambridge: Cambridge University Press, 1989), 323。
42. Gross, *The Past*, 49.
43. L. Gilkey, *Catholicism Confronts Modernity: A Protestant View* (New York: Seabury, 1975), 106.
44. 比較 A. Thiselton, "Knowledge, Myth, and Corporate Memory," in *Believing in the Church: The Corporate Nature of Faith*, A Report by the Doctrine Commission of the Church of England (London: SPCK, 1981), 47～78；N. Lash, *Voices of Authority* (London: Sheed & Ward, 1978), 69～

83；T. A. Hart, *Faith Thinking* (London: SPCK, 1995), chaps. 3, 8。

45. 我覺得這似乎是奧當路雲（O. O'Donovan）對「歷史主義」（“historicism”）的批評那「相關的有效性」，見 *Resurrection and Moral Order* (Leicester: IVP / Grand Rapids: Eerdmans, 1986), 161～162。
46. J. B. Metz, “Productive Noncontemporaneity,” in J. Habermas, ed., *Observations on “The Spiritual Situation of the Age”: Contemporary Perspectives* (Cambridge, Mass. / London: MIT Press, 1984), 169～177. 關於非同時代性（Ungleichseitung）這個詞的德國來源，參 Gross, *The Past*, 94～95。他沒有提到梅茨，但卻追溯這個詞到藝術史家平德爾（Wilhelm Pinder）和它被曼海姆（Karl Mannheim）和布洛赫使用，他們堅持這個詞可以進步地使用，雖然納粹黨有倒退的實踐。
47. Gross, *The Past*, 87，比較頁 89，134。
48. Gross, *The Past*, 84.
49. Gross, *The Past*, 100.
50. Metz, “Productive Noncontemporaneity,” 172.
51. J. Moltmann, *God in Creation* (London: SCM Press, 1985), 131～132.
52. 關於過去的權威這個問題一個有用的討論是 Lash, *Voices*, 55～68，不過，他傾向忽視朝向將來這個問題。
53. O'Collins, *Fundamental Theology*, 211.
54. J. Moltmann, *Theology of Hope* (London: SCM Press, 1967), 295～303; idem, *The Church in the Power of the Spirit* (London: SCM Press, 1977), 2～3; idem, *On Human Dignity* (London: SCM Press, 1984), 105～106.
55. J. Moltmann, in E. Moltmann-Wendel and J. Moltmann, *Humanity in God* (London: SCM Press, 1984), 118.
56. Boff, *Church*, 43 and passim.
57. 比較 A. C. Thiselton, *Interpreting God and the Postmodern Self: On Meaning, Manipulation, and Promise* (Edinburgh: T. & T. Clark, 1995)。
58. Ritschl, *Logic*, 63.
59. D. Tracy, *The Analogical Imagination: Christian Theology and the Culture of Pluralism* (London: SCM Press, 1981), chaps. 3～4.
60. J. Moltmann, *Experiences in Theology*, trans. M. Kohl (London: SCM Press, 2000), 59～60.
61. 這些圖是由 L. Kretschmar, *The Voice of Black Theology in South Africa*

(Johannesburg: Ravan Press, 1986), 88 的圖啟發，以及嘗試將它完善。

62. 比較韓森（R. P. C. Hanson）反對倪恩瀚（D. Nineham）的論據，參 "Are We Cut Off from the Past?" chap. 1 of *Continuity*。

63. 參本書第七章。

64. 針對宣稱這條公式構成聖公會的神學方法，參 S. W. Sykes, *The Integrity of Anglicanism* (London / Oxford: Mowbray, 1978), 63～75。

65. 有關因時效而獲得的論述（prescriptive account）的嘗試，參 Schreiter, *Constructing*。

66. 比較 O'Collins, *Fundamental Theology*, 256 關於這個對更完滿的意思的理解。

67. 因此考慮但超越 Ritschl, *Logic*, 102 中稱為「關於福音的相關性這個問題的逆轉」。

68. J. S. Begbie, *Theology, Music, and Time* (Cambridge: Cambridge University Press, 2000), 216～221 提供一個關於音樂即興創作有啟發性的使用，以自由和限制之間有生產力的相互影響，作為傳統的模式，包括傳統的很多方面，這是這一章已經提出了的。

6 聖經中的平等主義和等級制度

平等主義（egalitarianism）和等級制度（hierarchy）是對人類社會結構和人類關係秩序的兩種相反思想形式。對等級主義的思想來說，人類基本上是不平等的，有些人能擁有比別人大的權力和特權。優越的人統治低微的人，是以自然或神聖的命令，或者同時以兩者來使其合理化的。有些人被視為天生比別人優越，因此，他們被自然設計來統治那些低微的人。例如：亞里士多德（Aristotle）就是這樣合理化奴隸制度，很多十九世紀的歐洲人，也是這樣合理化他們的帝國。另外，或者額外地，人們也以神聖的命定，以合理化宰制和從屬的等級結構。因此，在大部分中世紀對教會和世俗政治及社會階級的思考中，其模式都是這樣的一個階級：在其中，上帝身為所有能力的終極來源，從上而下轉移權力，權威首先賜給教宗和／或皇帝，然後賜給較低的階層。

相反，對平等主義的思想來說，人類基本上是平等的，沒有人擁有比別人優越的地位或特權。雖然需要讓一些人運用權力和權威，但那只能夠是代表所有人、並為了所有人的利益而行使的一種責任。平等主義的思想啟發了現代對民主架構的追尋，這民主架構將權力最終平等地放在所有人手中，以及可以確保所執行的統治，是向所有人負責的，也是為了所有人的。

目前對等級制度最有力的批評是女性主義。[1] 由於這批評往往已擴展至「聖經促成和認可等級制度」，因此，以此議題作為聖經詮釋的議題，乃是一個合適的切入點。當然，女性主義的批評都集中在父權制之上，這種西方基督教社會的等級意識形態，不單認同一些男性主宰其他男性，也認同男性普遍地主宰女性。女性主義的批評更意識到，在傳統西方基督教思想中，人類社會的這些主宰性結構，屬於一個更廣闊的等級意識形態，這種意識形態將所有現實都以等級結構來設想。整體的等級結構，就是上帝—男性—女性—大自然。在這個結構中，男性—女性等級，被它在更大的宇宙等級中的地位所合法化並加以強化。男性統治女性被視為是合理的，因為男性更接近上帝，也更理性；而女性則更接近自然，且更具物質性。這樣，男性—女性等級與人類統治其餘的受造物，以及理性比身體優越這些等級一致，兩者都和父權制一起在西方傳統中扮演重要的角色。

傳統的上帝觀念，明顯被納入這個關於宇宙的實在和人類社會結構的整體等級思想的計劃之中。在女性主義的批評中，傳統基督教的上帝觀念屬於父權制的系統，並為它提供意識形態的支持。上帝身為男性的形象，反映和強化了男性對女性的統治。上帝被描述為君王或父親時，男性統治的形象便投射到神祇身上。（「父親」和「君王」同樣是男性主宰的形象。父親統治他的家庭，而古代君王往往也自稱為國家的父親。）如果我們將女性主義對採用男性語言和象徵來描述上帝的批評，視為只涉及性別議題，便是嚴重地誤解了這種批評。這種批評結合性別和等級結構的主宰性的問題，女性主義者認為，這兩個問題，在西方基督教傳統中是不能分開的。上帝的男性形象，不單描繪出神聖的男性，也描繪出神聖的父權制，而祂則在整個父權制的等級結構的至高處和源頭施行統治。因此，很多女性主義神學都拒絕神聖的超越的傳統觀念，這個觀念似乎將上帝放在我們之上，認可一種普遍的等級主義的思考方式。

西方基督教傳統的很多方面，都容易受到女性主義這種對等級制度的批評，這是沒有甚麼疑問的，雖然我們也可以說，傳統中有重要的平等主義趨勢。這一章的目的不是要討論傳統，而是要論證說：聖經本身不應該被視為西方等級意識形態的來源和保證。好像過去很多西方基督教傳統和今天很多女性主義神學的批評那樣，透過等級思想來閱讀聖經是錯誤的。我會論證說：聖經思想的整體方向是平等主義。它的傾向不是支持、而是遠離人類社會的等級制度；上帝的統治的聖經形象，不是要合法化人類的等級制度，而是要將它相對化或者非合法化（delegitimize）。

兩個聖經策略

聖經肯定沒有在每處都明確主張平等的社會結構。不過，我們可以論證說：在整個聖經傳統中，都有強烈的平等思想**向度**（direction），[2] 且特別批評特權關係——給個人或階級特權或權利，將損害其他沒有這些特權或權利的人的權利。在兩約中，這種平等主義皆有兩種不同形式。一種形式是激烈反對等級關係和結構。這一形式完全將這種結構非合法化，並要求要有平等的關係和結構。另一種沒有那麼激進的形式則接受等級結構，但卻嘗試確保它們是為了所有人的好處而運作，而不是為了特權階級的特別利益而運作的。這種形式的平等主義，沒有激烈反對等級制度，卻是一種將等級相對化和轉化的策略。由於它涉及以接受等級結構為出發點的實用主義心態，如果只是靜態地閱讀文本，而沒有看到聖經思想的動態性，便可能會錯失了它的平等主義**向度**。但當我們認識到，這種對待等級制度的第二種態度是傾向平等主義的向度時，便能夠看到兩種形式的平等主義，都是朝向同一個方向的不同策略。激烈反對等級制度的策略，以及將等級制度相對化及轉化的策略，都是朝向同一個目標的不同路線。

我們在兩約中都可以看到這兩種策略。兩約的分別，在於彼此在平等主義問題上的主要焦點不同。在舊約，平等主義主要表達為家庭的經濟平等，而需要處理的等級制度形式，乃是由君王制度所構成的政治等級。在新約，平等主義主要表達為在信仰的家庭中個別人士的平等，而需要處理的等級制度形式則就是家庭。這不是說，個人的平等不是舊約所關注的，或者新約從沒有處理政治等級的問題。但作為一相對不同的焦點，這個對比是有效的，且會令我們能夠看到聖經關於平等和等級制度這兩種策略，是怎樣在兩約中運作——雖然因為兩約的議題有不同的焦點而有不同的形式。

舊約

在舊約，平等的**來源**，在於出埃及這件令以色列成為耶和華（YHWH）的百姓這一事件。[3] 出埃及的有力記憶，在以色列的信仰傳統中回響，這是脫離奴役的記憶。在埃及為奴時，以色列人是在等級分明的社會結構中的底層，這個結構，從因著與諸神的關係而行使絕對統治權的神聖法老，一直下移至好像以色列人這樣的外國奴隸。隨著等級的下移，人的價值也減低。在出埃及時，耶和華站在奴隸那邊對抗神聖的法老，並推翻那等級，藉著解放奴隸，反對建基於特權的壓迫性結構。出埃及的上帝，明顯不是從神聖的君王開始由上而下分派權力和特權的神。出埃及的上帝，卻是那些被解放的奴隸的上帝，因此源自出埃及的理想社會是一羣百姓，他們總是記得自己曾經為奴（例如：出二十三 9；利十九 33～34，二十五 42；申二十四 18）。這些百姓不應該建立特權和剝削性的結構，因為他們自己也在這種結構下受過苦。他們應該形成一個沒有壓迫性結構的羣體，並有條文保護任何可能會受到剝削的人。這樣，出埃及便是徹底平等主義的理想的來源，這個來源雖然經常被遺忘，但總是存在的，可以讓人恢復和應用，以批評等級制度和特權。

在前王國時期的以色列，平等主義的理想似乎在頗為合理的程度上得以實現，在當時的歷史處境來說，這實在了不起。平等主義的**形式**是家庭之間在經濟上的基本平等。在這個結構中，個人主要是一個家庭的成員：三代的家庭單位，大小不同。對現代的平等主義觀點來說，雖然這是陌生的，但以色列人的視角卻集中在家庭上，因為家庭是經濟的單位。最重要的是，它是平等主義在經濟上的現實形式；由於權力和特權來自財富的累積，它承認真正的平等必須要有經濟基礎。現代以民主權利為主導的平等觀念，可以與大規模經濟的不平等並存，這對任何古代社會的人來說，都是沒有意義的，那時的社會完全明白，是財富令一些人比別人的地位更高、權力更大。

在早期以色列的農業社會中，個人通常不能在經濟上自足。家庭是經濟單位，一家人一起在艱難的條件下工作，以家庭擁有的土地為生。每個家庭都應該有自己的一片土地，使其足以維持生計，而且其土地權是不能分割的，這需要是必不可少的。以色列的土地的律法的構思，是要確保土地代代相傳，不能永久地傳給家族以外的人。[4] 如果人們因為欠債而被迫賣出土地，有條文規定親戚要替他們贖回土地，而在禧年，所有土地都要交還原來的家庭。當然，經濟資源不可能有數學上的平等。但根據律法，積聚土地，令一些家庭變得更富有，而另一些家庭則失去生計，是不應該發生的。如果不顧律法，發生這樣的事情時，先知便會作出譴責（例如賽五 8；彌二 1～2）。

即使在這個家庭的土地權不能分割的系統中，有些人仍然無力供養自己。律法和先知一再提及，寡婦、孤兒（也就是即使擁有土地也不能自己耕種的人）和寄居的（也就是未能擁有土地的外邦工人），就是三個典型的例子。但以色列的律法，卻以多種方式支持這些在家庭經濟結構以外的人。因此，以家庭為焦點並不排斥個體。大部分人都被視為家庭單位的固有部分，擁有集體的經濟資源，但整個社會卻需要為那些沒有這個身分的人負上責任。

這種以土地為基礎的平等主義，乃是有一重要的神學基礎的，因為土地是耶和華賜給祂的百姓的，他們受託管理土地。祂公平地分配土地，讓所有人的生計均得維持。剝奪以色列人的土地這種家庭遺產，等如挑戰上帝對祂百姓的統治。上帝對以色列的統治，緊密地連繫到上帝給以色列的土地的恩賜，因為在古代世界，人們通常認為君王擁有他們所統治的整片土地。這是君王們可以要求臣民——為了在他們准許下所擁有的土地——繳交稅款的根據，他們甚至可以挪用土地供自己使用。[5] 在以色列，上帝是擁有土地的君王，人類的君王似乎沒有地位。沒有人類的君王，就沒有其他古代慣例中王權包含的財富和特權的社會階層。上帝對祂百姓那獨一的君王身分，是反對人類的君王制度並伴隨著這種制度的不平等結構的，那是平等主義、非等級結構的基礎。

當然，早期以色列有領袖——特別是為了軍事的目的——但那些所謂士師並沒有王宮，也沒有建立朝代；因而避免了確立權力和特權的機會。當百姓邀請基甸成作王，統治他們時，基甸表達了那神權政治的原則：「我不管理你們，我的兒子也不管理你們，惟有耶和華管理你們」。（士八 23）撒母耳記上八章記載王國的來源時，更強烈地表達出以色列平等主義傳統中的反君王原則。以色列想放棄它獨特的非君王式的平等主義，希圖「像列國一樣」（八 5）立一個王，從而拒絕耶和華對他們的統治。在一個很重要的警告中，撒母耳指出人類君王所表示的是甚麼：順從絕對的王權，軍事和官僚精英的長成，他們透過剝削農民而致富（八 11～17）。在高潮的總結中——「你們也必作他的僕人」（八 17）——撒母耳表示以色列實際上會將出埃及逆轉，即拒絕耶和華解放式的君王身分，選擇好像法老的人類君王那奴役性的統治。由於這次他們張著眼選擇受壓迫，耶和華不會好像出埃及時那樣垂聽他們要求解救的呼喊，且容讓他們承受自己選擇的命運（八 18）。在這段經文中，我們看到，以色列徹底反對君王制度這個傳統，乃針對實際上在以色列中發展出來的政治階級的邪惡，這是多麼清楚：富有的地主階級的增長，用農民的資源支持精英，令很多農民變得貧窮，地位和財富嚴重不平等。我們也可以清楚看到，為甚麼君王制度被視為威脅以色列那平等的自由社會——只接受耶和華解放式的統治——這理想了。

從實用主義的角度看，如果以色列要在一個充斥著強大、中央集權式的列邦的世界中生存，君王制度的發展無疑有一定的必然性。是時，非君王式和階級式的、穩定的、中央集權式的政治結構仍未發明。君王制度在舊約很多地方被接受也不令人驚訝。但它得到接受是有重大的限制的。換句話說，古代以色列平等主義的第二個策略便開始起作用。第一個策略，反對人類的君王制度，並視之為與耶和華的獨一統治不相容；而第二個策略，則嘗試收編君王制度，使其為耶和華對自己百姓的統治服務。這涉及將君王所聲稱擁有的絕對權力相對化：在以色列耶和華的百姓中，君王並**不是**好像其他國家的君王那樣施行統治的。它涉及堅持君王的作用正是服事百姓（比較王上十二 7）。這裏策略是：由於有等級制度，便嘗試確保它應該盡可能是善意的等級制度，即不是為特權階級的利益服務，而是為了所有人——特別是為了最脆弱的人的利益服務。

我們只需要提出三個有關這種策略的例子便足夠。首先，摩西律法中惟一一段關於君王身分的段落（申十七 14～20），設想君王是和其他國家的君王不同的，而盡可能好像以色列前王國時期的理想的「士師」一樣。君王不應該將自己高舉在其他以色列人之上，而是好像其百姓中的**一員**那樣施行統治。君王的權力和特權被相對化，如果可以的話，應該有一種平等主義的君王制度。這裏，第二個策略是那麼徹底地被應用，甚至幾乎成了第一個策略的偽裝。

第二，詩篇七十二篇這篇加冕詩，則好像人們預期那樣，提供了君王制度的理想化版本。不過，這不是掩飾壓迫的理想化，而是要求公義的理想化。在這首詩中交織在一起的兩個主題，是君王應該為百姓執行上帝的公義這個禱告，以及君王統治的興盛這個禱告。很明顯，興盛以公義為條件，而由於那是上帝的公義，它也是為窮人和有需要的人、解救被壓迫的人，以及支持弱者和容易受傷害的人的公義（詩七十二 2、4、12～14）。君王不是壓迫的等級制度的頂級，將窮人和脆弱的人壓在底層。相反，君王的主要責任，就是保護和支持窮人及脆弱的人。這是完全可以實現的理想，因為身為最高的審判權威，君王有獨特的權力，可代表那些在地方法庭中被剝奪權力的人；在地方法庭，有權有勢的人太容易為了個人利益而扭曲公義。如果君王的最高權威，是配合上帝對弱勢羣體的關注，君王便可以成為窮人公義的盼望。當然，沒有世俗的約束力可確保君王實現這個理想，但如果他這樣做，君王制便藉著採納上帝的統治所關懷的，證明本身是上帝的統治的僕人。這個君王制度的理想成了彌賽亞的盼望，即期望一位君王為窮人施行公義（賽十一 4），那並不是出於偶然的。

第三，我們在詩篇七十二篇看到，君王實行上帝的公義這個理想——特別是保護有需要的人和脆弱的人——是先知衡量猶大和以色列君王的準則，他們很多嚴厲的警告，以及關於上帝審判的宣告都以此為基礎。[6] 例如：耶利米稱讚約西亞審理窮人和有需要的人的案件，但卻譴責他的兒子約雅敬，因後者認為，身為君王，意味著有權透過剝削百姓來興建王宮（耶二十二 13～17）。先知從沒有完全接受王朝所確立的特權，因為對他們來說，耶和華仍然是祂百姓的真正君王，祂介入並施行審判，除去那些不以祂的受膏者這個身分施行統治的君王和王室。我們再次看到，王權和權利因為相信神聖的統治而被相對化。

新約

在新約，平等主義的向度的**來源**，開始時，在於耶穌認為上帝對每個人都會給予如父親般的關注，後來則在於基督徒確信上帝的愛，在耶穌為每個人受死中實行了，因此，每個人的兄弟或姊妹，就應該好像基督為之而死的人那樣，受到珍惜。

耶穌挪用了以色列那徹底平等主義的傳統，[7] 但祂沒有以上帝作為君王這個形象為焦點（令以色列人都平等地成為祂的臣民），而喜歡用上帝作為父這個形象，以思想上帝的統治，令所有以色列人都同樣成為祂的孩子，成為彼此的兄弟姊妹。（用**兄弟**來指其他以色列人，在舊約已經出現；但在新約，卻前所未有地擴展到耶穌給予人有幸以上帝作為父親這個形象之上。）家庭的形象變成首要的。耶穌所關注的，不是初期以色列的家庭單位之間的平等主義，而是在以色列更新了的羣體——被視為一個信仰的家庭——之中，家庭成員之間的平等。

在這個處境下，耶穌拒抑人類的父親，是令人十分驚訝的。正如在舊約平等主義的徹底的形式中，所有以色列人在耶和華的獨一統治下享有平等，表示以色列中不能有人類的君王；在耶穌的教導中——這種新約平等主義的徹底的形式——眾生平等即表示不能有人類的父親。耶穌在自己的門徒羣體這個更新了的以色列中確立的新的關係，明確地拒抑了父親的身分（太二十三 9；可三 35，十29～30）。這父親的身分被拒抑，是因為它代表家庭中的等級權威。（母親對兒童的權威，在他們長大後，沒有在相當大的程度上得到保留，而父親則對所有家庭成員都是有權威的。）耶穌在更新了的以色列中，取消了父權的權威，因為父權的權威單屬於上帝。這是祂將以色列神聖王權的平等主義，轉化為上帝身為父親施行統治這個家庭形象的必然結果。

同樣顯示耶穌那激進的視角的——沒有地位或特權的社會——是祂令那些在等級社會中地位最低微或沒有任何地位的人一範式，使成為屬於上帝國度是甚麼意思的範式（paradigms）或楷模（models）。祂令奴僕成為在上帝國度中「地位」的範式，祂自己則好像奴僕那樣為門徒洗腳，並要求他們也要這樣彼此對待（約十三 3～15）。祂令窮人——也就是赤貧、缺乏任何可靠的資助方式的人——成為在上帝國度中地位的範式，宣告他們為有福的、天國是屬於他們的（太五 3；路六 20）。而由於兒童完全沒有社會地位，祂令他們成為所有進入上帝國度的人都必須接受的那種缺乏地位的範式（太十八 1～4；可十 13～16）。如果上帝的國度是屬於奴僕、窮人和兒童的，那麼，其他人便只能夠接受，惟有同樣的缺乏地位，才能夠進入上帝的國度。上帝的國度藉著要求所有人去到最低的級別，以令所有人平等。這樣，耶穌設想和實行的一種平等主義，是與祂當時社會的那種等級結構徹底相反的。

保羅宣教所建立的教會，是我們在這方面最熟悉的教會。在這些教會中，耶穌那徹底的平等主義有重大的影響力。眾基督徒是一信仰的家庭，彼此為兄弟姊妹，彼此之間沒有個人從屬於別人這種特權和地位結構，好像周圍的社會那樣。這種平等主義是初期基督教最顯著的反文化特點，這在加拉太書三章 28 節中便經典地被表達出來：那裏宣告典型的不平等關係和特權（猶太人／希臘人；為奴的／自主的；男性／女性）在基督裏都是無效的（比較林前十二 13；西三 11）。

這種平等主義，在很多方面成功地抗拒初期教會的社會環境那種高度等級化的結構，[8] 但激烈反對這種結構的策略，卻不是一致地運用的。正如在舊約一樣，也出現了另一個策略，在其中，等級沒有一開始就被拒絕，而是被相對化和轉化。在舊約，有關的等級是君王制度，包含政治和社會結構；而在新約，焦點則在於家庭的等級。考慮到初期基督徒羣體的性質，這是很自然的；但這也表示，家庭之內的關係，乃特別是新約中平等主義和等級制度之間的張力的焦點所在：信仰這個新家庭的平等主義，需要和等級結構相關連，即和很多成員原屬的家庭那等級結構相關連。（這兩種家庭關係的語言放在一起時，富有啟發性的是：保羅要求腓利門接受阿尼西母為「不再是奴僕，乃是高過奴僕，是親愛的兄弟」〔門16〕。）

第二個策略可以在歌羅西書（三 18～四 1）、以弗所書（五 21～六 9）和彼得前書（二 18～三 7）的家庭守則中最清楚看到。這些家庭守則，乃是處理基督徒在家中那三種主要的關係形式之中所扮演的角色，當中包括丈夫和妻子，父母和子女，主人和僕人。所有這些關係，在當時的社會中都被人以強烈的等級用語來理解：丈夫、父母和主人有權威；妻子、子女和僕人則要順從。在家庭中的等級順從，通常被視為是社會秩序所必須的；而基督徒一定會感到壓力很大，因他們不想被視為破壞秩序的人。但他們實際上卻被指摘為破壞家庭的人，例如，當妻子成為基督徒、但丈夫卻不信主的時候（比較林前七 13～14；彼前三 1～2）。在這些情況下，基督徒的信心，就無可避免地包括不順從的行動：妻子需要拒絕丈夫的神，藉以追隨她丈夫所不同意的信仰。因此，可以理解的是，那些無法避免要公開不同意違反等級秩序的基督徒，可能會想盡量重新肯定家庭關係的一般等級結構。

從新約書信所給予家庭等級關係中地位較高的一方的建議中，我們可以注意到那相對化和轉化等級的嘗試。（1）嘗試藉著提到上帝或基督的權威，從而將等級相對化。作者吩咐主人不要威嚇僕人，「因為知道，他們和你們同有一位主在天上」（弗六 9；比較西四 1）。基督的權威在這裏將人類主人的權威相對化，就好像在舊約中，上帝的君王身分可以將人類君王的權力相對化一樣。（兩種策略之間的對比，可以透過比較這段經文和馬太福音二十三章 10 節看到。在那裏，門徒有「一位師尊，就是基督」這事實，自然引向他們之間不應該有人作師傅。在以弗所書和歌羅西書，主人仍然稱為主人，但他們卻從屬於基督，基督是所有基督徒——即祂的僕人——的主人，以此將主人的權威相對化。）

（2）這些作者也嘗試確保等級關係是善意的和有益的，而不是壓迫或剝削地運作的。持有權力的人，被指示要為了屬下的好處、而不是一己的利益而運用權力。因此，妻子獲告知要順從丈夫時，不是要丈夫統治妻子，而是要愛她們（西三 19；弗五 25；彼前三 7）。而在其中一次，所要求的愛的本質，是藉著詳細比較基督對教會的愛來建立起來的（弗五 25～33）。正如在舊約中，人類的君王，只能夠在為上帝的統治服務時，才是可以被接受的；因此，在這裏，丈夫的權威，也只能夠在跟隨基督對百姓的愛這一模式時，才是可以接受的。

（3）最有趣的，是嘗試將主宰和順服的關係轉化為**彼此**順服的關係。以弗所書五章 21 節至六章 9 節的家庭守則，將所有家庭等級關係，置於這個介紹性的鑰節之下：「又當存敬畏基督的心，彼此順服」（五 21）。意思肯定不是指有些人應該順服其他人，而是指應該彼此順服。這個原則在頭兩種關係（妻子／丈夫；子女／父母）中沒有完全實行出來，但卻重大地影響了第三種關係。保羅指示僕人要「甘心事奉，好像服事主，不像服事人」（六 7），主人「待僕人也是一理」（六 9）。這只能夠表示：服事僕人，好像僕人那樣服事他們，正如他們服事你們一樣。這是徹底地轉化等級制度，如果完全認真看待這個吩咐，會令第二個策略超越其自身，並破壞等級制度。在這裏，第二個策略的平等主義向度，明顯和第一個策略交匯。

這最後一個例子，極佳地說明了辨別文本——正如聖經整體經文——的思想**向度**，對詮釋可以帶來多大的分別。如果靜態地詮釋，這個文本（弗五 21～六 9）很可能會被解讀為認可等級制度，但這種解讀不能公平對待五章 21 節或六章 9 節上。靜態的解讀，不能看到經文在被接受的等級結構和要將它們轉化為非等級結構的彼此順服的原則之間真實的張力。動態地閱讀，則正好在這種張力中找到遠離等級制度、朝向彼此服事的平等關係發展的思想向度。經文中的張力授權讀者跟從它的平等主義向度，並可以比經文本身走得更遠。

神聖規則和人類社會

現在我們要就聖經於我們的議題上怎樣運用上帝語言（God-language）來提出結論。當聖經以男性等級制度的權力和權威的比喻——君王、主、父親——來描述上帝時，這些比喻在人類關係和社會中怎樣發揮功用呢？它們肯定**沒有**合法化人類的等級制度。聖經完全沒有描述神聖的君王或父親為宇宙性等級的高峯，驅使女性順服男性、僕人順服主人，以及臣民順服君王。剛好相反，這些比喻雖然取自人類的等級制度，但卻被用於完全是上帝所獨有的象徵：上帝超越所有受造物，令所有人類在上帝、他們的創造者和主面前，都處於平等的水平。

因此，在徹底反對等級制度的策略中，上帝是君王或父親，意思是沒有人應該宣稱有王室或父親般的權威。稱上帝為君王，是承認所有人都同樣是上帝的臣民。稱上帝為父親，則是承認所有人都同樣是上帝的兒女。這禁止人類宣稱有任何在別人之上的地位或特權。

即使在最為妥協的策略中，神聖君王或父親身分的影響，也不是朝向合法化或支持人類等級制度的權力，而是朝向將它相對化的方向走去。聖經接受以色列可以開展王朝，但君王必須記得，他和他的臣民同樣在上帝的權威之下。聖經接受基督徒可以當主人或僕人，但主人必須記得，他們和僕人一樣是基督的僕人。那傾向是將等級拉平（leveling），而不是拉闊（entrenching）。

註釋：

1. 這裏簡述的那種女性主義，對等級制度的批評是大部分女性主義思想所共有的：有關十分不同的例子，參 R. R. Ruether, *Gaia and God: An Ecofeminist Theology of Earth Healing* (London: SCM Press, 1993)；D. Hampson, *After Christianity* (London: SCM Press, 1996)。
2. 關於辨別聖經思想的方向的詮釋原則，也參本書第一章。
3. 例如：參 P. D. Hanson, *The People Called: The Growth of Community in the Bible* (San Francisco: Harper & Row, 1987), 20～24。
4. 例如：參 Hanson, *The People Called*, 63～65。
5. 這就是亞哈在列王紀上二十一章所做的事，令他與耶和華對百姓的統治有衝突。
6. 例如：參 P. D. Miller, "The Prophetic Critique of Kings," *Ex Auditu* 2 (1986): 82～95。
7. 有關以下更詳細的討論，參 R. Bauckham, "Kingdom and Church according to Jesus and Paul," *Horizons in Biblical Theology* 18 (1996): 4～13。
8. 關於它在保羅著作中的其他方面，參 R. Bauckham, "Kingdom and Church," 16～20。

7 於創造中的人類的權威

引言

這本書中其他章節所討論的權威，都是關乎對人類生命來說、或者在人類生命之內的權威，但現在還要討論另一個重要領域，乃是關乎人類對這個地球上的非人類創造的權威，這種權威往往被描述為人類對創造的主宰性（dominion）—— 依從創世記一章 28 節慣常的英語來翻譯。就這一章的題目，我選擇「於創造**中**的人類的權威」，而不是「人類對創造的權威」，因為正如這章會清楚地表明，今天基督徒必須對人類的受造性恢復一種活躍又敏銳的感覺。在創世記一章本身，為了其他受造物，人類雖然有特別的地位和責任，但他們本身明顯和其他受造物一樣也是受造物。他們的主宰性是在創造秩序之內，而不是好像上帝那樣，超越創造秩序之上的。雖然人類在某些方面和其他受造物有分別，但在很多方面上也和它們一樣。我們探討創世記這個文本的詮釋歷史時，會強調的一個重要問題：在主宰性的垂直關係（vertical relationship；這關係在某種意義上使人類高於地上其他受造物）以外，詮釋者在多大程度上保留著人類與其受造物同伴的水平關係（horizontal relationship）。我們會論證說：喪失水平關係，因而視人類為與世界有關的諸神，這很可能是在基督徒對非人類創造的態度中最具決定性的發展。只是有了這個發展，創世記一章 28 節的詮釋，才產生具侵略性地宰制大自然的意識形態——這是現代西方的特徵。

主宰性這個詞，很容易暗示關於宰制的指控，就是人類對大自然其餘部分——包括有生命和沒有生命——作出剝削的能力，並視大自然為供人類使用的資源和供人類設計為任何一種他們喜歡的世界。這種態度無疑是現代西方的特點，它對現代科學和科技事業所走的路是十分重要的，在經濟領域上也有重大的含義。我們可以視它為近幾十年來生態危機的意識形態式根源，而那些嘗試要西方基督教傳統（有或沒有其以色列和猶太人的根源）為我們當代的生態問題負上主要責任的人，往往特別集中在創世記一章關於人類主宰大自然的這個觀念上。在這方面，他們跟隨著中世紀歷史學家（也是中世紀科技史的專家）懷特（Lynn White Jr.）的著名文章〈我們生態危機的歷史根源〉（"The Historical Roots of Our Ecological Crisis"）的討論。這篇文章最初在一九六七年出版，其後多次重印。[1] 這篇文章有很大的影響力，[2] 雖然很多人嘗試對它的主要論據作出反駁，但它的影響力仍然持續。[3] 這篇文章十分簡短，卻有很多充滿肯定的卻支持不足的歸納（generalizations），這些歸納需要作更詳細的歷史研究。但這文章那引起爭論的論題，其簡單化卻博得很多注意，這證明它是有用的刺激，引發人們進行更詳細的歷史研究，這研究是需要的，[4] 如果我們決定要接受、拒絕還是限制這個論題。

懷特的主要宣稱是，基督教作為「世界上最以人為中心的

（anthropocentric）宗教」，它將人置於大自然之上（「在很大程度上分享著上帝凌駕大自然的超越性」），[5] 並將大自然非神化（dedivinized）和非神聖化（desacralized），[6] 因此，令大自然成為只是供人類剝削的原料（「物質創造中的物體，除了為人的目的服役外，便沒有其他目的」）。根據懷特的說法，與那些尊崇大自然為神聖的、或將人與其他受造物一同置於大自然裏面的宗教態度不同，基督教的觀點卻奪去大自然的任何價值，除了其對人類的可用性以外。基督教理解人類為：上帝將人類放在其餘受造物之上，給他們權利甚至責任，令整個大自然為人類所使用。懷特認為，這個觀點——基於訴諸創世記一章 26 及 28 節這些關鍵的聖經經文——是自大和侵略性地宰制大自然、引致現代的生態破壞的意識形態基礎。[7] 自從西方的科學和科技興起後（始於十一世紀，西方試圖藉此宰制大自然，而在這時期，傳統基督教的世界觀在西歐很大程度上未受挑戰），懷特可以論證說，現代試圖以科技征服大自然，乃是直接源自這個傳統基督教的觀念。

這個論題——懷布羅（Cameron Wybrow）稱之為「控制假設」（the mastery hypothesis）[8] ——並非懷特所獨有的，他的原創性貢獻，很可能只是在於他將這論題與中世紀晚期現代科技發展（他專研的範圍）的開始，關連起來；這個論題的其他版本，傾向至少在早期現代時期為現代科學和科技規劃找到意識形態推動力。在懷特之前，實質上與他相同的論題，已經由一些基督教神學家和歷史學家提出，[9] 他們想宣稱現代科學和科技——他們正面地視之為現代時期的偉大成就——是基督教世界觀的果子。這個護教的取向，是更廣闊的基督教神學策略所不可少的部分，以證成現代性——甚至其世俗性——作為基督教的產物。

諷刺的是，隨著現代性的失敗更顯而易見，現在那些將現代時期的所有失敗和邪惡歸咎基督教的人，也採取同一策略；他們既得益於現代性那反神學的趨勢，同時又刻意忽略現代性的反神學的趨勢。

懷特的論題已引來很多回應，[10] 現在這一章是另一個回應。就懷特根據創世記本身意義所提出的一個宣稱來說，我們可以公平地說，從解經角度所作出的回應，已經一再反駁了懷特的宣稱。但「這個宰制大自然的現代規劃，歸因於基督教對人類與大自然之間的關係那存在已久的觀念」這個歷史宣稱，則是一個更複雜的問題，不是那麼容易回答的。我們在這一章的焦點，是基督教對創世記中人類主宰世界這個觀念的不同詮釋和這詮釋演變的歷史，藉以指出這個觀念的詮釋，是怎樣和在多大程度上，間接影響那宰制大自然的現代科學—科技規劃的開始和發展。我們從一開始便會清楚表明，創世記一章 28 節和相關聖經主題的詮釋歷史，乃深受一些關於人類和大自然其餘部分的關係的、而非來自聖經的觀念所影響。我們只會在這一章結束時，才提出一些聖經的詮釋，而這詮釋乃是從詮釋歷史中學習得來的，並尋求避免那些重大的錯誤。

基督教對大自然其餘部分的態度，以及對人類與非人類受造物之間關係的觀念，其歷史乃是一個複雜的課題，在這方面仍然需要做很多詳細的研究。[11] 以人類主宰性的觀念和對創世記一章 28 節的詮釋為焦點，這並不能告訴我們一切，但懷特和他的追隨者及批評者顯著地就事情的這方面所作出的關注，也並非不合理。不過，重要的是，要留意基督教思想關於創造的其他方面，它們可以被視為限制或者緩和那些關於人類主宰性所說的話。因此，我們會將人類主宰性這個觀念放在注意力的中心，但也會留意基督教思想的其他方面對它的影響。我的論證很大程度上得益於前人對懷特的回應，以及其他關於這個問題的討論，但我嘗試進一步澄清那歷史性發展。科恩（Jeremy Cohen）宣稱——經過他對猶太教及基督教在教父及中世紀時期對創世記一章 28 節的詮釋的研究後——懷特的論題「現在可以結束了」；[12] 但這個宣稱有點未夠成熟。不僅還有很多關於那些時期的話要說，而且創世記一章 26 和 28 節在現代初期（科恩的研究沒有觸及的）的詮釋，[13] 對這一辯論也是十分重要的。[14] 懷布羅的重要著作[15] 部分填補了後者討論的空隙，但它頗為狹窄地集中在創世記詮釋的解經有效性（exegetical validity）上（這有效性在現代初期得到更大進展），卻低估了中世紀神學在很大程度上為現代初期的發展預備了基礎，但沒有支配這個發展。

我的論點是：懷特的歷史性論題確實包含真理的重要元素，但它在整體上是失敗的，因為懷特忽略了傳統基督教的態度（或諸態度）的其他元素，這些元素顯著地平衡和限制了他所抓緊的特點；並且因為懷特也忽略了在現代初期關於理解人類與大自然之間的關係的新發展，而現代侵略性地宰制大自然的這個規劃，則可以更直接地連繫到這新發展，而不是前現代時期的基督教傳統。

當然，關於當代生態危機的來源，這個問題乃是一個更大的歷史問題。要回答這個問題，這會涉及考慮到進步主義這個現代的意識形態（我們將會討論的觀念，對此只有很少貢獻）、現代的個人主義和物質主義、工業化和消費化，以及金錢經濟和全球化——簡單來說，要考慮到那些構成現代性的特點的一整套因素。[16] 這些因素大部分都只能夠理解為後基督教和世俗的思想、目標和生活方式，以替代基督教的理想、價值觀和實踐。在這個廣泛的規模上，在基督教中找尋當代生態危機的源頭，這肯定是完全錯誤的方向。但很多現代時期的基督教思想，都沿著這些現代性發展的主要方面走，並且它本身給予它們基督教的證成。我們的故事——雖然在從生態角度論述現代性的來源的討論上只是一小部分——至少可以在回顧時，為那些可被視為在意識形態上將聖經和傳統主題結合起來以達至陌生目的（alien end）東西，帶來一點亮光。

主流的神學傳統

根據創世記一章 28 節的記載，上帝命令人類「征服」（subdue）大地，以及「主宰」其他生物。從教父時期到中世紀時期，基督教神學家和解經家對人類主宰性這觀念的詮釋，都是頗為一致的，直到現代初期的西方才有所改變。這個詮釋深受希臘哲學（主要是斯多亞學派〔Stoic〕，但也包括亞里士多德的思想）的觀念所影響，那些觀念是關於人類超乎大自然其餘部分的獨特性和優越性的。由於解釋這些觀念的異教徒作家明確地談到人類主宰大地（例如，西塞羅〔Cicero〕：《論神性》〔*De natura deorum*〕2.60；西塞羅：《希耳米文集》〔*Hermetica*〕3.3b），並且高舉人類在創造中的獨特地位，所以受希臘式教育的基督徒思想家如此閱讀創世記的記述，也是很自然的事，特別是當伊壁鳩魯派（Epicureans）提出最重要的另類哲學選擇——他們的普遍世界觀，似乎與聖經的基督教世界觀更加格格不入。事實上，基督徒以亞里士多德和斯多亞學派的方式閱讀創世記，而這方式的所有要素，都可見於一世紀猶太哲學家亞歷山太的斐羅（Philo of Alexandria），他以希臘哲學的用語詮釋猶太教的一神論信仰，而一些早期的教父也向他學習，以同樣的方式詮釋基督教信仰。斐羅不單在他的著作中對人類主宰性提議一種斯多亞式的詮釋，[17] 他也在《論動物》（*De animalibus*）中明確和詳細地為斯多亞學派的立場辯護，以反對他叛教的兄弟亞歷山大（Alexander）的伊壁鳩魯派觀點。[18] 同樣地，三世紀偉大的亞歷山太基督教神學家俄利根（Origen）也明確地支持斯多亞學派的觀點，以反對他異教徒對手克理索（Celsus）所主張的伊壁鳩魯派立場（《反駁克理索》〔*C. Cels.*〕4.74）。

這樣，關於人類與其餘的創造的關係，有一連串並非源自聖經，而是來自希臘哲學的觀念，卻被連繫到創世記的文本，並在大部分基督教歷史中被視為基督教的觀點。首先，其餘的創造被視為是上帝為人類而創造的。這種高度以人為中心的世界觀，並非源自聖經傳統，而是來自亞里士多德（《政治學》〔*Polit.*〕1.8）[19] 和斯多亞學派（例如，西塞羅：《論神性》2）的。[20] 這個觀念被初期基督徒作家熱烈接受（例如，俄利根：《反駁克理索》4.74～75；拉克單丟〔Lactantius〕：《聖院》〔*Div. Inst.*〕7.4～6；尼梅希〔Nemesius〕：《論人性》〔*De natura hominis*〕10），而此後似乎一直沒有受到質疑，直到十六世紀為止。[21] 在現代初期，這個觀念仍然是主流的。例如，加爾文（John Calvin）便毫不含糊和具影響力地表達了這個觀念（《基督教要義》〔*Inst.*〕2.6.1；《創世記註釋》〔*Comm. Gen.*〕1:26）。

第二，「世界是為了人類而受造」的意義，是以強烈功利主義的詞彙來理解的。[22] 所有受造物的存在，都是為了它們對人類的用處。[23] 面對「很多受造物似乎明顯地對人類的生活沒有任何用處」這個異議，斯多亞學派巧妙地解釋每種動物的用處，並因而聞名：例如，蚤子的用處是阻止人們睡得太多，老鼠的用處是阻止人們胡亂放置乳酪。[24] 我們從教父時期到十八世紀的很多基督徒作家中，都可以找到同樣的嘗試——將自然世界的所有特點，解釋為由上帝刻意設計來供應人類的特定需要（例如，俄利根：《反駁克理索》4.78；拉克單丟：《聖院》7.4）。[25] 似乎只是在十七世紀，這些解釋才開始失去其說服力。[26]

第三，「人類主宰世界」被理解為一種權利，為人類的利益而利用所有受造物。比較以下兩段話，第一段是西塞羅根據斯多亞學派的傳統而寫的，而第二段則是四世紀基督教神學家失明者荻地模（Didymus the Blind）對創世記一章28節的評論：

> 人類主宰地上所有產物。我們享受平原和高山的財富；河流和湖泊都是我們的；我們栽種水果和樹木；我們藉著灌溉令泥土肥沃；我們限制、修直或分導河流——簡單來說，我們以雙手模造大自然，可以說，令它在我們的限制和管轄之內存在。（《論神性》2.60）

> 上帝將〔主宰的恩賜給予人類〕，藉此提供生長和採礦，並蘊含眾多不同的材料的土地，可以在人類的統治之下。事實上，人類從大地接受青銅、鐵、銀、金和很多其他金屬；大地也被賜給人類，讓他們可以供給自己食物和衣服。人類對大地的主宰是如此之大，以致他們在技術上轉化大地——將它變成玻璃、陶瓷和其他類似的東西。這實際上就是人類統治整遍大地的意思。[27]

上述兩段文字都表達了一種正常和自然的古代觀點，即認為人類有權利用環境來維持和促進他們的生命，這觀點由希羅對人類從野生大自然中，藉著園藝、耕種、馴化動物、採礦和技藝，精巧地製造一些有秩序和有用的東西的熱心而增強。

第四，這種對人類主宰性的理解，與一種具強烈等級制度的世界觀，關聯起來。亞里士多德（《政治學》1.8）主張：植物是為了供動物使用而受造，動物則是為了供人類使用而受造，還有一些人天生便要順從其他人（斯多亞學派和基督徒一般都會否定這觀念）。斯多亞學派主張：非理性的受造物（包括動物）的存在，是為了理性的動物，而人類的存在是為了諸神[28]——這個觀點被好像拉克單丟這樣的基督徒作家採納進基督教關於上帝的信念中：世界為了生物而受造，其他生物為了人類而受造，人類（只有他們能夠欣賞上帝的創造和敬拜創造主）為了敬拜上帝而受造（《聖院》7.4～6）。[29] 中世紀基督教世界觀的等級制度的性質（加上亞里士多德的影響），出現在阿奎那（Thomas Aquinas）的著作中。阿奎那認為，「不完美為完美所用」，這是事物的自然秩序。因此，植物利用大地、動物利用植物，而人類則利用植物和動物：「因此，人類成為動物的主人，這是符合大自然的秩序的。」這個自然秩序對應「神聖護佑（Divine Providence）的秩序，這秩序指出，高等的事物總是管理低等的事物」（《神學大全》〔*Summa theologiae*〕1.96.1；比較 2.64.1）。這樣，阿奎那可以將自然等級連繫到上帝賦予人類超乎其他受造物的主宰性，並理所當然地認為這種主宰是高等的事物使用低等事物的權力。

第五，人類與其他動物的分別，是種類上的絕對分別：只有人類是理性的。[30] 這是古代世界一個富爭議性的觀點，[31] 因為這觀點很容易受關於動物行為的觀察所挑戰，但這是斯多亞學派的觀點，而這觀點獲大部分基督徒作家所接受，[32] 並被連繫到人類按照上帝的形象受造這個觀念（創一 26～27）。[33] 人類獨特地反映或有分於神聖理性，而這亦令他們超越動物，並使他們可以對動物行使上帝所賜的主宰性（創一 26）。[34] 當然，這個觀點並非表示動物缺乏任何意識（consciousness）或感覺（feeling）。直到十七世紀，哲學家笛卡兒（René Descartes）將動物的地位降到只是機器，在此以前似乎很少人會這樣想。[35] 但在人類自由意志、道德責任、理解及理性思考的能力範圍之內，以及因此也在不朽性和與上帝的關係的範圍內，這個觀點將人類放在創造的等級中一個頗為不同的形而上學層面。他們處於動物和天使（即是完全非物質的非凡生物）之間。雖然在理論上，神學傳統堅持身體的良善，以作為由上帝創造的人類本性那必不可少的部分，並且堅持身體復活的盼望，而這堅持應該確保人類與其餘物質創造休戚與共；但人類獨特性的強調，即強調人類在非物質理性上與天使和上帝自己近似，這卻將人類提升到自然之上。人類得到鼓勵，視自己為頗不同的受造物，並統治那些比他們低等的創造。

最後，斯多亞的觀點是：由於非理性的動物和理性的人類根本是不平等的，所以在他們之間的交往中，不存在公義和不公義這個問題。[36] 當阿奎那堅持我們沒有責任愛非理性的受造物，如同我們要愛上帝和鄰舍那般時（《神學大全》2.65.3），那麼他就正給這個觀念賦予一個基督教的形式。這是與「動物的存在為只是供我們使用」這個觀念相當一致的結果，但對基督徒來說，這觀念卻帶來問題：舊約律法明顯關注動物，並促請人們考慮牠們的需要（例如申二十五 4），以及贊成以仁慈對待動物（箴十二 10）。不過，斐羅已經就這個困難提供了答案：以仁慈待動物的益處，只是一種學習對人類仁慈的方法（《論美德》〔*Virt.*〕81，116，125～60）。[37] 阿奎那（《駁異大全》〔*Summa contra gentiles*〕3.113）和其他基督教神學家都持同樣的觀點。[38] 這項視動物沒有權利的教條，令善良的人持冷酷無情的觀點，例如，十七世紀的聖公會牧師巴洛（Isaac Barrow）便形容活體解剖為「最無罪的殘忍，是容易被饒恕的凶殘」。[39]

雖然這套觀念全都源自希臘哲學而不是聖經思想，但它們卻主導著基督教的神學傳統，直到現代初期，而且至今肯定仍然具有影響力。正如我們將會看到的，這種對人類主宰大自然的詮釋，確實提供了理論基礎，讓別人建立起具侵略性地宰制大自然的現代科技規劃。不過，這一詮釋本身沒有為那個規劃提供意識形態上的推動力。為了明白這點，我們需要留意我們所描述的觀點的一些重要限制。

首先，對創世記一章的註釋，其神學傳統和解經傳統，都對人與大自然的關係不大感興趣。[40] 它們遠為關注的是，根據人與上帝的關係，而不是人與其餘創造的關係，來詮釋人性中的上帝形象。[41] 雖然這關注本身已證明，其神學傾向是使人脫離自然世界，但它卻沒有提供神學上的推動力，來藉征服自然而建立人類的主宰性。

第二，人類對大自然的主宰性，一般被理解為一靜態的事實（至少是自從墮落之後，而墮落亦損害了人類的主宰性）。神學家無意傳遞一個神聖命令，是要人類藉著擴展對大自然的剝削來履行的。[42] 他們理所當然地認為，經文只是指出人類在其時代中使用大自然的常見方式。他們對主宰性這觀念的詮釋，只是對他們同代人在自己的田地和工場中所做的事，給予頗為傳統的祝福，而毋須有特別的神學動機。因此，正如前文所引荻地模的話，雖然那修辭可能嘗試配合聖經文本那明顯地大的範圍，但人類的主宰這個觀念實際上是十分有限的。

第三，關於世界的基本觀念是世界受造並預備好讓人類使用，而且適合於人類使用，而非世界為了人類的目的而開放地被徹底重塑。[43] 正如我們將會看到的，西塞羅的著名觀念（在前文所引述的）「人類要轉化大自然，例如要把創造構成一種第二自然（second nature）」，[44] 是在文藝復興時才被接受的，但直到那時，這觀念都沒有在基督教傳統中得到回響。當然，人類的心靈手巧和創造力作為我們比動物優越的證明，這是從古典來源繼承下來的傳統主題。大自然藉著不直接為我們提供衣服和棲身之所，迫使我們找出怎樣製造自己的衣服和居所的方法，以提供機會給我們發揮這種創造力。[45] 但十二世紀的神學家聖維克托的休格（Hugh of St. Victor），卻展示出這種創造力怎樣被理解（《大綱提要》〔*Didascalion*〕1.9）。[46] 他特別提到三種工作：上帝的創造性工作，祂從無中創造事物；大自然的工作，它令隱藏的潛力化為事實；人類技工的工作，他只是將分開的物件放在一起，或者將放在一起的物件分開。他們不能做上帝或大自然的工作，而他們只能夠模仿大自然。例如：最初發明衣服的人，觀察大自然怎樣為生物添衣，然後仿效大自然。這觀念與以下的詮釋相距甚遠：將人類的神聖形象和人類主宰世界詮釋為人類參與神聖的創造活動，並藉以再創造世界。只有後者才會帶來現代的科技規劃。

第四，我們必須要記得，雖然這個思想傳統提供了高度以人為中心的方式來詮釋世界，但這種以人為中心的觀點，是在以上帝為中心（theocentricity）這個更廣闊的範圍之內的。這容許斯多亞學派的觀念（所有受造物都是為了人類的好處而存在），與基督教傳統一個頗為不同的主題相結合：大自然反映上帝的榮耀，也為了這榮耀而存在。[47] 從這個角度看，自然世界服事人類，這不單從斯多亞學派那功利主義的意義上來說的，也是為了揭示它的創造主，並幫助人類默觀上帝。因此，當阿奎那提出，所有有形的受造物都是為了人類而受造時，他便說：「它們以兩種方式服事人，首先作為人類肉身生命的食物；其次是幫助人認識上帝，因為人藉著受造的物體，看到上帝那些不可見的事物。」（《神學大全》3.91.1）大自然作為默觀上帝啟示的價值，這意義在過渡到對大自然持純功利主義的態度（大自然作為供剝削的資源，並帶來宰制大自然這個現代規劃）的過程中消失了。

第五，還有另一種意義，就是傳統基督教以人為中心的觀點乃是受到限定的。因為人們相信有大量受造物比人類優越：天使。[48] 雖然其他有形體的受造物是為了人類而受造，但這並不完全表示人類是受造物的頂峯，因為完全屬靈的存有（purely spiritual beings）其地位比人類更高。視人類為一切事物的頂峯和目標這個純粹以人為中心的觀點，並非來自傳統的基督教世界觀，而是來自文藝復興時期那將人類高舉到天使之上的看法，以及啟蒙運動對天使和上帝的拒絕。

第六，正如前兩點顯示，「世界為了人類而存在」這種以人為中心的觀點，不能使更基本的創造教義變得模糊：天使、人類和其他受造物都是創造主上帝的創造物。這或許在以下的信念中最清楚地表達出來：所有受造物都敬拜上帝，而人類的敬拜是有分於所有受造物對上帝的敬拜中的。這個主題，在中世紀時期會比現代更為人所熟悉，部分是因為那時期的人，經常在禮儀中使用讚美歌（Benedicite）[49] ——即是頌歌（canticle），它在一連串祈求中，號召所有受造物敬拜創造主。讚美歌來自但以理書（但三 52～90）的希臘文版本，那是其中一段在希伯來／亞蘭文版本的但以理書上被加插入的希臘文。因此，它是中世紀西方（以及東方）教會舊約正典的一部分，也被包括在《武加大譯本》中，但卻不是猶太聖經正典的一部分，因此它被更正教改革者歸入次經（Apocrypha）之中。但懷特認為，那讚美歌「與歷史上主流的猶太一基督教的人類中心說有衝突」，並且他假定它顯示出希臘化主義（hellenism）的影響，或者甚至它至少被視為異端；他的假設則是相當錯誤的。[50] 相反，它只詳細發展出大自然讚美上帝這個可以在詩篇中（特別是詩篇一四八篇）被找到的主題。在慣常的崇拜中熟悉這一主題的中世紀基督徒，會因而強烈感到自己與其他受造物有著橫向的關係，都是受造同伴，大家都是為了上帝的榮耀而存在。

第七，對「人類所主宰的受造物是上帝的受造物」的意識，可以平衡和改變那將主宰性理解為「人類有權為滿足人類需要而以任何方式使用受造物」的趨勢。這在殘酷對待動物方面顯得特別清楚。上文引述人類沒有責任善待動物的觀點，絕對不是普遍的觀點。[51] 例如：十五世紀初關於十誡的專著《富人和窮人》（*Dives and Pauper*），雖然容許宰殺動物來為人類提供食物、衣服或保護，但它卻警告說，不必要地傷害或殘酷地對待動物，乃是嚴重侵犯上帝的受造物的行為。[52] 同樣，加爾文雖然認為所有受造物都是為了人類而被造，但他卻堅持當上帝讓動物受人類統治時，祂要求我們體貼地對待牠們，以及避免殘酷的行為，因為牠們是上帝的受造物。[53] 這樣承認動物（作為上帝的受造物）有某些我們必須尊重的權利，與「牠們只為了我們的利益而存在」這個觀點，嚴格上是否一致，這是有疑問的，但這承認卻確實對人類的主宰性定下了一些限制。將主宰性視為「有權為了人類的利益而使用其餘的受造物」的詮釋，並沒有改變，但卻有另一個原則對它加以限制。更激進的一步（在十七世紀前似乎沒有人採取的），就是將主宰性重新詮釋為作上帝創造的管家（stewardship）。這個觀點認為，上帝給人類照顧創造的責任。[54] 但這一步是決定性地超越了在現代初期以前主流基督教思想的觀點。

總括來說，在現代時期以前，主流的神學傳統確實闡述了人類主宰性這種強烈以人為中心的觀點，這觀點在很大程度上是因為一種源自希臘、而不是聖經的觀點，被強加在聖經文本對人類與自然關係的理解上。不過，主宰性被理解為靜態的事實，而不是要擴展的命令，以及世界被理解為被創造妥當及適合人類使用，而毋須大規模的技術性修改；這些事實則令這個以人為中心的觀點，與主宰性的詮釋（這詮釋伴隨著現代以科技宰制自然的現代規劃的興起），有很大分別。它們顯示中世紀的觀點本身並不足以授權那規劃。而且，主流傳統那種以人為中心的觀點，也受到其他關於上帝、人類和其餘創造之間關係的信念所限定。這些信念包括：人類是上帝創造的一部分，這創造本身是以上帝為中心的，它的存在是為了上帝的榮耀；是天使而不是人類才是創造的頂峯；所有受造物都敬拜上帝，並擁有由上帝創造這個受造物的價值。這些限定條件都意味著，人類主宰大自然這種垂直關係，被那真正察覺到人類和其他受造物都有同一位創造主而互為受造物同伴的這種水平關係所補充。正如我們將會看到，在文藝復興時期對人類主宰性的詮釋中，所有這些限定條件都消失了；而文藝復興時期的詮釋，則為現代征服大自然鋪路。當「創造的價值是為了上帝，以及人類和其他受造物都同樣是受造物」的意識消失時，人類主宰性的觀念便有了新的意義。

不過，我們所說的主流觀點，從來都沒有完全地佔主導位置，基督教對非人類受造物的態度，有一個主要的前現代傳統，雖然這傳統和主流觀點有些相似，但也和它有重大的分別。雖然在研究基督教對大自然的態度的歷史時，人們相對地忽略了這個傳統，但我們值得對這傳統採取認真的態度，如同到目前為止我們所描述過的主流觀點那樣。

一個另類的傳統：聖徒與大自然

除了我們在上一節所集中討論的神學家和解經家的著作外，還有另一個基督教文學的傳統，它表達了基督教對自然世界的態度，以及詮釋了人類主宰大自然這個觀念。這是隱士（hermits）故事的傳統，這些隱士就是那些脫離人類社會而（永久或暫時）生活，藉以完全將自己獻給上帝的聖潔男女。由於他們刻意尋找遠離人類的地方，在荒野中生活，他們比大部分人都更接近那未經人類改造的大自然。有數以百計的故事，講述這些聖徒與他們所居住其中的自然環境的關係，特別是他們與野生動物的關係。[55] 這些故事的傳統，包括由四世紀的沙漠教父，到十三和十四世紀的方濟會（Franciscan）聖徒，這是和我們在前一節中所研究的主流神學傳統屬於同一段時期。而且，這個傳統不單包涵廣闊的年代，其所覆蓋的地理範圍也很廣闊：從埃及到比利時，從格魯吉亞（Georgia）[56] 到愛爾蘭。那些認識這一些故事——例如沃德爾（Helen Waddell）那包括一些最引人入勝的故事的結集[57]——的人，可能傾向以為這些故事只是一些富吸引力的故事而已。但它們不單是這樣的。這些故事表達出對自然世界的態度，而透過這些頗受歡迎的故事，這些對自然世界的態度，在中世紀時期的基督教世界一定很有影響力，至少在大眾的層面上，它們和學術的神學及技術性的解經著作中所表達的觀點，具有同樣的影響力。這些故事的重要性，也沒有被我們在傳統中對事實和虛構之間關係的觀點所影響。這個傳統肯定植根於很多基督徒隱士的實際經驗。[58] 但這些主題肯定也變得因襲的，而很多真實的故事，亦很可能在某程度上是傳奇的。現代讀者會發覺一些故事是可信的，另一些則明顯地是誇張的，但我們往往不能判斷它們的歷史性。但這完全不影響它們見證那關於人類與大自然關係的觀點的價值。[59]

人們往往將對自然世界的負面態度，歸咎於基督教的禁慾傳統（ascetic tradition）。在中世紀時期，這個傳統的一些部分，確實深受希臘那精神和物質的二元論所影響——輕視肉體，並渴望在精神上脫離那與人類身體相似的物質世界。但隱士和大自然的故事，則反映禁慾傳統頗為不同的一面，這一面在很大程度上不受柏拉圖式二元論（Platonic dualism）的影響。在其中一些故事中，有一種不同的二元論：世界被強烈地視為善惡之間衝突的地方。隱士走進曠野，藉此與邪惡力量相遇並將它打敗，有時他們將自然世界的某些方面——例如蛇和蠍子——理解為魔鬼的象徵。[60] 但最突出的是，他們正面地欣賞周圍的自然環境。當大部分人只把大自然理解為，它是被人類藝術所栽培、定序及甚至改進的，在這時期中，隱士卻由於獨自在野地生活的經驗，他們學懂欣賞野生大自然的美麗，且為了自然世界是上帝的創造而愛它。[61]

或許在所有聖徒與大自然的故事中，最「提倡環保的」（conservationist）是其中一個關於愛爾蘭聖徒凱文（Kevin；又稱高爾根〔Coemgen；死於 618 年〕）的故事；在後期傳統中，他比任何早期愛爾蘭聖徒，更被人記念他對動物的愛。一位天使蒙差派去告訴凱文，他和他的修士要搬往新的地方，他在那裏所要建立的修道院，將要成為數以千計的修士的家，直到審判的日子。但那天使指示的地方，幾乎是不能到達的。凱文抗議說：

「修士不可能居住在那個被羣山圍繞的山谷，除非上帝以祂的能力幫助他們。」天使應允，上帝會供應他們一切所需，而天使繼續描述那修道院將來的榮耀：

> 這個地方會是神聖和受到尊敬的。因著你，愛爾蘭的君王和大人物會以土地，金和銀，寶石和絲質服裝，來自海中的珍寶令這地方成為光榮的，以示上帝的榮耀……那裏會興起一座偉大的城市。你的修士所安葬的地方，會成為最神聖的地方，而躺在那泥土下的人，都不會嘗到地獄的痛苦。事實上，如果你想把那圍著山谷的這四座山，夷為肥沃和溫和的草地，毫無疑問，你的上帝也會為你這樣做。

但凱文回答說：

> 我不想上帝的受造物因我而要被移走。我的上帝可以用其他方式幫助那地方。而且，在這些山中的所有野生動物，都是我的室友，是溫和的、且是我所熟悉的，你剛才所說的話會令牠們憂愁的。[62]

在這些故事所包含的整個傳統中，隱含著——偶然也明確地表示出——一種對人類主宰大自然的理解。由於隱士是義人的典範，他們與大自然的交往方式，是上帝原本定意人類採用的方式。[63] 隱士完全順從上帝的旨意，他們從而以理想的形式，恢復人類對其餘創造的主宰性。在他們與野生大自然的關係中，人類得以重新尋得樂園，並預嘗樂園將來在上帝的國度中的復原。[64]

這方面在實踐上所具的意思，有時可以提醒我們等級秩序的神學傳統。動物承認聖徒有權統治和命令牠們。危險的動物變得馴良並尊敬聖徒。[65] 牠們服從聖徒的命令。牠們往往樂意服事聖徒。[66] 其中一位沙漠教父黑勒神父（Abba Helle），他只需要向一羣野驢呼喊，並表示需要一頭驢背負他的擔子，其中一隻驢便會樂意走上前接受這個任務。[67] 對十六世紀布雷頓（Breton）的聖徒萊奧諾里斯（Leonoris）來說，當他和修道院的兄弟因為沒有公牛的幫助而工作到筋疲力盡時，十二隻雄鹿便出現，自發地犁地三十八天。[68] 意大利聖徒蒙德維吉的威廉（William of Montevergine；死於 1085 年）則招募了兩隻狼來保護他的花園，免受野豬侵襲。[69]

最引人入勝的故事，往往是凱爾特（Celtic）聖徒的故事。科爾曼（Colman）的三位朋友——公雞、老鼠和蒼蠅——都在他靈修上協助他：公雞在半夜啼叫報曉，叫他起來禱告；老鼠在早上輕咬他的眼睛來叫醒他；蒼蠅在他默想聖經時標示在書頁上所讀到位置。[70] 當卡思伯特（Cuthbert）徹夜在水深及頸的海中禱告後，兩隻水獺以牠們的呼氣溫暖他的雙腳，並嘗試以自己的毛弄乾他的身體。[71] 不單動物，甚至連海也服事卡思伯特，它將一塊木板沖上岸，其長度剛好是他建藏造身處所需的。卡思伯特傳記的作者比德（Bede）明確地表達出這事的意義：「這個人完全誠實地獻身於事奉主，而其餘的受造物服從他的心願和命令，這絕不奇怪。另一方面，我們往往因為忽略服事那位受造物的創造者，而失去主宰創造這個本應屬於我們的權利。」[72]

這些故事假設一種等級的秩序，在這秩序中，服從上帝的人類有權得到其他受造物的服從。但這被描述為一種和諧的狀況，在其中，動物樂意服事，但卻肯定沒有受到剝削。而且，這些故事也沒有暗示動物的存在是為了供人類使用。正如其他故事也清楚表明，那等級的秩序被理解為一種和諧的狀況，它對上帝的所有受造物都有利。動物不是聖徒的奴隸，但牠們往往被描述為聖徒的朋友和同伴，也是聖徒所照顧和關心的對象。在這些方面，這些故事脫離了神學的和解經的傳統。

雖然有些沙漠教父在對待動物時顯得頗為嚴厲，[73] 但是其他人則享受與野生受造物有友善的交誼。[74] 有幾個凱爾特聖徒的故事，描述聖徒為一間野生動物的小修道院的院長，牠們在曠野陪伴他，以他作為牠們的院長來服從他。[75] 這幅圖畫相當能描述了故事所設想的理想關係：修士必須服從院長，但他們身為同伴的修士，在事奉上帝時他們也是院長的兄弟和伙伴，而院長統治他們則是實行牧養關顧的事情。聖徒對野生動物的照顧和關心是很多故事的主題。凱文和黑鳥（blackbird）這個著名故事是一個極端的例子。當凱文跪下、伸出雙手禱告時，一隻黑鳥在他手中築巢，並在巢內生蛋。凱文繼續張開雙手，直到雛鳥孵化出來為止。[76] 十二世紀的英國隱士芬奇利的戈迪（Godric of Finchale），是另一位因慣於照顧有需要的動物而被記念的聖徒，他的故事很可能有更多歷史的基礎。[77]

有兩個主題經常反覆出現，它們作為聖徒照顧動物的形式。其中一個是他們餵養野生動物。幾位沙漠教父為埃及曠野的動物提供食物和水，牠們包括獅子、狼、羚羊、野驢、瞪羚。[78] 在後期的歐洲故事中，雀鳥是最常接受食物的動物。[79] 膽怯的鳥兒從聖徒手中吃東西，這證明著聖徒的溫柔，這就正如法國曼泰利（Mantilly）的費爾馬特（William Firmat；死於 1179 年）的情況一樣，他將鳥兒藏在衣服下，免得它們受寒，他又把麵包屑餵給在本地的池塘中的魚吃。[80] 這記述肯定是對一個愛上帝受造物的人的準確回憶，但它也描述了人類和動物之間理想的和諧關係：聖徒的溫柔得到動物以馴服作回報。有時聖徒與鳥兒分享食物，他乃是承認，大家都是受造物，是要倚靠造物主的供應。[81]這令我們想起聖經所強調的，創造主供應食物給鳥兒（伯三十八41；詩一四七9；太六26；路十二24）。聖徒承認自己和鳥兒都是受造物，他們也反照出，創造主自己對鳥兒這等上帝受造物那體貼的供應。

另一個一再出現的主題，就是聖徒保護動物免受獵人的傷害。[82]野豬、熊、山鶉、雄鹿、兔子和狐狸，牠們統統在進入隱士居住的聖所時得到保護，避過獵人的追捕。[83]隱士的住所和周圍的環境都被理解為樂園，在那裏所有受造物都安全，而捕獵的暴力不能侵入那地方。再次，人類和動物的理想關係被設想為和平的和諧，而不是人類有權使用動物——主流的神學傳統則以後者來支持打獵的實行。

總括來說，我們可以說，隱士及動物的故事的傳統，將人類對其餘創造的主宰性，理解為彼此服事和照顧的等級關係：動物樂意服事那些事奉上帝的人，但上帝的僕人也照顧和保護動物。而且，等級觀念亦強烈地受到「彼此都是受造物」這個觀念所限定。動物是人類的朋友和同伴。聖徒喜歡有牠們作伴。他們明白到，大家都共同倚賴彼此的創造主。當山鶉躲藏在格魯吉亞聖徒加雷斯耶的大衞（David of Garesja）那裏時，獵人問大衞，誰在人迹罕至的荒野照顧他和給他食物，大衞回答說：「我所相信和敬拜的那一位，會照顧祂的所有受造物，並給他們食物，而這些受造物的生命都是祂所賜的。所有人、動物和植物，天上的鳥，海裏的魚，都由祂撫養。」[84]

異乎尋常地但卻重要的是，這種共同的受造性被理解為對上帝的共同敬拜。撒克遜（Saxon）聖徒邁森的本諾（Benno of Meissen；死於 1106 年）在默觀時被一隻青蛙的嘈吵叫聲騷擾，於是他命令青蛙安靜。但後來他記起讚美歌的話，在關於所有受造物要敬拜上帝的規勸中，其中包括：「鯨魚和水中所有生物，請讚美上主」（但三 79；《思高聖經》）。他想到或許上帝喜歡青蛙的歌聲多於他自己的禱告，於是他命令青蛙繼續以牠自己的方式讚美上帝。[85]

亞西西的法蘭西斯作為另類傳統的代表

懷特提議以亞西西的法蘭西斯（Francis of Assisi）作為生態保護分子的主保聖人（patron saint）。[86] 這個建議是絕對恰當的。在基督教歷史中，沒有其他人物是那麼清楚地、生動地和具吸引力地體現世界——包括人類——的意義，即世界是上帝的受造物的羣體，受造物彼此互相倚靠，並為了讚美他們的創造主而存在；也沒有其他人如此有效地啟發基督徒以欣賞、感激、尊重和愛的態度來對待上帝的所有受造物。[87] 不過，懷特將法蘭西斯描述為基督教歷史上完全例外的人物，懷特不僅歪曲了法蘭西斯自己的觀點，也忽略了這些觀點在聖徒與大自然的故事這個傳統中，已經預示了的。一方面，事實並不是「法蘭西斯嘗試罷免人類統治創造的君王制度，並建立包括上帝所有受造物的民主制度」，也不是他「嘗試以所有受造物的平等（包括人類），取代『人無限度地統治創造』這個觀念」。[88] 法蘭西斯沒有拒絕「人類主宰其餘創造」這個觀念，但他卻按著我們在聖徒與大自然的故事中所看到的那個傳統的詮釋方式來詮釋它。另一方面，懷特說聖徒（特別指愛爾蘭聖徒）的傳說並不是關於法蘭西斯的故事的先例，因為這些傳說講述聖徒與動物交往，只是為了「顯示人類主宰受造物」，[89] 懷特的說法是歪曲了聖徒與大自然的故事的傳統。如果懷特沒有留意到，聖徒與動物為伴時所感到的高興，以及他們對動物的關愛，是多麼令人驚訝的話；他不大可能曾讀過很多關於愛爾蘭聖徒的傳說。這並不是說，在法蘭西斯的教導和行為中，沒有相對地新的層面和強調，但那創新卻源自他與其身處的傳統的延續性。[90] 法蘭西斯是一個可以追溯到沙漠教父的傳統的高峯。他只是透過深刻地倚靠這個傳統而超越這個傳統。

很多關於法蘭西斯與動物及其他受造物的關係的故事，都延續著這個主題：恢復人類與其餘的創造那樂園般的關係，[91] 而這些故事以與聖徒的故事這個傳統相同的方式，來描述這種關係。法蘭西斯往往帶著權威而向動物發出命令，[92] 這闡明了波拿文土拉（Bonaventura）的結論：「法蘭西斯不單對人有操縱力，對海裏的魚、天空的鳥和田間的獸也有操縱力。」[93] 威脅著古比奧（Gubbio）鎮的兇猛野狼，在法蘭西斯的影響下被馴化，並且變得友善。[94] 動物服事法蘭西斯，例如當他在拉韋納（La Verna）隱居時，隼通常會在晨禱的時間叫醒他，但當他疲倦或患病時，隼卻會延遲至黎明時才叫醒他。[95] 與很多較早期傳統的故事一樣，這個故事強調聖徒與鳥兒之間充滿深情的友誼。受造物尊重法蘭西斯的權威，但它們這樣做是出於愛和甘心，好像朋友而非奴隸。

很多故事都顯示法蘭西斯以頗為傳統的方式照顧動物。和其他聖徒一樣，他飼養和保護他的受造物同伴。法蘭西斯對聖誕節特別重視，他想這個節日得到尊崇，他便供應大量食物給鳥兒，也供應比平常為多的食物給家畜。[96] 他會確保蜜蜂有蜜糖或酒，以免牠們在冬天時凍死。[97] 雖然沒有故事提及他從獵人手中拯救動物，但有幾個故事描述他拯救動物脫離危險或傷害，並放走那些被捕的和別人帶給他的動物，將魚送回海中，甚至將蟲從路上移走，以免牠們被踐踏。[98]（但法蘭西斯不是素食者，所以他不可能認為捕魚和設陷阱捕捉動物總是錯誤的。）這些故事既延續那傳統，又充分具有法蘭西斯的特色，以致令我們相信，我們不是在處理一個文學上的傳統主題，而是真正憶起法蘭西斯對受造物的關心，這關心是源自他靠近野外生活的隱居經驗，就好像以前很多隱士那樣。好像較早期傳統的一些故事一樣，關於法蘭西斯的故事，往往強調他與動物之間關係的相互性：牠們是馴良和友善的，而他則是溫柔和充滿關懷的。樂園那友善和非暴力的和諧，得到恢復。

據說，法蘭西斯過說：「每個生物都表達和宣告：『人啊，上帝為你創造了我！』」雖然這反映中世紀神學中常見的說法——物質創造的其餘部分是為了人類而受造的——但我們卻應該留意這句話的背景：法蘭西斯在告訴園丁兄弟不要到處栽種蔬菜，而要把花園的一部分土地留給其他植物，它們的香氣和花朵「可能邀請所有看到它們的人讚美上帝」。[99] 因此，法蘭西斯拒絕將其餘受造物對人類的價值，限制於它的實際用處，而是視其價值在於它也有助於人類讚美上帝。但法蘭西斯的原則（最完滿和美麗的表達出現在他臨終前所寫的《太陽兄弟頌歌》〔*Canticle of Brother Sun*〕中）是，由於「受造物每天照顧我們的需要」，以及「如果沒有它們，我們便不能生存」，因此我們應該欣賞它們，並為它們讚美上帝。[100] 所以，人類的主宰性這個主題，是根據以上帝為中心、而非以人為中心來理解的。受造物服事人類，只有把這看法視為讓人讚美和感謝上帝的原因，它才被正確地接受。因此，人類主宰其他受造物，對法蘭西斯來說，這就主要是關於人類倚靠受造物的事，而人類和它們一起倚靠創造主。我們倚靠受造物的服事，因而我們不應該剝削它們，而是以對待兄弟／姊妹般的尊重和體貼來對待它們。

這意味著對法蘭西斯來說，人類在創造中被給予優越的地位，這意義只應該根據他對「同為受造物」那壓倒性的意識（這使所有受造物都是他的「姊妹」和「兄弟」）來理解。[101] 這個用法似乎是法蘭西斯所獨有的。凱爾特聖徒以隱修的意義，來稱那些與他們友善的動物為兄弟。法蘭西斯視所有受造物（不單動物，也包括火和水、太陽和月亮等等）為兄弟姊妹，因為它們是受造物同伴，也是那些事奉上帝的人的家庭成員。「兄弟姊妹」這個詞意指情感（affection），也特別指到密切關係（affinity）。因此，雖然在關係中仍然殘餘等級的元素（人類和其他受造物，並沒有被視為民主制度中平等的成員），但這沒有否定人類和其他受造物同為受造物這屬性。法蘭西斯身為十三世紀的人，有一個觀念可以幫助他不以宰制、而以相互性來理解人類和其他受造物之間的關係，那觀念就是騎士時代（chivalric）的「禮貌」（courtesy）觀念。[102] 禮貌是寬宏、恭敬、尊重的態度，它使愛可以在社會等級中向上和向下顯露出來。在創造的羣體中，不同等級的兄弟姊妹可以互相尊重和愛的恭敬來交往。法蘭西斯以騎士時代的禮貌觀念，將順服和謙卑這些傳統的隱修德行結合起來，[103] 因此，他可以說：順服「是順從和順服世界上的每一位——不單包括人，也包括每一隻野獸和野生動物；牠們可以做自己想做的任何事，只要那是主從上面賜給牠們的」。[104] 這裏，等級制度幾乎被相互性所顛覆：受造物向人類所表達的順服，得到人類對受造物的順服作回報。法蘭西斯所設想的，最終是一種在受造物一同事奉其創造主中互相和謙卑的遵從。

正如我們已經看到的，另一個植根於傳統、但法蘭西斯也加上其個人特色的主題，就是所有受造物都有責任讚美其創造者，以及人類參與在所有創造向上帝所發出的敬拜中。詩篇和讚美歌對法蘭西斯自己的禮儀詩歌作品無疑產生了影響，而這些作品號召所有受造物讚美上帝。[105] 法蘭西斯的原創性在於他將這禮儀用途轉為真實行動——向受造物本身說話。這行動始於一二一一年那篇以鳥兒為對象的著名講章，[106] 這講章開始了一種定時的實踐：「從那天開始，他小心地勸告所有鳥兒、所有動物、所有爬蟲和所有沒有感情的受造物，要讚美和愛它們的創造主，因為每天在呼求救主的名字時，他在自己的經驗中觀察到它們的順服。」[107] 這樣，法蘭西斯實踐著一個信念：每種受造物都有自己由上帝所賜的價值（正如他對鳥兒說：「上帝令你在祂的受造物中顯得尊貴」[108]），而受造物應該以讚美創造主，來歸回它的源頭。我們也應該記得，法蘭西斯習慣與蟬和鳥兒一起歌唱，他理解這是他們對創造者的讚美。[109] 這樣，他將讚美歌的感情，轉為人類真實地與其餘的創造休戚與共，並將此理解為一個以上帝為中心的羣體，其存在是為了讚美和事奉上帝。[110]

在他著名的《太陽兄弟頌歌》或《造物頌歌》（*Canticle of the Creatures*）——法蘭西斯臨終前所寫的作品——中，法蘭西斯便總結了很多自己對創造的態度。重要的是要完全領悟開首兩節——先讚美上帝，然後才提到造物：

至高、全能、良善的主，
讚美、榮耀和尊貴，並所有祝福都屬於祢，
它們惟獨屬於祢，至高者，

> 沒有人配提起祢的名字。[111]

上帝超越所有造物，以致只有祂配受讚美，這是最清楚不過的。因此，下一節繼續說：

> 讚美祢，我的主，並祢的所有造物。

讚美受造物，只能夠是讚美其創造主的一種方式，它們配得讚美，這特點是衍生自祂。這樣，**以**受造物來讚美上帝（3～4節），是由**不以**受造物讚美上帝（1～2 節），轉折到**為**受造物而讚美上帝——這部分是 5 至 13 節。這幾節詩深情地詳述造物的不同質素，以致上帝可以因它們而得到讚美。每一節（在法蘭西斯原本的意大利語）都以 "*Laudato si, mi Signore, per ...*" 開始，接著便提到一種或更多的受造物。關於這句話的意思是「我的主，藉著……受到讚美」，是「我的主，透過……受到讚美」，還是「我的主，因為……受到讚美」，人們還是有爭議的。對這句話所產生的不同解釋，可以追溯到法蘭西斯死後不久，[112] 而每一種解釋都與他對創造的思想一致的。但索雷爾（Roger D. Sorrell）最近期的詳細研究，則十分有力地支持「我的主，因為……受到讚美」這個翻譯。[113] 這樣，正如我們看到，頌歌不是號召月亮姊妹（Sister Moon）、風兄弟（Brother Wind）、水姊妹（Sister Water）和其他受造物讚美上帝，雖然法蘭西斯自己可能會這樣做。我們也已留意到，頌歌而是繼承了法蘭西斯的信念：人類應該為了他們的受造物同伴而讚美上帝。受造物以三種方式而得到欣賞：因為它們的實用性（令人類生命變得可能和美好），因為它們的美麗，以及因為它們獨特的品質反映神聖的存有（the divine being；特別是，「兄弟太陽先生」〔Sir Brother Sun〕的美和光輝，與上帝相似）。這是對受造物那由上帝所賜的價值的欣賞，遠遠超過純粹功利、以人為中心的觀點。它歡慶創造那互相倚靠的和諧。頌歌的設計是用來教導人們以感恩、欣賞和尊重的態度來思想創造的。[114]

雖然我們考慮了法蘭西斯對非人類受造物的態度及其與它們的關係的不同方面，但我們仍然要注意到他對受造物的強烈喜悅——這經常令法蘭西斯狂喜地在他們的創造主裏歡欣。一些來自他早期的傳記作者的評語，會說明這點：

> 他通常讚美〔蜜蜂〕工作的藝術技巧和牠們了不起的靈巧，並歸榮耀給主。以這樣的感情迸發，他往往花上整天或更多時間來讚美牠們和其他受造物。[115]

> 他對〔受造物〕有那麼多的愛意和同情，以致人們不以尊重對待它們時，他便會感到困擾。他以很大的內在和外在的喜悅與它們說話，彷彿它們曾被上帝賦予感情、智力和言語。對他來說，這往往是在上帝裏著迷的時候。[116]（AP 49）

> 他懷著欣喜來撫摸和凝視〔受造物〕，以致他的靈似乎是活在天堂而不是地上。[117]（AP 51）

法蘭西斯與受造物的關係的這一方面，在基督教傳統中似乎是前所未有的，這使得我們有必要稱法蘭西斯為創造密契主義（creation mysticism）。

創建現代性傳統：（1）意大利文藝復興時期的人文主義者

對於人類主宰大自然的理解，一個重大發展是在文藝復興時期意大利的人文主義作者中出現。如果沒有我們已描述過的教父和中世紀時期那主流的神學傳統作為基礎，這個發展便很難出現，但這發展也是超越那個傳統的重要一步——在關於這個主題的討論中，人們很少留意到這點。[118] 我們可以說，就是這一步，創建了那種精神特質；在這精神特質中，人類侵略性地宰制大自然這個現代規劃便發生了。

文藝復興時期的人文主義者，全神貫注於人類至高的尊嚴這個主題，他們往往將其闡釋為對創世記一章 26 節的解釋。[119] 即使在他們沒有明確地提到這節經文的地方，他們也屢次作出暗示。而且，這些作者把對人類主宰性的傳統理解，視為理所當然的——他們認識這理解，是不單從神學傳統中得知的，也從影響那傳統的古典來源中得知的。其餘的創造是為了人類而受造的（彼特拉克〔Petrarch〕說，它是「完全獻給你使用的，而且只是為了服事人而受造」[120]）。人類的本性獨特地比其他創造優越，這是要裝備人類以統治世界。[121] 但這些傳統主題得到前所未有的強調，而同時又朝異常的方向發展。

關於文藝復興時期人文主義對人的觀念，一個驚人的特點是，人類與大自然的垂直關係（人類作為其餘創造的統治者）得到強調，以致幾乎排除人類與大自然的水平關係（人類身為受造物，和其他受造物一樣，都是創造主所創造的）。人類在創造裏的位置被取消，以此有利於把人類高舉到創造之上。這將傳統等級思想的一個方面帶到極端，但中世紀時期關於創造的等級觀念的其他方面，卻被擱在一旁。在形而上學，人類不再被視為擁有低於天使的地位，而是高於天使——這地位如果不是憑藉他們的創造，至少也是憑藉他們在基督裏被神化（defication）。[122] 連繫到這點的是一個觀念：拒絕人類在創造秩序中佔有一個給定的、固定的位置。人類被理解為獨特地自由的，他們可令自己成為自己想要成為的人，並超越所有限制。[123] 實際上，人類相對於世界來說成了某種神。人類陶醉在他們成為好像神一樣的思想中，作為受造物的屬性人類被忘記了。文藝復興時期的人文主義者認為，人是高於世界、富創意和至高的神。

在好像馬內蒂（Giannozzo Manetti）、菲奇諾（Marsilio Ficino）和米蘭多拉（Pico della Mirandola）等作者的著作中，上帝在人類本性中的形象，不單被理解為理性或道德能力（使人類有別於其他受造物）——正如主流神學傳統所理解那樣——也被理解為人在創造和掌管世界這些神聖活動中與上帝相似。強調人類的靈巧和創造力這個源自古典時期、頗為傳統的主題，在文藝復興時期對人類於藝術和科技上的成就那典型的吹捧中，得到加強和強調。正如馬內蒂說：

> 在世界那最初、新的和粗糙的創造後，一切都似乎由我們——從人類思想一些非凡的和出眾的敏銳——所發現、建構和完成的……世界和它所有的美麗，似乎首先由全能的上帝發明和確立，供人使用，然後人感激地接受這世界，並將它變得更美麗，更為華麗和精細。[124]

這是「人類與上帝相似」這個觀念一個相對地有限制的描繪：這相似性包括重塑世界的創造性能力，從首次創造的原料中進行某種第二次的創造。在這裏，我們在西塞羅中所留意到的觀念終於得到充分發揮，其含義正如馬內蒂引述西塞羅時所說的：人類——以他們那認識和行動的特別能力——「好像某種會死的神（mortal god）」那樣主宰世界。[125]

我們應該將「人類擁有好像神一樣的創造力」這個的新意識與傳統的概念作對比，那傳統概念就是我們在聖維克多的休格的著作中所看到的，它認為人類不能夠做上帝或大自然的工作，他們只能夠模仿大自然。根據菲奇諾：「人類藝術本身根據大自然本身所製造的任何事物而製作，以致我們似乎不是大自然的僕人，而是它的競爭者……人類最終模仿神聖大自然的所有工作，並完善、糾正和修改低等自然的工作。」[126] 人類在認識和創造上對大自然的統治，令人類的靈魂必須被稱為神聖的：

> 心智在理解方面構想出很多事情，好像在認識方面，上帝在世界所製造的那樣多。藉著說話，心智可以在空中表達許多東西；以一根蘆葦，它可以在紙上寫許多東西。藉著製造，它可以在物質世界建造許多的東西。因此，任何人否認靈魂——在藝術和管理方面可以與上帝媲美——是神聖的，他都被證明是瘋狂的。[127]

在這裏，菲奇諾的目的，明顯是以傳統上只用來描述上帝身為世界的創造者和統治者的屬性，來設想人類。[128] 人類與世界的關係，因此被他以荒唐誇張的用語來描述，雖然那願景是崇高的。所有受造物的限制都被刻意壓抑，正如以下這段值得詳細引述的話所顯示那樣：

> 在這些工業藝術中……各處的人都運用宇宙的所有物

> 質，彷彿一切物質都從屬於人。人運用……所有自然環境，石頭、金屬、植物和動物，並將它們轉化成為很多形狀和外形，這是動物從來都不會做的。人也不滿足於一種或幾種自然環境，好像動物那樣；他而是運用所有自然環境，彷彿他是一切東西的主人。他走在地上，航行在海上，藉著最高的塔升上高天……他猶如上帝的代表般行動，因為他棲居在所有自然環境中，並培育一切……事實上，他不單運用自然環境，也運用自然環境的所有動物，包括陸地上的、水裏的和飛行的，以牠們作為食物、安慰和快樂，他亦運用超自然的和神聖的東西，作為學問和法術的奇迹。他不單運用動物，也統治它們……他不單殘忍地運用動物，也管理、培養和教導牠們。普世的護佑是上帝特有的，祂是普遍的因。因此，普遍地供應所有生物以使牠們存活的人，是某一種神。他毫無疑問是動物的神，因為他使用所有動物，統治牠們，並教導牠們其中一部分。他也被確立為自然環境的神，因為他棲居在所有自然環境之中，並培育它們。[129]

如果我們將文藝復興時期的人文主義理解為，它在某意義上產生出那無限制地宰制大自然這個現代規劃的精神；那麼，看到菲奇諾怎樣明確地將「人類渴望控制一切」連繫到「人類渴求神性」，這是甚具啟發性的：

> 〔人〕不會滿足於這個世界的帝國，如果當他征服了這個世界後，他知道還有另一個世界他仍未征服……因此，人不想有比他優越和與他平等的東西，他也不會容

許任何事物在他的統治以外。這個地位單屬於上帝。因此，人尋求神聖的狀況（divine condition）。[130]

這個觀點和傳統基督教就人類主宰性所持的觀點，兩者之間的鴻溝是很大的。後者雖然以人為中心，但它仍然以靜態和十分有限的方式，來理解人類的主宰性，並以對人類作為受造物的意識，來限定這種主宰性。但另一方面，對菲奇諾來說，人類對權力那不止息的意願，令他們好像神一樣。人類主宰世界，變成一個無限制的渴望。那引致當代生態危機的態度，可以追溯到這個源頭，但不能追溯得更遠。

最後一段引文，來自十六世紀意大利的泛神論（pantheist）哲學家布魯諾（Giordano Bruno）。這段引文會顯示出，關於人類的神聖創造力的這個觀念，可以走得多遠：

諸神把才智和雙手賜給人，並按其形象創造他，給他能力以此其他動物更優越。這能力不單包括能按照自然和事物的通常程序來工作，更能超越它，並在自然的法則以外，最終，憑人的智慧，藉著製作（或能以製作）其他自然、其他進展、其他秩序，帶著那令他與神相似的自由，他最終可以令自己成為地上的神。[131]

這個——人類有能力隨意重新設計世界、以使它變為我們想有的新創造——給現代規劃提供了很多精神氣質。這觀念是現代西方文明賴以生存的其中一個神話。但當然，現代社會所嘗試藉以實踐這個神話而採用的科學的和科技的方法，不能好像布魯諾所設想那樣（由文藝復興時期的法術所啟發）與大自然交往。科學和科技不能在自然法則以外運作。雖然他們渴望重新製造大自然，但他們這樣做的能力，則倚靠他們對自然法則的掌握。在文藝復興時期人文主義的追求中，要找到一個承認這點、並從而更具體地提供「現代科學運動嘗試征服自然、令它供人使用」的意識形態的版本，我們必須轉向布魯諾在英國的同儕培根（Francis Bacon）。

創建現代的傳統：（2）培根

培根（1561～1626 年）的非凡成就，是預先為現代科學事業定出一個規劃，這規劃仍是一種意識形態的經典陳述，而這意識形態已啟發和引導著從十七世紀到二十世紀的科學研究和科技創新。[132] 他對現代科學方法的貢獻，經常受人討論和爭議，但實際上，方法論不是他對現代科學的主要貢獻。他的貢獻在於他的願景：透過科學的創新和進步，實現一個具烏托邦式目標（utopian goal）的系統化科學研究。就是這個夢想，啟發了十七和十八世紀英國的科學先驅。在培根對科學進步的遠見中，極為重要的是，他把科學的目標理解為履行人類對大自然那由上帝所賜的主宰性，而培根認為這就是創世記一章 28 節的意思。[133]

培根把傳統觀點（視其餘的創造是為了人類而存在）視為完全理所當然的，他將人類的主宰性理解為人類有權利和有能力為了人類的好處而使用大自然。[134] 這種人類的主宰性在墮落時嚴重受損，但卻是可以恢復的：「在墮落時，人同時失落了純真的狀態和對創造的主宰性。但這兩種損失都可以在此生中部分地修復：前者藉著宗教和信仰，而後者藉著藝術和科學。」[135] 培根認為，上帝在人類墮落後所給亞當的話——「你必汗流滿面才得糊口」（創三 19）——表示人要「藉著各種勞動」，大地才可以「最終在某程度上被征服，供應食物給人；這就是給人類的生命所使用」。[136] 這些勞動主要是科學研究的智性勞動，它們使科技為了人類利益而對大自然的剝削變得可能。[137] 人類的任務就是完全恢復對大地的主宰性。[138] 這是「人類真正的職責和命運」。[139] 這也是培根自己工作的主要目標——致力於「我在地上惟一的希望，就是把人類對宇宙的主宰性那可悲地狹窄的限制，擴展到他們得到應許的界限」。[140] 因此，培根所計劃的傑作——要用來總結自己的所有工作，但他卻沒有完成——的名稱，就是「大復興」（The Great Instauration）。他用這個詞的意思，就是指恢復創世記一章的應許，讓人類主宰大自然：「管理大自然的權利是由上帝賜下，屬於〔人類〕的。」[141] 這種主宰性的恢復是龐大的事業，不能夠很快地實現。這事業將會是多代人獻身於科學勞動的成果。[142]

因此，培根比意大利的人文主義者更清楚地將人類的主宰性變為會漸進地實現的歷史任務。事實上，這是人類偉大的任務，而人類最大的努力都應該投放在其中。跟聖徒與大自然的故事這個傳統不同，人類主宰性的恢復不是上帝賜給那些根據祂旨意而活的人的。根據這個意義，那不是宗教的關注，雖然培根確實期望主宰性的行使將「由健全的理性和真正的宗教所管理」。[143] 他有效地在「恢復人類的純真」（這是宗教的職責）和「恢復人類的主宰性」（這是可以由科學和科技實現的）之間，劃出十分清楚的區分。

那個任務很明確地是要大自然被人使用。宰制的語言很容易在培根筆下出現：「我實際上來帶你進到大自然和它所有兒女那裏，令它服事你，並成為你的奴隸。」[144] 在一篇富有啟發性的文章中，培根提到三種野心。那些想在自己的國家中增加自己力量的人，是不值得別人羨慕的。那些渴望增加自己國家那相對於其他國家的力量的人，更值得別人羨慕，但他仍是該受責備的。對比起來，努力「擴展人類對宇宙的力量和主宰性」，這則是全然值得別人羨慕的，「是真正神聖的工作」。[145] 因為那是無私地指向所有人類的利益。培根將「人類宰制宇宙的發起者（the instigator；也就是恢復者〔restorer〕）」與「自由的捍衛者」和「需要的征服者」，等同起來。[146] 這很可能是第一次出現的現代願景：科學和科技事業，藉著取得勝過大自然的力量，並運用這力量，來解放人類脫離人類狀況的一切禍患，從而致力於人類的好處。這願景具有一個崇高的道德動機和目標。但它對人類宰制大自然所設的道德限制，只是在於人類的愛：科學的事業不應該由個人利益或榮耀所支配，而應該由對人類的愛所支配。[147] 在此之上再沒有加上任何意義上的限制，以表示大自然對自身或上帝而言，擁有任何內在價值。由於培根假設大自然只為了人類的利益而存在，因此，為了人類的利益而盡量剝削它，這不單是正確的，也是人類的首要責任。

除了道德上的限制外，人類宰制大自然的能力也有實際上的限制。這個限制由大自然的事實所施加的。大自然由它的創造者以某種方式所構成，人類如果要為自己的好處而盡最大可能地使用大自然，他們便必須明白這種方式。[148] 這一點就是培根明顯地做到了，而意大利人文主義者不能做到的：他將人類主宰性的願景，連繫到他所提倡和追求的實證科學（empirical science）。人類不能忽視、擱置或違反自然的法則。如果人類要對大自然行使合符現實的能力，他們便必須明白這些法則。[149] 這就是培根著名的信條——「知識就是力量」：[150]

> 因為人只是大自然的僕人和詮釋者：他所做和所知的只

> 是他從事實和思想中對大自然的秩序所觀察到的……因為起因的鏈子不能以任何力量來被鬆開或打破，大自然也不能被命令，除非人服從它。因此，人類的知識和人類的力量這一對孿生物，確實結給起來：運作失敗在於忽略起因。[151]

根據這個意義，培根所提倡的一種謙卑，[152] 似乎和某些意大利人文主義者那更富有生機的（promethean）願景不同。這是有信仰的科學家的謙卑，他尊重上帝創造大自然的方式，研究它的法則，從而得到力量勝過它，這力量是上帝希望人類所擁有的。根據這個意義，「自然不能被征服，除非人服從它」。[153] 但目標肯定是征服自然，而培根的願景（人類勝過大自然的能力，可成就甚麼），則遠超過中世紀仿效自然這個有限的觀念。他評擊這「視藝術〔也就是科技〕為對自然的一種補充」的錯誤；「藝術有力量完成自然所開始的工作，或者在自然走錯路時加以糾正，但卻沒有力量帶來徹底的改變，動搖自然的根基」。[154] 征服自然的言語，最小不是培根給予現代西方文化那持久的遺產——「征服」這個比喻被標準化地和不加思索地使用，直到頗為近期，生態意識的發展，才令它受到質疑。作為十九世紀觀點的一種典型表達，以下來自卡萊爾（Thomas Carlisle）的引文，明顯地直接源自培根：「我們與原始的自然戰爭；以我們那不能抵擋的機器，我們總是取得勝利，並裝滿戰利品。」[155]

重要的是，培根沒有好像意大利人文主義者那樣，談到人類的神化或人類身為高於世界的一種神。他指摘傳統的自然哲學（natural philosophy），指它那想成為神的思想是犯了驕傲的罪，因為他認為，自然哲學乃是從哲學家的想像中建構出來一個關於自然的觀念。傳統的自然哲學家按著自己的喜好創造世界——從而扮演上帝——而不是謙卑地觀察上帝實際創造的世界（正如培根的實證科學家所做的那樣）。[156] 從這個意義來說，培根為早期現代的科學事業定下基調。培根的科學家不是那可以按著自己喜好、隨意重新創造世界的神，但他卻可以藉著掌握自然的法則，令自然服從上帝創造它的目的，那就是為了人類的利益。培根的成就是令文藝復興時期那無限制的主宰性的願景，脫離與法術和煉金術（alchemy）的聯繫，轉而利用這願景而成為對科學知識和技術創新的實際追求，並以更配合英國新教（Protestant England）的方式，將它聯繫到聖經和宗教的觀念。但同樣重要的是，培根所建構出關於人類掌管自然的觀念，在他以後的幾個世紀，當基督教信仰對文化的影響不斷地減退時，這觀念結果很容易便被世俗化了。正如萊斯（William Leiss）說：「〔培根的〕這個主張（科學分擔著宗教那恢復人所喪失的卓越的工作）有助營造一種氣候——犧牲天上盼望而讓地上的盼望興旺。」[157]

藉著與傳統比較，人類和其他受造物同屬於創造之中的這種意義，似乎完全失去了：培根的人類只是站在自然之上，藉著知識和能力而掌管自然。正如意大利人文主義者一樣，人與自然的垂直關係完全取代了兩者的水平關係。同樣藉著與傳統比較，自然的價值變得純粹是功利的；「所有受造物為了上帝的榮耀而存在，它們從而幫助人類默想上帝」，這個觀念已經消失，取而代之的是自然的有用性是為了人類的實際需要。雖然繼續提到創造主上帝，但西方對自然的態度在這裏變得完全以人為中心，而不是以上帝為中心。因此，當無神論的科學家最終在培根的傳統中與有信仰的科學家同工時，這實際上也沒有帶來多大分別。

在西方傳統中，「猶太—基督教傳統」（Judeo-Christian tradition）往往因為所謂「自然的非神聖化」（desacralization of nature）而受到稱讚或責備。這傳統受到稱讚，因為有些人認為現代科學的成就是因這傳統而變得可能；而它受到責備，因為有些人認為現代對自然的剝削——生態危機的根源——是因它而變得可能。[158] 但我們必須要更清楚非神聖化的意義。[159] 猶太—基督教傳統肯定將自然非神化（dedivinized）。自然不是以泛神論式或泛靈論式（animistic）的意義而被尊為神聖的。但深植根於猶太—基督教傳統，所有受造物都被視為為了上帝的榮耀而存在，並反映上帝的榮耀。人類與其餘創造一起讚美上帝，也為著其餘創造的美麗和價值而讚美上帝，在那美麗及價值中，他們看到創造主的榮耀得到反映。只是，隨著喪失創造的價值（是為了上帝及關於上帝的）那非功利性意義，並接受對自然一種完全功利的觀點（視它為由上帝賜給人類，且供人類為了自身利益而進行剝削），我們才可以正確地談到自然的非神聖化。這在培根對人類與其餘的創造之間關係的理解中發生。很重要的是，我們發現，十七世紀的基督徒科學家博伊爾（Robert Boyle），呼籲將自然非神聖化，這呼籲乃明確地連繫到培根對人類的主宰性的理解：「人對他們所稱為自然所懷有的崇敬，這崇敬對人類帝國統治上帝的低等受造物，是一種令人泄氣的阻礙：因為很多人不單視這種統治為不可能達到的事情，更視之為不敬虔的嘗試。」[160] 沒有培根那種將自然非神聖化的看法，科學事業也是可能出現的，但卻不會有侵略性地宰制大自然的科學和科技事業——這是現代西方歷史一重要的特點。

閱讀培根，就是經驗那識別的頻密震驚：人會發現現代科學事業那些我們太熟悉的特點，已經由他清楚地表明出來。例如，培根已經表達了當代科學家所經常提出的確信：科學工作本身是價值中立的，只有科學的運用才有對錯之分（在當代論述下，那含義就是免除科學家在使用科學發現上的任何責任[161]）：「光本身是純正和無辜的；它可能被錯誤地使用，但它的本質是不被玷污的。」[162] 萊斯評論說：「這樣將自然的知識和道德的知識作明確區分，漸漸變成現代思想的基本原則：它在『事實』和『價值觀』之間那流行的當代區分中得到呼應，根據這種區分，價值觀的問題構成一個在『科學』知識範圍以外的獨特論述。」[163] 另一件事，是不久前才能夠觀察得到的。在他科學上的烏托邦——即其著作《新大西島》（*New Atlantis*）——中，培根預視了以科學操控動物的情況，這就好像現在透過基因工程才能夠做到的那樣：

> 同樣地，藉著技術，我們令牠們比其種類更大或更高；或者反過來令牠們變矮及停止生長：我們令牠們比其種類有更多產量和生育，或者反過來令牠們不能生育和繁殖。我們也令牠們在顏色、形狀、活動，以及很多不同方面有所不同。我們找方法製造各種混合物和使不同種類動物交配，令牠們能夠生育，正如一般的意見那樣……我們不是偶然地這樣做，我們是預先知道哪些受造物會生出甚麼物質和混合物。[164]

閱讀這段文字，我們便明白，現代規劃的**意識形態**——已經由培根全面地闡述——**需承擔**這些結果。培根不知道這些結果在四個世紀後怎樣實現，但他可以預測那些結果，因為他創造了一種意識形態，它在二十一世紀生物科技實驗室中仍然啟發著科學家。

在這一章，對於人類主宰性的觀念的歷史轉變，我認為這個人的作品有很大的重要性，而他影響的規模和持久的衝擊力，似乎也支持我這看法。

在這裏，關於懷特的論題，總結一下我們所檢視過的歷史證據有何含義，或許是有用的。我曾表明：現代西方侵略性地宰制大自然這個規劃，其意識形態的根源在於人類主宰大自然的傳統詮釋，而這種詮釋乃是來自希臘思想、而不是來自聖經的，並其後在文藝復興時期，這種詮釋在基督教對創造的理解中，脫離其更大的背景。在教父和中世紀時期，主宰性的主流神學詮釋，在某些方面，為現代科學和科技基於人類利益而征服大自然的這個規劃鋪路，但它本身不能夠為這個規劃提供意識形態上的支持和推動力。只有在文藝復興時期的人文主義和英國的培根主義中，對人類主宰性那全新的詮釋，才能夠實現這個目的。那些重要的新元素是：將人類的主宰性理解為歷史任務，那主宰性不是處於靜態的狀態，而是受命漸進地實現對大自然的控制，此乃由科學的發現和科技的創新來實現；喪失了有效的創造教義，即是令人類和其他受造物同為受造物同伴的這種關係，讓位於人類與大自然之間一種排他性的垂直關係；將大自然的價值化約為純粹的功利主義，只以人類的實際利益為定向。

在培根以後對大自然的宰制

在培根以後，「人類控制大自然」這個觀念的歷史，仍然有待撰寫。[165] 它肯定經歷了由十七世紀英國科學家的培根主義，從而進到一般現代思想：關於科學、科技，以及它們在人類進步這烏托邦觀念中的位置——這烏托邦觀念在歐洲啟蒙時期發展出來，並且成為現代西方**惟一**的意識形態。正如我們已經指出的，培根的觀念基本上普遍存在。就好像他已經表達了一切事情——即現代時期所意識到一切關於這個概念所需要想到的事情。根據萊斯：

> 在培根以後，再沒有出色的思想家對「人類控制大自然」這個觀念給予類似的注意力。在其後的時期，這個觀念沒有多大發展，雖然人們更多地引用它。培根所取得的成就是，大部分跟隨他的人都發覺到的，他為這個觀念所制定的形式，已經足夠應付他們自己的目的。他的著作是那麼具決定性，以致這個觀念所有隨後階段的歷史，一直到現在，都可以被編排成培根式主題的一系列變奏。[166]

例如：笛卡兒的《方法論》（*Discourse on Method*, 1637）有一段經常被引述的文字，在這段文字中，笛卡兒對「實用哲學」（practical philosophy）採取了完全培根式的取向——藉此人類會「令自己成為大自然的主人和擁有者」[167]——但這個段落在笛卡兒的著作中是獨特的。他明顯地感到毋須更詳細地注意這個觀念，他完全預備好接管這個觀念，並視之為理所當然的。

不過，「培根式主題一個十分重要的變奏」在非常近期才出現，而且它只能夠在培根以後很久才會出現，因為這變奏取決於生命的進化這個十九、二十世紀的觀念。那「變奏」就是科學家成了進化過程（尤其是人類的進化）的主人，他們控制和指導著進化的過程。隨著操控基因和改變物種的遺傳學基礎這個可能性迅速浮現，這個觀念變得特別可信。正如我們已經指出的，培根主義這個特定的變奏，在生物科技研究——它深受主宰性那培根式的意識形態所激發和推動——的處境下是合理的。

我們已經指出，培根的願景儘管富有宗教色彩，但它卻很容易被世俗化，而同樣的話也可指著那明顯地更富有生機的文藝復興人文主義者來說。對兩者來說，上帝進入人類與大自然的關係中，只在於人們相信祂已允許人類的主宰權。上帝對那主宰權沒有定下任何限制，因此，實際上，對於世界來說，人類扮演著上帝的角色。失去真正神聖的超越性，令人類在世界具有準神聖的（quasidivine）超越性。無論是身為有創意的神，還是透過知識而成為征服者，人類都已經被視為擁有那命途：使自然全然降服於他們自己的旨意之下。隨著啟蒙時代來臨，他們只為自己承受那個以前已從上帝那裏接受的命途。不過，這樣做時，他們把基督教創造的教義一併拒絕了，他們也拒絕了為人類和大自然之間關係帶來頗為不同的觀念的這個潛力。

萊斯表明，人類的主宰性這觀念的世俗化，將它從道德限制中釋放出來：

> 懷特的論證必須在這個程度上受限定，也就是說，基督教教義尋求藉著要人為自己的行為向更高的權威負責，而限制人在地上的野心。只要基督教在西方文明仍然是一重要的社會力量，「人身為地上的主」這個觀念，便要在更廣闊的倫理框架中被詮釋。不過，宗教那正在衰敗的命運，令這個觀念在察覺不到的階段中逐漸世俗化，而在當代的用法中，這觀念只反映出很少其猶太—基督教背景的痕迹。[168]

這可能並非完全準確。正如我們所看到的，根據培根的觀念，人類主宰性的實現，是由「服事人類」這種倫理所推動的，這種倫理在科學的努力中，與其他理想和推動力並排地保存了其自身的力量。但這裏的倫理，純粹是人文主義式的，即完全將大自然從屬於人類的好處。它沒有「自然世界本身具有價值」或「有尊重這價值的倫理責任」這種意義。這就是失落創造教義之後所失去的東西。

而且，自走出一種宗教的創造教義後，西方那關於宰制自然的規劃，不單迴避了人對大自然的倫理責任這個問題，也迴避了在事物的創造秩序中那給定的限制。培根的承認（如果要利用自然，人便必須明白自然的法則——因此自然的法則大概對可能有的剝削設置了限制），以及文藝復興時代的意識（人類有無限創造力去釋放自然的潛力），都進入了現代的規劃，並使科學充滿巨大的烏托邦式期望，也激起一種傲慢——科學超越了其自身的能力，並帶來前所未有和災難性的後果。在二十世紀後期，愈來愈明顯的是，在培根式的夢想那貌似理性的背後，隱藏著一個強而有力的非理性元素。這種萊斯所說的「非理性的狡猾」（cunning of unreason），在這持續的幻象——那種稱為「對自然的控制」（the mastery of nature）的事業本身也被控制——中被顯明出來。[169]

最後，我們應該注意到，宰制的規劃的世俗化，令它受到商業化和消費化。正是這點，致命地危及了人文主義在其更值得稱道的版本中的倫理目標。人類的需要得到滿足和人類的疾病得到醫治，這兩者作為剝削大自然的目的，已證明是過分有限的。笛卡兒設想「發明無窮的技術和工藝，能令我們沒有麻煩地享受大地，以及可以享受在其中找到的一切好東西」。[170] 但他沒有認識到，對於科技那些無限制的產品的需求，人類的慾望會怎樣被製造出來。不能滿足的慾望，必須螺旋式地配合那無限制的主宰性，這令因果關係的方向變得頗為模糊。倫理式的和其他的限制正是在這裏減弱了，也正是在這裏，對大自然本身內在的限制的無視，最終令這些限制變得災難性地明顯。

一個另類的現代傳統：作為管家的主宰性

在當代生態危機的處境中，有一種對「人類主宰大自然」的理解，在基督徒中間變得最為流行，它代表了教會對生態責任的一種新覺醒，那就是管家（stewardship）的觀念。這觀念往往被認為是徹底地植根於基督教傳統的，但實際並非這樣。正如我們已看到的，承認世界是上帝的創造，因而在人類對世界的主宰上要施加倫理上的限制（例如禁止虐待動物），這份確認在基督教傳統中乃佔有一席位，無論它似乎與主流觀點之間有多大張力。但只要中世紀和甚至是宗教改革運動那種老生常談——其餘的創造是上帝為了人類的好處而創造出來的——仍然佔主導地位，我們都不能談及管家身分。管家身分的觀念表示人類受上帝所託照顧受造物，而它們的存在，主要不是為了人類的好處。這不單是一種對主宰性的限制，更是對主宰性的一種不同的觀念，這是在十七世紀晚期之前，很難找到清晰的表達的。[171]

管家的概念，似乎是一種對「人類控制自然」那愈來愈強的意識——這意識也促成了意大利人文主義者和培根對主宰性的詮釋——的一個回應。無論有意識或沒有意識地，它都在英國皇家學會（Royal Society）那過度地以人為中心的培根式觀點之外，提供了另類選擇。那些擁護管家這概念的人，分享著當代對擴展「人類控制自然」的熱誠，但他們沒有純粹認為，人類擁有為了人類的好處而使用自然的權利，而是也堅持人類有責任照顧自然，因為正如休斯（George Hughes）所說，人的統治「是從屬的和像管家般的，而不是絕對地按著他所想的對待上帝的受造物」。[172] 換句話說，這幾乎是第一次，在主宰性被詮釋的過程中，源自大自然內在的價值的倫理責任得到承認。

雖然這個觀念在十七世紀下半葉的宗教作者中間頗為流行，[173] 但卻是由英國著名律師黑爾（Matthew Hale，1609～1676年）把它作最全面的表達。黑爾和他的一些同輩一樣，他明確表示世界不單是為了人類的好處而受造的，也是為了上帝的榮耀。[174] 人類是「全能上帝的管家和租客」，[175] 他們獲委任代表上帝來管理大地，並為了怎樣對待大地而向上帝負責：

> 相對於……這個野獸和植物的低等世界，人受造的目的，就是要在這個低等世界中成為天地那偉大的上帝之總督；是祂的管家，地上這片良田的工頭、助理或農夫，並且人自己保留那至高的主宰性，以及以忠誠、順從和感激為尊崇，作為對此最大的承認或租金──令他持有節儉使用和整理這低等世界的用益權（usufructuary），並以清醒、節制和感激來享受當中的成果。
>
> 而特此，人投入能力、權威、權利、主宰性、信任和關心，以糾正和減少較兇猛的動物的過量和殘忍，保護和守衛溫馴和有用的動物，保存各種植物的品種，改善它們及其他，糾正無益植物的冗餘，並且將大地的表面保持為美麗、有用和多結果子。[176]

黑爾假設，如果丟下大自然不理，它便會產生混亂：兇猛的動物會令較溫馴和有用的動物絕種，大地會沉入沼澤，並長滿樹木和野草。大地需要較高等的受造物來保持其秩序。因此，人的責任是保持事物的平衡，防止大自然那些比較野性的部分製造混亂。人類要為了大地和他們自己的緣故而控制大地。[177]「大自然由人類控制和管理比變成荒野更可取」這個偏見——自從古代開始，除了隱士以外，便很少人能夠免除這個偏見——在這裏仍然佔主導。人類的控制能夠改善大自然。科技被證立為人類善意地管理世界的工具。迄今為止，仍然沒有人承認：人類對大自然的控制可能具有破壞性；荒野不受打擾可能會更好；大自然可能有其自身的秩序，而人類的干擾會帶來混亂，大自然本身的平衡亦可能會被科技打亂。

管家這個觀念的價值，在於它正式將公義這個觀念引進到人類與大自然的關係之中。這絕非出於偶然，因黑爾是位律師。身為向神聖君王負責的管家，人類在法律上有責任公正地管理大地，且不帶殘忍的行為。[178] 即使管家這個觀念沒有做甚麼事情，以保存荒野不受人類干擾，但它也與基督徒對虐待動物的敏銳度的明顯增長，有重要關連繫。[179] 黑爾自己便是其中一位認為，單為了運動而追殺動物是不合理的。[180] 他決定讓其年老的馬去吃草，而不是將牠們賣給那些屠馬者。[181] 其他活著的受造物本身也有其價值和有權生存，而人類身為牠們負責任的監管人，必須尊重和保護牠們。[182] 甚至人類宰殺動物作食物的權利，在十七世紀晚期也受到質疑，黑爾雖然保持這權利，但他也承認看到羊羣吃草，總令他感到上帝一定想「人類有更清白的食物」。[183]

管家這個觀念的吸引力，在於它承認非人類的創造除了對人類有用外還有其他價值，並且它把人類相應地對待非人類創造的責任給予人類，同時，又承認人類在現代有獨特的權利，以對待其餘的創造。不過，我們應該留意到，這觀念好像意大利人文主義和培根主義一樣，明顯地將人類置於大自然之上。在這個意義上，這觀念不單和早期現代時期一樣，完全正面地評價人類對大自然的控制，它也集中在那「較高等」的人類控制「低等」的大自然這段垂直關係上，而犧牲了人類與其他受造物之間的平行關係。

在近期基督教復興管家這個觀念之時，[184]「管家」這詞似乎是一個頗為有彈性的詞語。例如，關於生物科技的討論，各方都運用「管家」這個詞語。對於一些深度參與近年的基因科學和科技發展的人而言——如柯林斯（Francis Collins；人類基因組計劃〔Human Genome Project〕的負責人）、米羅（Donald Munro）和安德森（V. Elving Anderson）——管家似乎是基督教的觀念，並授權人可不受約束地實行培根式的計劃。[185] 它將那無限制地改進創造的科學任務委託給人。另一方面，在近期的《福音派對照顧創造的宣言》（*Evangelical Declaration on the Care of Creation*）[186] 中，人類身為管家的這個角色，並不是被描述為要改進大自然，而是要保存和保護它。（這個強調因此接近奧斯本〔Lawrence Osborn〕那更喜歡選用的形象，即創造的「監護人」〔guardians〕[187]、也接近威爾金斯〔Loren Wilkinson〕的「保存大地」〔earthkeeping〕[188]，甚至林基〔Andrew Linzey〕那創造的「僕人」〔servants〕。[189]）這裏的強調，更多是在於受造秩序的給定性（givenness），而不是人類在改變大自然上的介入。並非大自然需要人類保護，以避免其自我破壞，而是它需要保護和醫治，以避免被人類濫用它。在這裏，管家這觀念已取得一個屬於二十世紀晚期的內容，以及一個與十七世紀所表現出的那種對科技的自信相比是稍為緩和、也有較為謙卑的目的。但用別人的話說，由於它正好保存著原來的力量，管家這個觀念在沒有進一步的定義下——即它與其他聖經和基督教主題的關係——其本身可能不十分有用。

在今天管家這個觀念的其中一個問題，[190] 可以藉著參考現時普及的共識——我們迫切地需要保護荒野，令大自然脫離人類的干擾，只要大自然的任何部分仍然保持那個狀態——而得到強調。只有在人類保護荒野免受人類干擾時，荒野才可以幸存。但與由人耕種和修改的大自然不同，荒野的價值全然不受任何在其中的人類部分所支配。對最後一片大荒野——南極洲（Antarctica）和海洋的深處，更不要提到月亮——的保護，是人類以前在歷史中很少遇到的挑戰。直到近年，荒野只是存在於人類聚居地以外，大部分人都害怕它，只有少數了不起的人——隱士和修士——喜愛它，並選擇與荒野共存。現在的問題是：人類現在有能力介入地球上任何地方（甚至地球以外），我們能否學懂照顧荒野而不干擾，只是遠離和不插手？而且這樣做不是為了仍有荒野，讓自己可以作位不損壞生態環境的遊客去探訪，而是因為上帝的其他受造物對上帝和它們本身而言，都有其價值、又是獨立於我們的。為了這個目的，管家這個形象，可能仍然背負著以科技宰制大自然這個現代規劃的包袱。我們可以將管家這觀念，完全從「大自然由我們管理時總是更好」、「大自然需要我們善意的介入」、「我們有責任將整個世界變成得到好好照顧的花園（well-tended garden），讓那些得到好好照顧的寵物（well-cared-for pets）棲息其中」這些含義中釋放出來嗎？那問題部分在於管家的觀念——正如我們已經提出的，以及與大部分就創世記的主宰性所作的詮釋一樣——是一個完全以垂直方式，來描述人類與其餘創造的關係的形象。管家的觀念將人類放在其餘的創造之上，並使人類與那創造大大地區分出來，且得到由上帝賜予管理它的權利。就基督教歷史的資源來說，它至少需要中世紀基督徒的醒覺（人類和上帝其他受造物之間的相互性、互相倚靠、友善和手足之情）來補充，而這份醒覺在很多聖徒與動物的故事中被生動地表達出來，並在亞西西的法蘭西斯身上最完滿地實現出來。

聖經處境中的主宰性

我們的歷史性研究，將我們引到基本上與懷布羅的結論相一致的地步：「關於掌管的現代觀念，從開始便以聖經的語言表達出來。而……從這事實所應該得出的正確結論，不是聖經教導現代的掌管觀念，而是聖經的語言被採用，藉以將人類主宰性的觀念合法化，但主宰性觀念的來源和精神，卻與聖經無關。」[191] 在很大程度上，那問題是創世記一章 28 節和其他幾段經文被詮釋時，它們沒有以更大的聖經背景作為輔助，而是以那些來自其他思想來源和傳統的觀念作為輔助。因此，在結論中，我們將人類主宰性的觀念置於聖經背景之中，以顯示其他聖經經文是怎樣詮釋它，以及指出它只是至少另外兩個主要主題——聖經以這些主題來理解人類與大自然的關係——中的其中一個而已。這些其他主題，需要與關於主宰性的主題一起被恢復其應有的地位，而當我們也探討聖經本身對主宰性的詮釋和其加給主宰性的限制時，這是將會比較容易做到。

（1）人類在創造中的主宰性（創一 26～28；詩八 6～8，一一五 16）

在基本的意思上只存有很小分歧：因為他們是按神聖的形象受造的，人類在創造中作為上帝統治創造的代表。人若反對這點——把「人類在創造中有特殊的地位和角色」視為不可接受地以人為中心——好像某些環保分子那樣，這是不切實際的。事實上，人類確實有獨特的能力，影響這個地球上大部分其餘的創造。我們不得不運用這種能力，即使我們藉著限制自己運用這能力來這種樣做。我們不能不影響其他受造物，即使是藉著使他們脫離那些我們可以加給它們的傷害而這樣做。創世記的命令所做的，就是承認這種能力，並將這能力置於上帝的創造性意圖的框架內，以致人類能負責任地運用這種能力。

其餘的創造是為了供人使用，以及為了人的好處而受造，這並不是主宰性的重點或前設。創世記的創造敘事不是以人為中心，而是以上帝為中心的。上帝創造工作的目標，不是在第六天創造人類，而是上帝在安息日休息，是上帝在第七天享受其所完成工作（創二 1～3）。創造是為了上帝的榮耀而存在。而且，統治的形象並不表示臣民的存在是為了讓統治者使用，以及為了統治者的利益。聖經一貫地批評剝削性的專制統治。如果主宰性是一神聖的信任（sacred trust）——在其中，上帝把祂自己對創造的統治的某些方面委派給人——那麼，聖經對上帝的統治的描述，當然應該成為人類統治的模式。上帝的統治無疑是為了上帝所有受造物的好處。「耶和華善待萬民；他的慈悲覆庇他一切所造的」（詩一四五 9）；上帝同樣拯救「人民、牲畜」（詩三十六 6）。上帝的統治是上帝對所有受造物那具憐憫和救贖性的照顧。

不過，由於上帝統治的模式，在解讀創世記一章 28 節的歷史中，已證明是十分危險的——這模式引誘人完全以垂直的方式來看自己與其餘創造的關係，並根據上帝那富創意和至高的超越性的模式，人視自己為超越世界；所以，明智的做法是考慮舊約所容許的惟一一種人類對其他人的統治。[192] 申命記如此詮釋其所容許以色列有的君王：那被設計來要顛覆所有關於統治的普通觀念的（十七 14～20）。如果以色列必須要有君王，那君王必須是一位兄弟。他是在兄弟姊妹之上的兄弟，但他仍然是兄弟，而且他被禁止好像統治者那樣，將自己高舉在臣民之上，並在他們之上確立自己的權力。一旦他忘記了那作為兄弟／姊妹的水平關係才是基本的，君王身分只是次要的，那麼，其統治便會變成暴政。在創世記的主宰性中，水平關係是與受造物同伴的關係。值得注意的是，在六天創造的精心摘要中，人類是和其他地上的動物在同一天受造的（創一 24～31）。雖然在創造的其他方面人類是獨特的，但在這方面，人類牢牢地歸入受造動物的這個體系之內。因此，主宰性最好是被理解為在創造之內、而不是創造之上的權威。要治愈這種自大（在現代時期這自大經常將人類的主宰性扭曲為暴政和破壞），便需要恢復聖經對創造的理解，以及對受造物的限制及約束的意識——這和一種承認同來：承認所有人類（包括人類相對於其他受造物而有的特別角色和責任）都是受造物。追求神聖（夢想脫離受造的限制，並幻想好像上帝一樣有無限自由，仍然普遍存在於關於與上帝共同創造〔cocreation〕的神學言說和生物科技的烏托邦主義中），已證明對人類和其餘的創造而言都是災難性的。按著上帝的形象受造，這既令人類與上帝有某種相似，同時也清楚地表明這相似是在受造形式中的。它並不令人類變得神聖，正如一幅人像畫和人相似，但這並不會令那幅畫變成人一樣。

在創世記的上下文中閱讀創世記一章 28 節，[193] 這本身便提供了對人類主宰性的詮釋；它以亞當服事和保存園子的這個角色（創二 15；希伯來文的動詞所通常翻譯為「耕種」〔till〕和「看守」〔keep〕的地方，也可以翻譯為「服事」〔serve〕和

「保存」〔preserve〕[194]），以及以挪亞保存所有物種（創六～八章）的行動來說明主宰性。對於將治理（創一 28）和服事（創二 15）等同起來的這個悖論，[195] 即使舊約對君王身分的理解（王上十二 7）也是支持的；而新約那將神聖的主權描述為服事、將上帝國度的權威描述為服事的做法，則更表示支持這種等同。同樣的悖論也影響著八福（beatitude）：「溫柔的人……必承受地土」（太五 5）。不是那些渴望掌管和操控的人，而是那些接受自己在創造中的人類地位、尊重其他受造物，並承認自己和它們都是受造物同伴、有一位創造主的人，才能夠合法地行使主宰性。

創世記中的主宰性被正典背景中的其他材料所詮釋的方式的另一面，乃是妥拉（Torah）的法規對行使主宰性所清楚定下的限制（出二十 10，二十三 11；利二十五 7；申五 14，二十五 4）。安息日的律法，限制人為人類的好處而利用大自然，這些律法當然承認人類好像所有動物一樣，必須利用環境以致能夠存活，但它卻否認人所擁有那利用環境的特權應該要被過度行使。換句話說，主宰性的行使不單在於使用，也在於其限制。定期容許荒野脫離人類的干擾，甚至在以色列的農業領域中也是這樣行（出二十三 11；利二十五 7），這象徵著對荒野的尊重，並提醒古以色列人和後來的聖經讀者，主宰性包括讓自然成為自然本身。而那對創世記中的主宰性更有勸阻性，甚至到了誇張和過度詮釋的程度的，是約伯記三十八至三十九章中上帝向約伯所說的話，那番話生動和深刻地要約伯留意那些明確地不受他主宰的受造物。重點是：它們為了它們自己和上帝的緣故而存在的價值和目的，都與約伯沒有關係。在上帝地上的創造中，約伯不是上帝所有目的的惟一參照點。這給約伯的教訓是，他是其他受造物中的一個受造物。[196] 這個教訓也由其他聖經主題所教導（參以下第二、三節），但我在這裏提到約伯，因為那裏準確地表示人的主宰性的缺乏（尤其是伯三十九 9～12）。

即使有聖經其他部分的所有這些貢獻，我們仍然未完全將主宰性放在它恰當的位置上。正如我們已經看到的，主宰性在人與地上其餘創造之間所設置的垂直關係，必須在與人類和其他受造物之間那水平關係最緊密地連在一起的情況下，才能合符聖經地被理解。但在另外兩個主要聖經主題（在界定人類在創造中的位置方面，它們與主宰性的主題是同樣重要的）中，水平關係也獨自存在，它完全無需以等級關係作為參照。

（2）人類在創造的羣體中

聖經完全承認這範圍：大自然是活生生的整體，人類和其他受造物都屬於它，人類與上帝的其他受造物共同分享大地，而且無論好壞，人類都參與整體之間的相互關連。在創世記九章 8 至 17 節，在洪水後，上帝所立的約不單是與挪亞和他的後代立的，也是與所有活物立的；為了所有活物的緣故，上帝應許不再有普世的洪水。詩篇一百零四篇只視人類（23 節）為在接受上帝供應的眾多受造物中的其中一種。這篇詩描述世界為一個由多種生物共同分享的家，每一種生物都有由上帝所給予的地位。在那些指出上帝供應給所有生物的段落中（詩一四七 9、14～16；伯三十八 19～41；太六 26），它們都暗示：地上的資源足夠所有生物使用，只要它們都活在創造的限制以內。當耶穌將人與鳥兒和野花比較時（太六 25～34），那作用是要勸阻人們不要有過分的慾望和無限制的消耗；這些慾望和消耗，現在正破壞著作為所有受造物居所的大地。

（3）所有受造物讚美上帝

聖經將我們置於受造物之中而不是之上，而其方法中最重要的是「創造敬拜上帝」這個主題，[197] 這主題在詩篇（例如詩十九1～3，九十七6，九十八7～9，並特別是詩一四八）[198] 中，以及以具基督論（christological）和終末論（eschatological）特色的方式，在新約（腓二10；啟五13）中被描述。所有受造物，包括有生命和沒有生命的，都敬拜上帝。這不是僅僅一個詩意的幻想，或某種原始的泛靈論（如現代的聖經詮釋者所欣然地假設那樣）。創造藉著成為自己——正如上帝造它那樣——而敬拜上帝，並為了上帝的榮耀而存在。只有人類會停止敬拜上帝；其他受造物想也不用想）則會時刻敬拜上帝。聖經沒有顯示：其他受造物需要我們為其說出它們的讚美。我們蒙召成為自然的祭司，可以說是在自然和上帝之間作中介，這個觀念往往在近期基督教著作中被找到，[199] 但這觀念正好在聖經所不容許的地方，闖入我們那根深蒂固的優越感。如果創造需要祭司，那便是上帝寶座周圍的四活物（啟四6～8），在四活物中只有一個有人的臉孔，在天上代表我們敬拜；其他活物則代表動物，毋須人類幫助。如果我們應該有甚麼想法，那麼我們便應該想到其餘的創造幫助我們敬拜（在詩篇一百四十八篇，人類在所有其他受造物——由天使開始——敬拜後獻上讚美）。但重點是，這些對創造的敬拜的描述所隱含的是所有受造物內在的價值——在以上帝為中心的意義上，它們的價值是由創造主給予，並在讚美上獻回給上帝的。在這個背景下，我們的位置是在其他受造物旁邊，與它們一起敬拜。在讚美中（我們在其中樂意地承認自己是上帝的受造物），等級觀念是沒有地位的。在創造主的他者性面前，受造性令我們都變為平等的。正如我們在歷史的考察中所留意到的，前現代時期的基督徒，很可能更察覺到這點，因為他們更經常有意識地將自己對上帝的讚美，置於所有受造物的敬拜處境中。

註釋：

1. L. White, "The Historical Roots of our Ecological Crisis," *Science* 155 (1967): 1203～1207; reprinted in I. G. Barbour, ed., *Western Man and Environmental Ethics* (Reading, Mass.: Addison-Wesley, 1973), 18～30; 最近期則在 R. J. Berry, ed., *The Care of Creation* (Leicester: InterVarsity Press, 2000), 31～42。
2. 雖然懷特後來很少參與那辯論，但根據 H. Baranzke and H. Lamberty-Zielinski, "Lynn White und das dominium terrae (Gen. 1, 28b): Ein Beitrag zu einer doppelten Wirkungsgeschichte," *Biblishce Notizen* 76 (1995):56，他是「生態—神學（eco-theological）討論中被引述得最多的作者」。關於懷特的文章令很多環保人士團結起來認為猶太—基督教宗教傳統是敵人的影響，參奧爾施拉格（M. Oelschlaeger）的有趣自傳式評論，*Caring for Creation: An Ecumenical Approach to the Environmental Crisis* (New Haven / London: Yale University Press, 1994), 22～27。關於懷特自己較後期的貢獻，參 R. F. Nash, *The Rights of Nature: A History of Environmental Ethics* (Madison, Wis.: University of Wisconsin Press, 1989), 95。
3. 例如：B. McKibben, *The Comforting Whirlwind* (Grand Rapids: Eerdmans, 1994), 34～35。D. Worster, *Nature's Economy: A History of Ecological Ideas*, 2d ed. (Cambridge: Cambridge University Press, 1994), 27～31 仍然跟隨懷特，雖然在 *The Wealth of Nature: Environmental History and Ecological Imagination* (New York / Oxford: Oxford University Press, 1993), 207～219 中，他論證說懷特的論題是錯誤的，因為生態危機的真正根源不在於基督教傳統，而在於現代性。
4. 尤參 J. Cohen, *"Be Fertile and Increase, Fill the Earth and Master It": The Ancient and Medieval Career of a Biblical Text* (Ithaca / London: Cornell University Press, 1989)；C. Wybrow, *The Bible, Baconianism, and Mastery over Nature: The Old Testament and Its Modern Misreading* (New York: Peter Lang, 1991)。部分回應懷特的是 K. Thomas, *Man and the Natural*

World: Changing Attitudes in England 1500～1800* (London: Penguin 2d ed. 1984), 22～25。

5. White, "The Historical Roots," 25.
6. 大自然這個詞是有問題的，原因有好幾個。不單是因為一般地使用時，它似乎假設人類不是大自然的一部分；參 R. Bauckham, "First Steps to a Theology of Nature," *Evangelical Quarterly* 58 (1986): 229～231。但這個詞幾乎是不可能不用的，在這一章我們也會在這個語境下按它的慣常意思來使用，指非人類的創造（而且往往限於這個地球）。
7. 也參湯恩比（A. Toynbee）那更尖銳的話，"The Religious Background of the Present Ecological Crisis," in Barbour, ed., *Western Man*, 137～149；也在 D. and E. Spring, eds., *Ecology and Religion in History* (New York: Harper, 1974), 137～149。
8. Wybrow, *The Bible*, Introduction and passim.
9. 懷布羅（C. Wybrow）中的例子：introduction to *The Bible* 和 Baranzke and Lamberty-Zielinski, "Lynn White," 50～52。
10. 例如：參 R. Dubos, "Franciscan Conservation versus Benedictine Stewardship," in Barbour, ed., *Western Man*, 114～136；L. W. Moncrief, "The Cultural Basis of our Environmental Crisis," in Barbour, ed., *Western Man*, 31～42；J. Barr, "Man and Nature: The Ecological Controversy and the Old Testament," *Bulletin of the John Rylands Library* 55 (1972): 9～32（這三篇文章也可以在 Spring, ed., *Ecology*, 114～136, 76～90, 48～75 中找到）；W. Leiss, *The Domination of Nature* (New York: George Braziller, 1972)；J. Macquarrie, "Creation and Environment," in Spring, ed., *Ecology*, 32～47；J. Passmore, *Man's Responsibility for Nature: Ecological Problems and Western Traditions* (London: Duckworth, 1974)；U. Krolzik, *Umweltkrise—Folge des Christentums?* (Stuttgart / Berlin: Kreuz Verlag, 1979)；R. Attfield, "Christian Attitudes to Nature," *Journal of the History of Ideas* 44 (1983): 369～386；R. H. Hiers, "Ecology, Biblical Theology, and Methodology: Biblical Perspectives on the Environment," *Zygon* 19 (1984): 43～59；B. W. Anderson, "Creation and Ecology," in B. W. Anderson, ed., *Creation in the Old Testament* (London: SPCK / Phliadelphia: Fortress, 1984), 1～24；J. Cohen, "The Bible, Man, and Nature in the History of Western Thought: A Call for Reassessment,"

Journal of Religion 65 (1985): 155～172；C. Wybrow, "The Old Testament and the Conquest of Nature: A Fresh Examination," *Epworth Review* 17 (1990): 77～88；Wybrow, *The Bible*; Cohen, *"Be Fertile,"* ；T. Cooper, *Green Christianity* (London: Hodder & Stoughton, 1990), 33～38；R. Attfield, *The Ethics of Environmental Concern*, 2d ed. (Athens, Ga. / London: University of Georgia Press, 1991), chaps. 2～3；R. Murray, *The Cosmic Covenant* (London: Sheed & Ward, 1992), 161～166；S. R. L. Clark, *How to Think about the Earth* (London: Mowbray, 1993), 8～19；E. Whitney, "Lynn White, Ecotheology and History," *Environmental Ethics* 15 (1993): 151～169；Baranzke and Lamberty-Zielinski, "Lynn White" ；T. Hiebert, *The Yahwist's Landscape: Nature and Religion in Early Israel* (New York / Oxford: Oxford University Press, 1996)。

11. 先驅的研究包括 C. J. Glacken, *Traces on the Rhodian Shore: Nature and Culture in Western Thought from Ancient Times to the End of the Eighteenth Century* (Berkeley / Los Angeles: University of California Press, 1967)，這是一個十分學術性的和寶貴的資源；H. P. Santmire, *The Travail of Nature: The Ambiguous Ecological Promise of Christian Theology* (Philadelphia: Fortress Press, 1985)（研究主流神學傳統，運用頗為有問題的詮釋輪廓）。
12. Cohen, *"Be Fertile,"* 5. 可惜，對我們的目的來說，這本書雖然在開始時是受懷特的論題刺激，但在給予創世記一章 28 節「要生養眾多」這個命令，比給予人類主宰這個觀念的注意力遠為大得多。
13. 他只簡短地提到更正教的改革者："Be Fertile," 306～309。
14. 這是利特克（G. Liedke）承認的，*Im Bauch des Fisches: Ökologische Theologie* (Stuttgart / Berlin: Kreuz Verlag, 1979), 66～68 和（雖然較少提到解經）Passmore, *Man's Responsibility*, 18～23。
15. Wybrow, *The Bible*，特別是第三部分。
16. 對生態危機的來源，最好的簡潔論述是 M. S. Northcott, *The Environment and Christian Ethics* (Cambridge: Cambridge University Press, 1996), chap. 2；也參 Attfield, The Ethics, chap. 1。
17. A. Terian, *Philonis Alexandrini De Animalibus: The Armenian Text with an Introduction, Translation and Commentary* (Chico, Calif.: Scholars Press, 1981), 36～45. 但 P. Borgen, "Man's Sovereignty over Animals and Nature

according to Philo of Alexandria," in T. Fornberg and D. Hellholm, eds., Texts and Contexts, FS L. Hartman (Oslo / Copenhagen / Stockholm / Boston: Scandinavian University Press), 369～389，強調斐羅與猶太文學的親近。

18. 參 Terian, *Philonis Alexandrini De Animalibus* 的翻譯和導論。
19. 比較 Glacken, Traces, 47～48。
20. Terian, *Philonis Alexandrini De Animalibus*, 51; Glacken, *Traces*, 57. 也參 Xenophon, *Mem*. 4.3.2～14，在那裏，這個觀念歸於蘇格拉底；這個段落影響了斯多亞派。它也被第一世紀開始的猶太作家採納：Borgen, "Man's Sovereignty," 379。
21. 十六世紀一位否定這個觀念的基督徒作家是英國更正教徒殉道者布萊德福（John Bradford）：參 Thomas, *Man*, 166。
22. 比較葛拉肯（Glacken）對約諾芬（Xenophon）的評論：Glacken, *Traces*, 44。
23. 斯多亞思想家也可以提到創造對人類的美學價值；參 Glacken, *Traces*, 52, 57。
24. Terian, *Phlionis Alexandrini De Animalibus*, 51; 比較 Glacken, Traces, 57, 61。
25. Thomas, *Man*, 19～20.
26. Thomas, *Man*, 166; 比較 Passmore, Man's Responsibility, 20～22。
27. 引自 Cohen, "Be Fertile," 227（有關教父著作的進一步參考，並參該頁 n. 18）。
28. Terian, *Philonis Alexandrini De Animalibus*, 51.
29. 有關教父中類似的等級思想，參 D. S. Wallace-Hadrill, *The Greek Patristic View of Nature* (Manchester: Manchester University Press / New York: Barnes & Noble, 1968), 114～115。
30. 這不是一般的聖經觀點。約伯記三十五章 11 節視人比動物和鳥類更聰明，但不是惟一理性的受造物。不過，猶大書 10 節和彼得後書二章 12 節確實為了它們特定的論辯目的，暗示動物是非理性這個斯多亞派觀點（後者也暗示非理性的動物是為了供理性動物、也就是人類使用而受造這個斯多亞派觀點）。
31. 比較 Terian, *Philonis Alexandrini De Animalibus*, 49～50。
32. Passmore, *Man's Responsibility*, 15.
33. 有關奧古斯丁的觀點，參 G. Clark, "The Fathers and the Animals: The

Rule of Reason?" in A. Linzey and D. Yamamoto, eds., *Animals on the Agenda* (London: SCM Press, 1998), 67～79。

34. Cohen, *"Be Fertile,"* 226～259；D. Cairns, *The Image of God in Man* (London: Collins, 2d ed. 1973), 116～119. 關早期現代時期，參 Thomas, *Man*, 30～33。
35. 笛卡兒的觀點由培瑞拉（Gomez Pereira）在一五五四年預期：Thomas, *Man*, 33。
36. Terian, *Philonis Alexandrini De Animalibus*, 52.
37. Terian, *Philonis Alexandrini De Animalibus*, 45.
38. Thomas, *Man*, 151.
39. 引自 Thomas, *Man*, 21。
40. Cohen, "Be Fertile," 268.
41. Cohen, "Be Fertile," 309～310.
42. Liedke, *Im Bauch*, 65.
43. Passmore, *Man's Responsibility*, 17.
44. 有關這個主題，參 Glacken, *Traces*, chap. 3。
45. Glacken, Traces, 54, 108; Lactantius, *Div. Inst*. 7.4.
46. Liedke, *Im Bauch*, 65～67 跟從 Krolzik, *Umweltkrise*, 77ff，（我看不到這著作）視聖維克托的休格的《使徒教訓》（*Didascalion*）是人類主宰的詮釋歷史中的一個轉捩點。有史以來第一次，他宣稱創世記一章 28 節被理解為命令人類藉著科技創新恢復對大地的主宰。但我在《使徒教訓》的文本中找不到這個觀點的證據。
47. 關於教父和中世紀作家中的這個主題，參 Wallace-Hadrill, *The Greek Patristic View*, 120～121, 128～130；Glacken, *Traces*, chap. 5。有一些古典的先驅，例如：Xenophon, *Mem*. 4.3.14。
48. 比較 H. P. Santmire, *The Travail of Nature: The Ambiguous Ecological Promise of Christian Theology* (Philadelphia: Fortress, 1985), 83, 90～91。
49. 關於它在愛爾蘭教會的使用，參 T. O. Clancy and G. Márkus, *Iona: The Earliest Poetry of a Celtic Monastery* (Edinburgh: Edinburgh University Press, 1995), 89～90；M. Low, *Celtic Christianity and Nature* (Belfast: Blackstaff Press / Edinburgh: Edinburgh University Press, 1996), 173～174。雖然使用讚美歌在現代禮儀中並沒有完全消失，它往往被視為重複得令人生厭，有時以簡短的形式使用。

50. L. White, "Continuing the Conversation," in I.G. Barbour, ed., *Western Man and Environmental Ethics* (Reading, Mass.: Addison-Wesley, 1973), 61～62.
51. Thomas, *Man*, 152～155.
52. 引自 Thomas, *Man*, 152～153。
53. *Sermons on Deuteronomy*, 引自 Thomas, *Man*, 154。
54. 引自 Thomas, *Man*, 155；Glacken, *Traces*, 480～482。
55. H. Waddell, *Beasts and Saints* (London: Constable, 1934) 收集了一些最好的拉丁故事譯本，而 D. N. Bell, *Wholly Animals: A Book of Beastly Tales*, Cistercian Studies 128 (Kalamazoo, Mich.: Cistercian Publications, 1992) 與沃德爾的收集有重複之處，但也包括很多來自其他來源的故事。很多關於沙漠教父的故事，都可以在羅素（N. Russell）和華德（B. Ward）的譯本 *The Lives of the Desert Fathers* (London and Oxford: Mowbray / Kalamazoo, Mich.: Cistercian Publications, 1981) 中找到。凱爾特聖徒的一些故事，在 R. Van de Weyer, *Celtic Fire: An Anthology of Celtic Christian Literature* (London: Darton, Longman & Todd, 1990) 中重述。對這些故事的研究，包括 S. P. Bratton, "The Original Desert Solitaire: Early Christian Monasticism and Wilderness," *Environmental Ethics* 10 (1988): 31～53；R. D. Sorrell, *St. Francis of Assisi and Nature* (New York and Oxford: Oxford University Press, 1988), 19～27；A. G. Elliott, *Roads to Paradise: Reading the Lives of the Early Saints* (Hanover and London: University Press of New England, 1987), 144～167, 193～204；S. P. Bratton, "Oaks, Wolves and Love: Celtic Monks and Northern Forests," *Journal of Forest History* 33 (1989): 4～20；特別是 W. J. Short, *Saints in the World of Nature: The Animal Story as Spiritual Parable in Medieval Hagiography (900～1200)* (Rome: Gregorian University, 1983)（我很感激肖特博士〔Dr. Short〕提供這本書的影印本給我，這本書在英國是找不到的）。令人驚訝的是，這些故事在 Low, *Celtic Christianity and Nature* 中沒有討論，雖然比較頁 111, 136～137。我十分感激布魯斯（James Bruce）評論我對這些故事的處理。
56. 參關於加雷斯耶的大衛（David of Garesja）的故事，見 D. M. Lang, *Lives and Legends of the Georgian Saints* (London: Allen & Unwin / New York: Macmillan, 1956), chap. 5。
57. Waddell, *Beasts*.

58. 比較 Bratton, "The Original Desert Solitaire," 40～41。
59. 這裏沒有嘗試列出任何故事表達對大自然的態度的年代發展。當然，它們主要證明編寫或校訂故事時的態度，這些時代往往比故事描述的聖徒遲很多。我指出聖徒生活的時期時，並沒有打算提出關於他們的故事的寫作時期。
60. 比較 L. Leloir, "Anges et démons chez les Pères du Desert," in J. Ries and H. Limet, eds., *Anges et Démons: Actes du Colloque de Liège et de Louvain-La-Neuve 25～26 novembre 1987* (Louvain-La-Neuve: Centre d' Histoire des Religions, 1989), 330～331；Bratton, "The Original Desert Solitaire," 41～42；Sorrell, *St. Francis*, 21；Short, *Saints*, chaps. 6～7。
61. 參 Wallace-Hadrill, *The Greek Patristic View*, 87～91（關於巴西流〔Basil of Caesarea〕）；Short, *Saints*, 25～27。
62. Waddell, *Beasts*, 134～136（採用翻譯）。
63. 值得留意的是，似乎沒有人認為需要完全素食，雖然他們保護動物免受獵人傷害。
64. Glacken, *Traces*, 310～311; G. H. Williams, *Wilderness and Paradise in Christian Thought* (New York: Harper, 1962), 42～46; Sorrell, *St. Francis*, 20; Elliott, *Roads*, 167; Short, *Saints*, passim.
65. 例如：Short, *Saints*, 11, 13, 33, 35, 51。
66. Short, *Saints*, chap. 2.
67. Waddell, *Beasts*, 19; Bell, *Wholly*, 73; *Historia Monachorum* 12.5, 在 Russell and Ward, *The Lives*, 90 中翻譯。
68. Short, *Saints*, 53～54.
69. Short, *Saints*, 46.
70. Waddell, *Beasts*, 145～147; 比較康納（Kenneth〔Canice〕）和雄鹿，他用牠的角作為讀經台：Bell, *Wholly*, 37。
71. Bede, *De Vita et Miraculis S. Cudberti* 10, translated in J. F. Webb, *Lives of the Saints* (Harmondsworth: Penguin, 1965), 84～85; Waddell, *Beasts*, 59～61; Bell, *Wholly*, 49～51.
72. Bede, *De Vita et Miraculis S. Cudberti* 21, translated in Webb, *Lives*, 98～99.
73. 例如：*Historia Monachorum* 4.3 中的 Abba Bes, translated in Russell and Ward, *The Lives*, 66；黑勒阿爸和鱷魚：*Historia Monachorum* 12.6～9, translated in Russell and Ward, *The Lives*, 90～91；比較 Waddell, *Beasts*,

20～21；Bell, *Wholly*, 74。在凱爾特聖徒的一些故事中，也可以找到苛待動物的例子。

74. 例如：Theon: *Historia Monachorum* 6.4, translated in Russell and Ward, *The Lives*, 68；Bell, Wholly, 120；瑪喀裏（Macarius）和鬣狗（hyena）：*Historia Monachorum* 21.15～16, translated in Russell and Ward, *The Lives*, 110；比較 Waddell, *Beasts*, 13～15；Bell, *Wholly*, 93。

75. 關於康瓦耳（Cornish）的聖徒皮蘭（Piran），參 Van de Weyer, *Celtic Fire*, 60～61；關於愛爾蘭聖徒塞革的濟蘭（Ciaran of Saighir），參 Waddell, *Beasts*, 104～106；Bell, *Wholly*, 40～42。

76. Waddell, *Beasts*, 137. 另一個極端例子，是加雷斯耶的大衛對一條攻擊和他友好的鹿的魔龍（monstrous dragon）的關心：Lang, *Lives*, 85～86。也留意聖徒祝福動物這個主題：Bratton, "The Original Desert Solitaire," 37；Van de Weyer, *Celtic Fire*, 60。

77. Bell, *Wholly*, 69～70, 156～157. 可惜畢希納（F. Buechner）的小說 *Godric* (London: Chatto & Windus, 1981) 並沒有描述戈迪的這一方面。

78. *Historia Monachorum* 6.4, translated in Russell and Ward, *The Lives*, 68; Bratton, "The Original Desert Solitaire," 36, 38～39.

79. 但關於其他例子，參 Bell, *Wholly*, 94～95, 96, 100。

80. Short, *Saints*, 16.

81. 例如：Short, *Saints*, 18～19；比較 Bratton, "The Original Desert Solitaire," 39。

82. Short, *Saints*, chap. 3.

83. Short, *Saints*, 79～87, 95～100; Lang, *Lives*, 88～89.

84. Lang, *Lives*, 89.

85. Waddell, *Beasts*, 71～72; Bell, *Wholly*, 25～26. 也留意來自《聖伯蘭登航海記》（*Voyage of St. Brendan*）的讚美歌的引文，由 Sorrell, *St. Francis*, 24～25 討論。

86. White, "The Historical Roots," 30.

87. 現在權威的研究是 Sorrell, *St. Francis*；但也參 F. A. Armstrong, *Saint Francis: Nature Mystic* (Berkeley / Los Angeles / London: University of California Press, 1973)；E. Leclerc, *Le Chant des Sources* (Paris: Editions Franciscaines, 3d ed., 1975)。

88. White, "The Historical Roots," 28, 29. L. Boff, *Saint Francis: A Model for*

Human Liberation (London: SCM Press, 1982), 34. 他提到「宇宙民主」（"the cosmic democracy"），頗接近這個錯誤，雖然他對法蘭西斯與所有生物的手足之情的洞見是十分有價值的。

89. White, "The Historical Roots," 29.
90. 甚至索雷爾（Sorrell），他小心地確立法蘭西斯與傳統的延續，然後才嘗試具體指出他的生命和信息的創新元素（參那總結：*St. Francis*, 138～139），或許也沒有充分地顯示那些相對來說創新的元素，是怎樣從傳統中發展出來的。Bratton, "Oaks," 17～20 有幫助地將法蘭西斯與沙漠教父和凱爾特聖徒作對比。
91. 根據波拿文土拉，*Legenda Maior* 8.1，法蘭西斯回到「原始純真的狀態，是藉著恢復人與整個創造的和諧」（M. A. Habig, *St. Francis of Assisi: Writings and Early Biographies: English Omnibus of the Sources for the Life of St. Francis*〔Chicago: Franciscan Herald Press, 1983〕, 688 的翻譯）。法蘭西斯的著作的翻譯和初期的傳記取自 R. J. Armstrong, J. A. W. Hellmann, and W. J. Short, eds., *Francis of Assisi: Early Documents*, vol. 1: *The Saint* (New York: New City Press, 1999)——如果文本包括在這一冊內，在其他時候則取自 Habig, *St. Francis*。
92. 例子見 Sorrell, *St. Francis*, 43。
93. Habig, *St. Francis*, 1880.
94. *Fioretti* 1.21 (Habig, *St. Francis*, 1348～1351).
95. Celano, *Vita Secunda* 168 (Habig, *St. Francis*, 497～498).
96. Celano, *Vita Secunda* 200 (Habig, *St. Francis*, 522).
97. Celano, *Vita Prima* 80 (Habig, *St. Francis*, 296; Armstrong, Hellmann, and Short, *Francis*, 250).
98. 在 Sorrell, *St. Francis*, 44 中列出。
99. *Legenda Perugina* 51 (Habig, *St. Francis*, 1029).
100. *Legenda Perugina* 43 (Habig, *St. Francis*, 1021).
101. Sorrell, *St. Francis*, 66, 127～128.
102. 參 Sorrell, *St. Francis*, 69～75。
103. 關於謙卑（和貧窮）與法蘭西斯和造物之間的兄弟之情的關係，參 Boff, *Saint Francis*, 38～40。
104. *The Praises of the Virtues* (Habig, *St. Francis*, 134; Armstrong, Hellmann, and Short, *Francis*, 165).

105. *The Exhortation to the Praise of God* (Translation in Sorrell, *St. Francis*, 109; Armstrong, Hellmann, and Short, *Francis*, 138) and *The Praise of God before the Office* (Habig, *St. Francis*, 138～139; Armstrong, Hellmann, and Short, *Francis*, 161～162)。這些著作呼應詩篇、讚美歌和啟示錄。而詩篇號召所有造物讚美上帝。最後一本著作由苦修士在日課的每小時前使用。詩篇一百四十八篇和讚美歌的影響，也可以在《太陽頌》（*The Canticle of Brother Sun*）中看到：參 Sorrell, St. Francis, 99, 102～105。

106. Celano, *Vita Prima* 58 (Habig, *St. Francis*, 277～278; Armstrong, Hellmann, and Short, *Francis*, 234); Fioretti 1.16 (Habig, *St. Francis*, 1336～1337).

107. Celano, *Vita Prima* 58 (Habig, *St. Francis*, 278; Armstrong, Hellmann, and Short, *Francis*, 234); 比較頁 80～81 (Habig, *St. Francis*, 296～297; Armstrong, Hellmann, and Short, *Francis*, 250～251)。

108. Celano, *Vita Prima* 58 (Habig, *St. Francis*, 278; Armstrong, Hellmann, and Short, *Francis*, 234).

109. Celano, *Vita Secunda* 171 (Habig, *St. Francis*, 499～500); Bonaventura, *Legenda Maior* 8.9 (Habig, *St. Francis*, 695～696); J. R. H. Moorman, *A New Fioretti* 57 (Habig, *St. Francis*, 1881～1882).

110. 比較 Boff, *Saint Francis*, 37～38。

111. Armstrong, Hellmann, and Short, Armstrong, Hellmann, and Short, eds., *Francis*, 113.

112. Sorrell, *St. Francis*, 116～117, 119.

113. Sorrell, *St. Francis*, 118～122.

114. Sorrell, *St. Francis*, 124.

115. Celano, *Vita Prima* 80 (Habig, *St. Francis*, 296; Armstrong, Hellmann and Short, *Francis*, 250).

116. *Legenda Perugina* 49 (Habig, *St. Francis*, 1027).

117. *Legenda Perugina* 51 (Habig, *St. Francis*, 1029).

118. Wybrow, *The Bible*, 166～171，是少數認真留意這點的其中一個討論。

119. 尤參 C. Trinkaus, *In Our Image and Likeness: Humanity and Divinity in Italian Humanist Thought* (London: Constable, 1970)。

120. *De remediis utriusque fortunae* (1357)，引自 Trinkaus, *In Our Image*, 180。

121. 比較 Trinkaus, *In Our Image*, 192。

122. Trinkaus, *In Our Image*, 188～192, 212～213, 511～512.
123. 參米蘭多拉（Pico della Mirandola）的段落，見第二章引述和討論。
124. *De dignitate et excellentia hominis* (1542/3)，引自 Trinkaus, *In Our Image*, 247。
125. 引自 Trinkaus, *In Our Image*, 250。
126. 引自 Trinkaus, *In Our Image*, 482。
127. 引自 Trinkaus, *In Our Image*, 484。
128. 比較 J. Moltmann, *God in Creation*, trans. M. Kohl (London: SCM Press, 1985), 26～27；*God for a Secular Society*, trans. M. Kohl (London: SCM Press, 1999), 98～99。莫特曼認為，基本的問題是在唯名論（nominalism）和文藝復興中一面倒地強調上帝的絕對能力。人類身為這樣的上帝的形象，因而必定追求對世界的權力和統治。不過，如果正如莫特曼論證說，這個對上帝的觀念（與懷特的論題不同）是現代征服自然這個計劃的來源，為甚麼這個計劃沒有在伊斯蘭社會中出現？文藝復興和源自它的現代文化對基督教神學提出的問題，不單是要正確理解上帝，也包括以受造物這個恰當的方式，看人類與上帝的相似，以致人類的自我理解，是由與上帝對比以及相似來模塑。
129. 引自 Trinkaus, *In Our Image*, 483～484。
130. 引自 Trinkaus, *In Our Image*, 491。
131. *Spacio de la Bestia Trionfante*，引自 B. Farrington, *The Philosophy of Francis Bacon: An Essay on Its Development from 1603 to 1609 with New Translation of Fundamental Texts* (Liverpool: Liverpool University Press, 1964), 27。諷刺的是，布魯諾是福克斯（Matthew Fox）對基督教歷史那異乎尋常的解讀的其中一個英雄：M. Fox, *Original Blessing* (Santa Fe. N. M.: Bear, 1983), 10, 312。
132. 關於培根的相關研究包括 Farrington, *The Philosophy of Francis Bacon*；P. Rossi, *Francis Bacon: From Magic to Science*, trans. S. Rabinovitch (London: Routledge & Kegan Paul, 1968)；Leiss, *The Domination*, chap. 3；J. S. Preus, "Religion and Bacon's New Learning: From Legitimation to Object," in F. F. Church and T. George, eds., *Continuity and Discontinuity in Church History: Essays Presented to George Huntston Williams* (Leiden: Brill, 1979)；J. Weinberger, *Science, Faith, and Politics: Francis Bacon and the Utopian Roots of the Modern Age*

(Ithaca / London: Cornell University Press, 1985)；R. K. Faulkner, *Francis Bacon and the Project of Progress* (Lanham: Rowman & Littleford, 1993)。關於從女性和綠色神學角度（green theological perspective）的批評，參 C. J. M. Halkes, *New Creation: Christian Feminism, and the Renewal of the Earth*, trans. C. Romanik (London: SPCK, 1991), 27～32, 56～58。

133. 關於就創世記這段和其他經文反對培根（和培根式）的詮釋，參 Wybrow, *The Bible*, chapter 5。
134. 比較 Rossi, *Francis Bacon*, 102～103。
135. *Novum Organon*, 12.52, in F. Bacon, *The Works of Francis Bacon*, ed. J. Spedding, R. L. Ellis, D. D. Heath (London: Longman, 1857～1858), 4.247～4.248.
136. *Works* 4.248.
137. *Works* 3.222～3.223.
138. *New Atlantis*, 引自 Preus, "Religion," 269：「人類帝國界限的擴大，令一切都變得可能。」
139. *Works* 4.32.
140. *The Masculine Birth of Time*, in Farrington, *The Philosophy of Francis Bacon*, 62.
141. *Novum Organon* 1.129, in *Works* 4.115.
142. *Works* 4.21.
143. *Works* 4.115.
144. *The Masculine Birth of Time*, in Farrington, *The Philosophy of Francis Bacon*, 62.
145. *Valerius Terminus*, in *Works* 3.223；比較 *Novum Organon* 1.129, in *Works* 4.114。
146. *De Interpretatione Naturae Prooemium*, in *Works* 3.518, trans. in Rossi, *Francis Bacon*, 193.
147. 比較 *Works* 3.217～3.218; 4.21。
148. 比較 Rossi, *Francis Bacon*, 18。
149. 比較 Rossi, *Francis Bacon*, 130。
150. Farrington, *The Philosophy of Francis Bacon*, 51; Rossi, *Francis Bacon*, 21.
151. *Works*, 4.32.

152. *Valerius Terminus*, in *Works* 3.224.

153. *Thoughts and Conclusions*, in Farrington, *The Philosophy of Francis Bacon*, 93.

154. *Sketches of the Intellectual World*, in *Works* 5.506.

155. 引自 T. Blackwell and J. Seabrook, *The Revolt against Change* (London: Vintage, 1993), 24。

156. *Historiae Naturalis*, in *Works* 5.132～5.133.

157. Leiss, *The Domination*, 53.

158. White, "The Historical Roots," 25; Toynbee, "The Religious Background," 145～148，他將生態危機歸因於「一神論對大自然的不尊重」，並建議回到泛神論作為解決方法。

159. 比較 Passmore, *Man's Responsibility*, 10～11；Wybrow, "The Old Testament," 80～83，他正確地論證說：在舊約，大自然是「非神聖化，而不是非生命化（De-animated）」。

160. 引自 Passmore, *Man's Responsibility*, 11。

161. 這個論據是一個烟幕，掩飾大部分科學工作是由商業推動，有特定的目的，是那些資助和進行研究的人認為值得追求的。例如：用於發現和發展複製動物的努力，不會由參與的科學家付出，如果他們確信這些技巧永遠都不能被正確使用。

162. *Thoughts and Conclusions*, in Farrington, *The Philosophy of Francis Bacon*, 92; 引自 Leiss, *The Domination*, 50。

163. Leiss, *The Domination*, 52.

164. F. Bacon, *The Great Instauration and New Atlantis*, ed. J. Weinberger (Arlington Heights, Ill.: AHM Publishing, 1980), 73. 關於生物科技作為實現培根的計劃，參 D. F. Noble, *The Religion of Technology: The Divinity of Man and the Spirit of Invention* (New York: Penguin, 1999), chapter 11。

165. 很可能 Leiss, *The Domination*, chapter 4 是目前最接近這種歷史的著作，雖然他承認那只不過是「那個觀念一個零碎的傳記」（頁 95）。萊斯的書的主要關注，是對大自然的主宰怎樣發展成以對其他人類的主宰這個必然結果。這是十分重要的一面，可惜在我們這裏不能進行研究。

166. Leiss, *The Domination*, 71 chapter 比較頁 79。

167. *The Philosophical Works of Descartes*, trans. E. Haldane and G. Ross (New York: Dover Books, 1955), 1:119 chapter 引自 Leiss, The *Domination*, 81。

168. Leiss, *The Domination*, 34～35 chapter 比較頁 54。

169. Leiss, *The Domination*, 23.

170. *The Philosophical Works of Descartes*, trans. E. Haldane and G. Ross (New York: Dover Books, 1955), 引自 Leiss, *The Domination*, 81。

171. 比較 Passmore, Man's Responsibility, 28～31。Attfield, "Christian Attitudes" 和 *The Ethics*, chapter 3 論證反對巴斯摩（Passmore），並宣稱提供證據支持教父和中世紀時期有強大的管家傳統。但我覺得他對管家的定義含糊得沒有幫助，他甚至可以明顯地將培根也包括在管家傳統中，這似乎大為削弱了他的論據。加爾文使用管家這個比喻來指人類應該怎樣對待自己所有財物（引自 L. Osborn, *Guardians of Creation*〔Leicester: Apollos, 1993〕, 141～142），並不表示這些事物本身有價值，也不違反他認為上帝創造一切供人使用和為了人的利益這個信念；它只是限制個人使用上帝為了所有人的好處而賜下的東西。

172. 引自 Thomas, *Man*, 155。

173. 比較 Thomas, *Man*, 154～155, 180, 359 n. 23。

174. Glacken, *Traces*, 405.

175. 引自 Glacken, *Traces*, 405。

176. 引自 Glacken, *Traces*, 481。

177. Glacken, *Traces*, 480～482.

178. Glacken, *Traces*, 481.

179. Thomas, *Man*, 173～181.

180. Thomas, *Man*, 162.

181. Thomas, *Man*, 190.

182. Thomas, *Man*, 279.

183. Thomas, *Man*, 293.

184. 例如：參 D. J. Hall, *Imaging God: Dominion as Stewardship* (Grand Rapids: Eerdmans, 1987)；Cooper, *Green Christianity*, chapter 2；L. Wilkinson, ed., *Earthkeeping in the Nineties: Stewardship of Creation* (Grand Rapids: Eerdmans, 1991; revised edition of *Earthkeeping: Christian Stewardship of Natural Resources*, 1980)；Osborn, *Guardians*, chapter 8；C. A. Russell, *The Earth, Humanity, and God* (London: UCL Press, 1994), 146～148。

185. Noble, *The Religion*, 194～200.

186. Berry, *The Care*, 18～22.

187. Osborn, *Guardians*. 這個比喻來自海德格（Martin Heidegger）。

188. Wilkinson, *Earthkeeping*.

189. A. Linzey, *Animal Theology* (London: SCM Press, 1994), chapter 3.

190. 關於對管家這個觀念的批評，比較 Northcott, *The Environment*, 129；Worster, *The Wealth*, 187～188；H. Spanner, "Tyrants, Stewards—or Just Kings?" in Linzey and Yamamoto, *Animals*, 222～223。

191. Wybrow, *The Bible*, 163.

192. 比較 Spanner, "Tyrants," 222～224。

193. 我並不關心要否認有五經（Pentateuchal）的來源存在，但我認為將崇拜耶和華者從人類在創造中的地位這種祭司神學（priestly theology）區分出來，好像 Hiebert, *The Yahwist's Landscape* 那樣，雖然在歷史上可能得到支持，但在詮釋學上，對閱讀創世記作為基督教聖經卻可能是不恰當的。

194. 例如：參 Wilkinson, *Earthkeeping*, 287；Hiebert, *The Yahweist's Landscape*, 157。

195. 在一個畢竟是有洞見的討論中，Hiebert, *The Yahweist's Landscape*, 155～162 以這個對比，作為他建構對人類在創造中的角色兩種不同的五經觀點的關鍵。

196. 比較 McKibben, *The Comforting Whirlwind*, 35～42；D. Strong, "The Promise of Technology Versus God's Promise in Job," *Theology Today* 48 (1991～1992): 170～181。

197. 關於這個主題，參我的文章"Joining Creation's Praise of God,"即將在 *Ecotheology*（2002）一書中出版。

198. 參 T. E. Fretheim, "Nature's Praise of God in the Psalms," *Ex Auditu* 3 (1987): 16～30；S. Hoezee, *Remember Creation* (Grand Rapids: Eerdmans, 1998), 50～52。

199. 關於總結謝拉德（Philip Sherrard）和葛瑞思（Paulos Gregorios）的論點，並加上批評，參 Northcott, *The Environment*, 131～134。

8 現代性的危機中的自由

在二十一世紀開始時特有的、且廣泛地意識到的現代性的危機中，問題的核心是人類自由的價值和意義。自由對於現代性講述其自身的宏大敘事而言，是那麼重要，以致我們不可能想到自由而不涉及「進步的解放」（progressive emancipation）這個宏大敘事。究竟現代性是否真的帶來其視為目標的解放？究竟它證實是解放的運動還是宰制的計劃？究竟它帶來的自由是恩惠還是重擔？究竟它設想的自由，是人類實現的真正目標，還是人類自由的變形（deformation）？這些問題無可避免地構成現代性的危機。在二十一世紀，這些必須成為公共神學（public theology）的問題，已經是不爭的事實。對現代性本身來說，人類自由的問題是一個神學問題，即使當它的答案包含無神論的時候。在現代性的危機中，上帝之死這個問題，仍然潛伏在每個有關人類解放的討論中，雖然沒有明確地被提出來。

近來，福里斯特提醒我們，托尼（R. H. Tawney）宣稱：「為了相信人類平等，我們需要相信上帝。」[1] 考慮到他正確地看到平等和自由之間的緊密連繫，他對自由也可以說同樣的話。在直截了當的意義上，這顯然並不是真的；因為並非所有無神論者都是決定論者（determinists），雖然很多都是。將會在這一章出現的問題倒是：自由是否能夠維持、它能否不變成一種奴役——即貶損人類的生命和破壞人類的羣體、沒有其他價值觀和生命實踐的處境（那是讓人類的生命可以連繫到上帝的）。我們會藉著思考兩個世俗思想家——包括一位小說家和一位政治理論家——和兩位基督徒神學家的論點以提供證據。

歷史終結的自由：韋勒貝克和福山

根據韋勒貝克（Michel Houellebecq）那本得到「十一月獎」（*Prix novembre*）、且多少有點轟動法國文壇的出色小說《基本原子》（*Les Particules élémentaires*；英譯本是《原子化》〔*Atomised*〕），[2] 個人自由的觀念，到了二十世紀結束時，是「一個在很大程度上已經貶了值的觀念……而且每個人都至少心照不宣地同意，這個觀念不能成為任何人類進步的基礎」（頁 383；編按：頁碼為原書頁碼，下同）。[3] 韋勒貝克在這本激烈的諷刺作品中，以斯威夫特（Jonathan Swift）式的厭惡，描述個體的自主是二十世紀晚期西方社會的主要特點。根據他的見解，現代時期已經到了自私自利和特別是性享樂主義（sexual hedonism）的最低點，大部分人都被驅向這個方向，被個人自由的理想所主導，這些理想是由娛樂業和一般商業所投射出來的（頁 63）。由過度的現代的個人主義帶來的羣體崩潰，隨著性革命而進入其最後階段，性革命藉著破壞傳統的夫妻關係和家庭，除去保護個體免受市場傷害的最後一個社會因素（頁 28，135～136）。大部分人都厭惡這「原子化社會」（頁 185；這本書的書名正在這個意思上玩文字遊戲，並繼而提到粒子物理學〔particle physics〕和分子生物學〔molecular biology〕這些構成小說情節的科學性線索的；比較頁358～359），但卻註定要接受它所創造的孤獨生活。

以城市街道的暴力和乞丐、陳腐乏味的商業規管文化，以及新紀元提供的那種無知的淺薄和妄想為背景，韋勒貝克的主角過著沒有愛和意義的生活。四個主角中有三個自殺身亡，最後一個則在精神病院度過餘生，受藥物影響而不可能不快樂。這本小說宣稱，在這種文化中，大部分人都感到恐懼，他們不是害怕死亡本身，而是害怕衰老、失去性的吸引力和能力，以及需要倚靠別人所帶來的屈辱：「每個人對將來都有一種簡單的看法：終有一天，生命所可以帶來的所有快樂，不及所有痛苦的多（我們實際上可以聽到那計時器的滴答聲，而它的滴答聲無可避免地朝向終結）。這樣衡量快樂和痛苦，每個人遲早都合乎邏輯地被迫在一個年紀自殺」（頁297）。在一個大部分人除了追求肉體快樂外便沒有其他目標的社會中，有的就是這種邏輯。一個評論者抱怨「漫長、枯燥、反情色的（anti-erotic）色情段落」：[4] 那些令人厭倦的細節，傳遞著：在一個「剩下的神話乃是性是值得做的事情」的社會中，人單為了性樂趣而沉悶無趣地沉迷在性之中（頁 155）。

這個故事渴求著宏大敘事的地位。故事圍繞兩個同母異父的兄弟而發生：布魯諾（Bruno）是他那一代的典型人物，而米歇爾（Michel）[5] 則成了未來的其中一位締造者（architects）。他們由於父母疏於照顧（特別是他們的母親，一個自我世代〔me-generation〕的先驅）而在情感上殘缺（就此而言當然是範例式的），兩人都沒有能力去愛。布魯諾的生命完全由追求性樂趣所推動，而米歇爾則是出色的分子生物學家，過著幾乎是純粹的智性生活，沒有感情，但可惜的是，他留意到自己沒有能力去愛，也幾乎不可能愛他所觀察的世界。米歇爾和兄弟討論奧爾德斯·赫胥黎（Aldous Huxley）和朱利安·赫胥黎（Julian Huxley）的著作時，闡明了現代時期的小說的理論：「形而上學的突變（mutation）帶來物質主義和現代科學，從而引發兩大趨勢：理性主義和個人主義」（頁 191）。形而上學的突變是大部分人賴以生活的全球價值觀的轉化（頁 4）。基督教的興起是其中一個突變；現代科學則是接著的另一個突變；而米歇爾和布魯諾則活在這樣的一個時代：這種現代突變的含義，無情地朝向它們那合乎邏輯和毀滅性的終結，並只能夠由另一個形而上學的突變阻止。

米歇爾閱讀赫胥黎的《美麗新世界》（*Brave New World*）時，不是當它為諷刺作品，而是當為烏托邦。（當然，對赫胥黎來說，正是失去個人自由，令他在書中所想像的社會，成為一反面烏托邦〔dystopia〕。米歇爾的相反評價是十分重要和具啟發性的。）米歇爾認為，《美麗新世界》是「我們對天堂的觀念：基因控制（genetic manipulation）、性解放、抗衰老戰爭、閒適社會。這正是我們嘗試創造但失敗了的世界」（頁 187）。那麼，為甚麼科學的現代性的形而上學突變，沒有帶來這樣的烏托邦？米歇爾繼續說：

> 赫胥黎的錯誤，在於未能預測理性主義和個人主義之間的權力鬥爭——他大大低估了個人面對自己的死亡時的力量。個人主義帶來自由的觀念、自我感，以及令人需要感到自己比別人優越。就如他在《美麗新世界》中所

> 描述的理性社會，除去了那鬥爭的危險性。經濟的敵對——一個關於動物爭奪土地的比喻[6]——在一個富裕的社會不應該存在，在那裏，經濟是受到嚴格調控的。性的敵對——基因為了時間而競爭——在性和生育的聯繫被打破的社會中是沒有意義的。但赫胥黎忘記了個人主義。他似乎不明白，失掉其與繁殖的聯繫，慾望和貪心仍然存在——不是作為快樂原則，而是作為自私自利的形式……現代科學帶來的形而上學突變倚賴個體化、自戀（narcissism）、惡意（malice）和慾望。任何哲學家，不單是佛教徒或基督徒，而是任何配稱為哲學家的人都知道，慾望本身和快樂不同，乃是苦難、痛苦和憎恨的來源。烏托邦的解決方法——從柏拉圖（Plato）經由傅立葉（Fourier）[7]到赫胥黎——是藉著立即滿足慾望，從而除去慾望及其所引致的苦難。對於我們所活在的「性—購物的社會」（sex-and-shopping society）而言，事實卻剛好相反，慾望被完全不成比例地排列、組織和放大。要社會發揮功能，要競爭繼續下去，人們需要希望得到更多，直到它充滿他們的生命，並最終將他們吞噬。（頁 191 ~ 192）

因此，米歇爾認為，現代時期的理性主義，尋求一個有烏托邦式快樂的社會，但卻被現代時期特有的競爭性個人主義阻止並使之不能實現。消費主義既是這種個人主義的產物，卻同時又確保其慾望永遠都不能夠得到滿足。

為甚麼現代的形而上學突變，會產生出這種自私自利的個人主義？米歇爾的答案似乎只是這樣：它以物質主義和死亡這無可避免的終局，取代了宗教及宗教所帶來的他世盼望。對死亡的科學覺醒，令人不可能回到宗教的世界觀，這種世界觀抑制自私自利，並促進羣體。因此，米歇爾的問題變成：「沒有宗教，社會可以怎樣運作？」（頁 193）他一生的工作——科學和準哲學（quasiphilosophical）——就是要解決這個問題，從而令下一個形而上學突變能夠出現；這形而上學突變，則在他死後的二十一世紀出現。解決方法純粹是生物學式的：透過基因工程生產一種新的後人類（posthuman）物種。新物種是無性的，它並非以性來繁殖，雖然這新物種能夠經驗的性樂趣比人類更大。完美的複製過程，令準確的繁殖變得可能，因此物種的所有成員，包括物種將來的所有成員，都是完全相同的人類雙胞胎，藉著經驗使之個性化，但也藉著其遺傳相似度而「維持神祕的兄弟之情」（頁 375）。愛，現在來得自然：它植根於後人類的脫氧核糖核酸（DNA）。雖然韋勒貝克沒有明確地這樣說，但人類藉著創造一種有全新生物構造的新物種，克服了達爾文式（Darwinian）進化論那種生物競爭。隨著後人類——在結局時顯示為敘事中假定存在的作者——觀察舊物種的滅絕怎樣相對和平地發生時，他們評論說：「留意到人類對自己消逝顯得溫順、屈從，甚至寬慰，實在令人驚訝。」（頁 378）

正如科幻小說那樣，這是溫和的猜測。但韋勒貝克肯定至少在這個意義上是認真的：他認為只要人類仍然是人類，個人自由和羣體之間的衝突這個問題便不能解決。這是關於後歷史（*posthistoire*）這種悠久的思想傳統一種深刻厭世的形式，這種形式源自法國，特別是來自孔德（Auguste Comte），並在更近期由科耶夫（Alexandre Kojève）以黑格爾的形式（Hegelian form）來表達，而這正是福山（Francis Fukuyama）現在著名的美國版本[8]的主要思想泉源。[9]在這個傳統中，有超越不滿足、渴求、苦難、掙扎和衝突這種人類歷史狀況的願景：歷史本身會引向後歷史狀況，至少在超越歷史的衝突性特徵中達到終局。如果人類被界定為歷史性的，則人類在實現自己的後歷史目標時便不再是人類。因此，科耶夫理解歷史的終結為人類的理性自毀。而科耶夫幾乎肯定對韋勒貝克有些影響，我們也可以將他理解為厭世的。[10]雖然韋勒貝克也這樣看，但卻引入基因工程來解決他那徹底悲觀的觀點：現代性製造出「人類歷史」自我超越為「後歷史」這個觀念。在他的小說中，人類最終明白不可能透過追求自由，實現沒有衝突和苦難的快樂這人類夢想——正當科學理性的成就、令創造那脫離人類個人主義的後人類物種變得可能之際。理性主義和個人主義在現代時期的搏鬥，是後歷史思想傳統中並非不知道的觀念，而韋勒貝克卻能夠看到這是不能調解的搏鬥，除非放棄以後歷史的方式來解決它這個夢想；因為他也設想以科學的方式，確保理性主義對個人主義式自由的全面勝利。

在後歷史理論中，自由幾乎無可避免地是主要的主題，正如在差不多所有的現代進步的宏大敘事的形式中，自由都是主要的主題一樣。就我們的主題而言，這令我們比較和對比韋勒貝克和福山時，變得甚具啟發性。他們有重要的相似性，這反映了他們在後歷史思想中有共同的意識形態背景。他們兩人都確信，最終決定歷史的是意識和觀念，而不是物質因素，而且長遠來說，意識形態的原則將會在歷史事件中得出它們的邏輯結論，這是黑格爾式的。他們兩人也視歷史的目標是實現理性，但他們為了幸福的利益，在個人自由和生命的理性秩序之間的關係的理解上，卻有重大的分別。對韋勒貝克來說，這些基本上都是對立的；而對福山這個自由樂觀主義者來說，它們不單是能夠協調的，更是彼此不可或缺的。這些判斷，對他們評估現代時期為進步（福山）或衰退（韋勒貝克）時，是不可或缺的。但我們也應該留意到，他們對自由的關心，乃專注於頗為不同的自由形式。韋勒貝克似乎完全不關心自由民主給公民的基本自由保證，或許，除了在巴黎市郊街道上的暴力，還隱然暗示著它們的效力正在衰退。當然，對福山來說，歷史終結的實現，是在於不可逆轉地承認自由民主的理想是最後的政治意識形態。

不過，在福山的思想中，有些元素暗示這兩個視角並非如驟眼看來那樣清楚地不能相容。福山對過度的個人主義有其自身的批判。他有點脫離源自霍布斯（Thomas Hobbes）和洛克（John Locke）的盎格魯—撒克遜（Anglo-Saxon）自由傳統。根據這個傳統，自由民主是建基於個人自私的利益。福山卻擁抱一種更多地強調人類的社會存有（social being）的黑格爾思想，使得民主社會必須由共享的民主價值觀所維繫。[11] 而且，他容許自由民主只為美好的生命提供一個框架，而不是界定或確保它。[12] 但福山在人們不禁懷疑韋勒貝克自己也曾思想過的一章中，更接近韋勒貝克，那就是《歷史的終結》（*The End of History*）的倒數第二章。在那裏，福山自己談及「民主社會傾向走向社會原子化」，[13] 以及「自由經濟原則傾向……將人們原子化和分離。」[14]

自由理論的盎格魯—撒克遜版本乃是美國的基礎，這個版本將社會單建基於啟蒙的個體自我利益之上。由於自由理論滲透著美國社會的所有方面，福山認為它無可避免地在各個層面上削弱或破壞著羣體——現在也包括家庭了（「如果家庭是基於自由原則，也就是如果成員視自己為合股公司，各人則由他們是否有用、而不是責任和愛的連繫而成，家庭便不能真正發揮作用」[15]）。福山也留意到，「資本主義市場的壓力」也破壞著羣體，因為它們要求個人不斷轉換工作地方和工作性質。[16] 他繼續說，真正支持和強化羣體的，是共有的宗教價值觀，這是「帶來美國革命的洛克式自由派分子」某程度上假設的：他們「沒有猶疑地主張，自由要求著對上帝的信仰」。[17] 隨著美國社會開始更趨多元化，這種對自由的宗教性支持，必定讓位給「一種更純粹的自由主義」，在其中，個人追求啟蒙的自我利益的權利這個基本的自由理論，需要以赤裸裸的形式存留。而這個赤裸裸的形式，一定會破壞羣體。[18]

因此，視世俗化為自由民主所必須的福山，[19] 有責任論證自由主義本身在自由社會的核心所創造出的一道大裂縫：

> 換句話說，自由民主不是自足的：它們所倚靠的羣體生活，最終必須來自一個與自由主義不同的源頭。在美國立國時，構成美國社會的男女，不是孤立、理性的個體，在計算著他們自己的自我利益。相反，他們多半是宗教羣體的成員，由共同的道德守則和對上帝的信仰連繫著。他們最終接受的理性自由主義，不是這先存文化的投射。它與這種文化之間有某種張力。「正確地理解的自我利益」成了一個可廣泛地理解的原則，在美國為公共的德性立下一個低階、但牢固的基礎，很多時比單透過訴諸宗教或前現代的價值觀更牢固。但長遠來說，那些自由原則對自由主義以前的價值觀具侵蝕作用，而那些價值觀正是維持強而有力的羣體所必須的，因而對自由社會的自立能力也具侵蝕作用。[20]

這是福山的整體論據——「自由民主實際上對人類問題構

成最好的解決辦法」[21] ——並因而代表歷史的終結的一個重要的限定條件。如果自由民主倚賴於「前自由的傳統」（pre-liberal traditions），同時又傾向侵蝕這些傳統，[22] 如果它沒有那其本身不能產生的價值觀，便不能生存、甚至傾向衰弱的話，自由民主便甚至比福山在最後一章中所承認的，更為徹底的不穩定，而且頗為不能憑本身構成為「人類問題可能最好的解決辦法」。尋找這種解決方法以及人類歷史的延續，會似乎轉向這一關注：當面對勝利的自由主義那原子化的力量時，甚麼可以促成人類的休戚與共以及羣體？[23]

在這一點上，雖然福山堅定地抱樂觀態度，但他的論證似乎很容易便會與韋勒貝克的論據會合；他也看到在自由社會的核心之中，自由和羣體之間有一非常嚴重的矛盾，但與韋勒貝克不同，他讚許這種矛盾。但還有重要的一點，就在這點上，韋勒貝克將自由主義和自利的個人主義（egotistical individualism）連繫起來；但福山則基於可理解的意識形態的原因，而看不見或忽略這個連繫，那就是消費主義的經濟力量和文化。對福山來說，自由市場資本主義是自由民主理想必不可少的部分。西方消費文化在全球擴散，是自由價值觀擴散的指標和媒介。正如我們已經看到，福山承認資本主義透過流動性而傾向將社會原子化。但他並不認為消費主義會破壞社會的價值觀。另一方面，韋勒貝克雖然沒有評論民主與消費主義的連繫，但卻清楚視消費主義為自利的個人主義必不可少的部分，而這種個人主義乃將西方社會中的生命化約為乏味的享樂主義，並威脅著社會的存亡。而且，在前文所引述的小說的那段米歇爾的話中，他也觸及福山之立場的一個重要的缺點。消費主義的「性—購物的社會」所倚靠的，是令人類的慾望不斷並無止境地得不到滿足，並不斷經由競爭而追求更多和更新的慾求；而後歷史社會——一個有如米歇爾所促進實現的理性烏托邦——則倚靠慾望的即時滿足。福山的歷史的終結是內在地不穩定和不安全的，因為它要求無盡地延長著幾何級的經濟增長。（地球的資源不能維持這種增長，這是兩個作者都沒有看到的。）

我無意贊同福山或韋勒貝克對當代世界的診斷。部分是因為：後歷史論題，需要對現代性和它將來的宏大敘事的慾望，有一種特別強烈、典型的現代的形式，所以他們的論述無疑是選擇性和誇大了的。因此，我們可以發現，兩種論述以不同的方式富有啟發性。但對我們現在的目的來說，最有趣的一點是，雖然他們對當代西方社會的自由明顯有相反的評價，但令人驚訝的是，兩人都看到，社會的自由價值觀所培養出來的那種自由，和人類羣體的需要之間，存在嚴重的矛盾。兩人都認為宗教在西方社會的衰落留下了一個空白，那是自由個人主義所不能夠填補的。兩人都認為在西方社會的復興宗教，既不可能也不可取。韋勒貝克十分認真地看待米歇爾的問題：「沒有宗教，社會怎樣運作？」[24] 他只以一個極端的解決方法來回答：生物性地創造一種新物種。福山雖然對科技充滿熱誠，卻沒有沉浸在這種未來學（futurology）中，也沒有以小說這種文類為樂事，以從這樣極端的答案中提供一反諷的距離。而且，承認這個困境的嚴重性是如此徹底，將會危及他的整個論證。

福山在一篇——不尋常地——具神學性的文章中，回應一本文集，那是關於他歷史的終結這個論題的。這篇文章的不融貫性，發人深省。在這本書一篇十分具洞察力的文章中，[25] 勞勒（Peter Lawler）比較福山和他十分倚賴的科耶夫的著作，並對福山持否定的態度。勞勒認為，科耶夫是一貫的無神論者，但福山卻不是。科耶夫承認信仰上帝支撐著人類的自由，因為這信仰不能容許人類歷史的非理性有一個歷史性的解決方法。在歷史的框架內，人類的渴求永不會最終得著滿足。另一方面，科耶夫是一貫的無神論者，他看到啟蒙理性的邏輯結果，究竟有甚麼含義。在最終理性地滿足人類的慾望時，那裏會有歷史的終結，而這就是人類自由的終結。（這也必然是韋勒貝克的觀點，雖然他以生物科技取代了科耶夫的政治手段並帶來歷史的終結。）上帝、歷史和人類，包含人類的尊嚴和自由，一起共浮沉。另一方面，福山則設想一種歷史的終結，在其中，人類仍然是人類，他們的尊嚴和自由的條件，得以弔詭地由歷史的這個終結確立。勞勒寫道：

> 福山的書最誤導人的不融貫性，是他將似乎是為人類尊嚴和自由民主的溫和辯護，與全面的無神論結合起來。他似乎認為，人類的自由可以在缺乏人和上帝之間的區別中永存。以這個建議，他遠離了自己的導師科耶夫全面的無神論的那種嚴密，也及不上尼采，而他則視尼采為科耶夫那最思想周密的對手。科耶夫和尼采都同意上帝已死，或者正如福山所說，宗教由於自由主義而在西方被放逐，[26] 那象徵人類自由或獨特性的終結。[27]

福山將勞勒的文章理解為提出「沒有上帝是否可能有人類的尊嚴感」這個問題。他對這篇文章的回應是：

> 我對勞勒的問題的回答是：如果人倚靠上帝的問題，是

> 在一實踐的層面來說，也就是說，如果他在問：倘若沒有了宗教與其他前現代的制約來源和羣體，自由社會能否維持下去？答案很可能是**不能**。如果勞勒的問題是在一理論的層面來說的話（也就是除了上帝以外，有沒有其他認知〔人類尊嚴〕的來源？），答案是：我**不知道**。或許，上帝是這種知識惟一可能的來源；如果是這樣的話，而如果上帝真的死了的話，我們便會遇到很多麻煩，並且十分需要找另外一個來源，將人類有尊嚴這個信念建基於其上。啟蒙理性不是解決方法，而是問題的一部分。[28]

倒數第二句話的不融貫性是令人吃驚的。如果上帝是人類對尊嚴的知識的「惟一可能的來源」，我們便不能找「另外一個來源」。那麻煩是不可救藥的。福山在這裏只是藉著公然的自相矛盾來脫身。他同意科耶夫和勞勒（以及韋勒貝克）所說的：上帝的死包含歷史的終結，也是人類身為獨特的人類——人類的尊嚴和自由——的終結。而且，福山求助於啟蒙理性主義以外的那種不顧一切的追尋，尋求「另外一個來源，將人類有尊嚴這個信念建基於其上」，必然意味著歷史的延續。

福山所提出的關於歷史的終結的論題，必定會引起關乎上帝的問題，而他對此的回應的那種荒唐不足，顯示出關乎上帝的問題是他整個論證中最嚴重的缺點。福山重視的自由，以及他為此而重視的自由民主和自由經濟原則，是上帝的死的結果，還是由上帝的死所推翻？福山似乎兩者都同意。我們必須至少得出結論說：在現代性的危機中，人類自由的問題，無可避免地也是關乎上帝的問題。

神學視角中的現代性的危機：莫特曼和莎里

近年，莫特曼致力於發表好些演講和撰寫文章，以反省現代性的危機這個他和很多其他人都發現到的問題。[29] 事實上，我們可以說，這個主題成了他「公共神學」的最重要的一面。[30] 莫特曼對這個主題的反省特別有意義，因為他和某些神學家不同，他不願意接受：後現代完全拒絕現代性的價值觀；但另一方面，他又與福山對西方自由價值觀在當代世界的擴展那種樂觀相去甚遠。他承認西方社會的個人主義和原子化，且比韋勒貝克走得更遠（由韋勒貝克寫作的文類所限制），莫特曼暗示經濟自由主義破壞著羣體。羣體一面受到增強中的個人主義所威脅，另一面則受到「一切的全球營銷」（“the global marketing of everything”）所威脅。他指出：

> 這遠遠不單是純粹的經濟學。它成了生命無所不包的法則。我們都變成顧客和消費者，不管我們還是甚麼。市場成了生命的哲學、世界的宗教，對某些人來說，甚至成了「歷史的終結」。一切的營銷在所有層面破壞著羣體，因為人們只是根據他們的市場價值而被衡量。他們根據他們可以執行甚麼或者可以負擔甚麼而被判斷。（頁153；編按：頁碼為《俗世中的上帝》〔*God for a Secular Society*〕的頁碼，下同）

在莫特曼的論述中，或許可以處理得更清晰（雖然並非沒有：頁 161）的是，全球自由市場和個人主義之間的緊密關係。市場不單藉著將人化約為經濟價值，令他們的生命從屬於市場專橫的需要、而不是羣體的需要，從而破壞著羣體；市場也視他們為貪婪的個體（只要市場在某種程度上視人為主體的話），人必須被引誘去想得到更多。雖然這些連繫不能化約為只是單向的因果關係，但消費主義卻在日益增長的個人主義和全球自由市場之間，構成一深刻彼此相連的關係。而對我們的主題十分重要的是，這些連繫令全球自由市場所帶來的壓迫，反倒被視為解放。當然，我們稍後在莫特曼的論述中，會留意到這方面的最重要一面：它對那些享受消費選擇的富有人士來說，這的確是解放；但對那些以生命和工作條件令這種解放變得可能的人來說，卻是壓迫；但即使對那些享受消費選擇的人——西方社會中的大部分人士——來說，視此為解放也掩飾了市場是怎樣藉著破壞羣體，而同時壓迫著他們這一真相。

莫特曼對現代性及其危機的分析的特點是：他不單好像韋勒貝克和福山那樣談及自由和個人主義，但也談及宰制。現代時期不單產生了現代性和它的「進步」，也產生了次現代性（submodernity），就是已發生在受害者身上的狀況，現代的「進步」是以他們為代價的。因為現代的規劃是一剝削式的宰制規劃——第三世界被西方宰制，以及大自然被人類宰制。當莫特曼問到：「究竟是甚麼利益和關注，以及是甚麼價值觀在統治我們的科學和科技文明？」簡單的答案是：「朝向宰制的無限意志」（“the boundless will towards domination”）（頁 97；比較頁 15）。上述兩種形式的宰制，都創造了一種叫世界動盪不安的狀況；第三世界愈來愈貧窮，以致必須以某些方式反抗富裕國家的富裕；而大自然的有限資源，則不能夠被剝削以滿足富裕的人那不斷提高的生活水準，而又不致帶來災難（比較頁 12～15）。這種對全球經濟系統裏面那不穩定的矛盾的確信，是莫特曼不同意福山關於歷史的終結這個論題的基礎。即使正如福山所主張，除了自由民主和全球自由市場以外，真的不再有任何其他選擇，但這並不顯示歷史的終結，只要仍然有「挑戰性的矛盾」，「朝向一個新的解決方法」。如果找不到新的解決方法，結果不單會是歷史的終結，也是人類的終結（頁154～155）。

宰制是保障一些人的自由、但以另一些人的自由為代價的一種方法。正如莫特曼所說，宰制是自由的一種定義。[31] 宰制將自由連繫到爭奪權力，因而自由便被視為競爭。自由是主人令其他人成為自己的奴隸。這樣，莫特曼不單反映了現代性黑暗的一面，即它對他者的宰制作為其自由的相互關聯；他也視歐洲和美國民主社會中的個人主義為源自這種競爭性的自由。在民主革命中，封建領主的自由被民主化。每個人的自由就是他（以及後來的「她」）獨立於別人；每個人與別人的關係，只是在某程度上視對方為其自身自由的限制，並且自己不能夠侵犯別人的自由。結果人是在「原子化世界中的個體」（頁 155～156）。[32] 在二十世紀後期的神學中，莫特曼的下一步並非不尋常：[33] 相對於自由作為宰制或個人主義，他推薦另一種對自由的定義：「溝通的自由」（communicative freedom）或「作為自由羣體的自由」（freedom as free community）。根據這種自由，彼此尊重和彼此友善相待，能夠創造羣體成員之間的自由關係。在彼此分享的生命中，每個人的自由不會被別人的自由所限制，而會在彼此分享愛或休戚與共之中而得以擴展（頁 158）。[34] 莫特曼在這裏區分了的兩種自由——個人主義的和溝通的——是很重要的，比起韋勒貝克和福山遠為不加區分地談論自由和個人主義，這種區分確是一大長處。

驟眼看來，莫特曼似乎將自由作為個人自主這個典型的現代觀念，與一個沒有那麼典型的現代觀念作對比。但他的論證中有一個重要元素，顯示出：按他的理解，溝通的自由這個觀念，在基本上保留了典型的現代特質。莫特曼問：人們可以怎樣抗拒愈來愈強的個人主義，並以更社羣主義的方式生活？他立即說：「我們不能夠回到傳統社會那些預先決定的從屬關係。」往前走的路，倒是透過自己的委身和遵守諾言，例如在人與人之間產生信任（頁 157）。換句話說，似乎**選擇的自由**仍然是基本的。與前現代的羣體不同，現代或後現代的羣體，是由人與人之間的一種「選擇的關係」，而且是自由地委身於這些關係而形成的：「自由社會的典範，不在於那種預先決定的成員身分。那典範是約（covenant）。自由社會倚賴社會共識（social consensus）」（頁 88）。在其他地方，莫特曼提到友誼，那是這種自由關係的典範的意思，那是一選擇的、而不是給定的關係。他也採用這種友誼的模式來描述教會作為社會，此乃是人們積極加入、而不是被動地歸屬的。[35] 這種模式也對應城市生活中的主要社會趨勢，在那裏，家庭和鄰舍這些給定的聯繫愈來愈被侵蝕，而人們轉而形成朋友的網絡（比較頁 85～86）。

不過，這種自由關係的模式是否足夠，可能會被下述的觀察所質詢：人們很容易被這些自由選擇的連繫所遺漏。人們在家裏死後幾個星期才被發現，這顯示出當人們不與鄰舍而只與朋友有連繫時，可以有甚麼事情發生。莫特曼似乎接受被給定的——由歷史或環境預先決定的——必定是對自由的限制這個現代觀念是不證自明的，即使當那給定的關係在任何意義上都不是壓迫性的（除了個人不是從多個選擇中選擇它之外）。但這種對給定的過度反抗，實際上可能是現代性的危機的一個成因，並緊密地連繫到自利的個人主義。羣體的恢復，可能需要重新發現一種能力，即在給定的關係和環境中找到自由的能力——例如，選擇與不討人喜歡的人做朋友，以此為一種責任，因為環境要求人們這樣做；或者忍受難相處的親戚，因為他們是我的親戚。雖然友誼的自由和委身，應該是關係的一種重要模式，或許，父母和子女的關係（包括成人子女對父母的責任）應該是另一種模式，在其中，「給定」而不是「選擇」構成那關係，而又無損（正確理解的）自由。承認我們雖然甚至沒有自由作出委身的承諾，但對某些人負有責任，就真的是奴役嗎？堅持一個人在生命中的每一方面，都可以在不同選擇中作出選擇，並認定這才是真正地自由，實際上這只是將自由理解為拒絕有限性罷了。我們可以說，這實際上是現代個體自由這一個理想的一種強烈取向。留意到莫特曼的思想朝向同一個方向走，這是很有啟發性的。

除了在這最後一個議題之外，即莫特曼將自己連結到一現代對自由的典型看法，正如我們到目前為止報告那樣，他對現代性的論述是具有強烈的批判性的。但莫特曼對現代性的評價也有十分含糊之處。當我們將他在上面已經引述過的宣稱，即表示現代時期的統治原則是「朝向宰制的無限意志」（頁 97；比較頁 15），與以下這個宣稱——即「現代世界首要的原則和至高的價值觀，可以在**決定人類主體的自決**中找到……人類的尊嚴在於個人自決」（頁 212）——放在一起時，便可以明顯看到，他對現代性的理解，是有一股直達核心的張力的。這兩個宣稱不是如表面般互相矛盾，因為根據自由作為宰制的定義，「朝向宰制的無限意志」是個體自決的必然結果。我們可以視它們為一體的兩面。從啟蒙時代個體自決的原則所衍生出的，既有「人類尊嚴和人權的普遍性這些人本主義觀念」（對此，莫特曼熱情地主張：除了野蠻行為以外，便沒有其他選擇〔頁 17〕）——也有正在破壞著羣體的極端個人主義（頁 212～213）。正如我們剛剛留意到的，莫特曼嘗試以一種觀念，即「由承諾和可依靠性中的個體自決而形成的羣體」這一觀念，克服個體自決和羣體之間的明顯張力。他明顯地視個體自決為：絕對不能對任何可能使其受限的羣體觀念有所讓步。根據這個意義，莫特曼在思想自我和羣體時，仍然是十分現代性的。

個人自決這個現代原則的含混性，在一篇題為〈新教主義：「自由的宗教」〉（"Protestantism: 'The Religion of Freedom'"；頁 191～208）的文章中，顯得更為明顯。[36] 在這裏，莫特曼將現代自由觀念的來源，歸因於基督新教傳統：首先是宗教改革運動——單單它因信稱義的信息，便是脫離邪惡、脫離自義的律法，以及脫離對死亡的恐懼的壓迫的解放信息了——然後是德國和美國的啟蒙時代（與反教會及無神的法國啟蒙時代不同，它們的性質是更正教式的）。宗教改革運動產生自由的關係性觀念，那是與仁慈的上帝有關的；而啟蒙時代，則加上個人選擇這個主觀的自由觀念。個體自由的原則，首先關乎宗教——相對於國家的宗教自由，相對於教會的良心自由，相對於聖經的權威、傳統或教會的信仰自由——這便成了自由民主的基礎。當然，這樣不加修飾地描述觀念的歷史，是很容易引起爭論的。例如：它不單忽略了英國民主在十七世紀的前啟蒙時代的來源，也忽略了英國和法國自然神論對美國民主的貢獻。

不過，值得留意的是，莫特曼在這個處境下，明顯滿足於：把現代性對自由的理解的整個發展描述為一真正的基督教式的。這裏頗為令人驚訝的是，莫特曼似乎接受了十九世紀德國自由派新教的看法，視十九世紀的德國文化為宗教改革運動合乎邏輯和真正的發展。他以下這段話，明顯是避免對德國啟蒙時代的神學作出批判的神學性評價：「新教主體主義（Protestant subjectivism）在宗教和文化上帶來各種可能的個人主義、多元主義和利己主義。但它也將每個人的尊嚴和個體權利帶到現代文化中，這些是我們永遠都不能夠忘記的。」（頁 202～203）但為甚麼它有這樣混雜的結果？在現代性來源的核心有一些瑕疵嗎？除了「新教主體主義」外，還有更多意識形態因素在發揮作用嗎？我們可以根據甚麼神學原則或其他原則，以支持讚賞和保留這現代遺產的一部分，而又抗拒它的其他方面呢？

更值得留意的是，在將現代個體自由這個觀念的好處和壞處都歸因於基督教傳統，且有正面和負面的結果時，莫特曼似乎從沒有問：諸如個體的尊嚴和自由這個源自基督教信仰的框架內的觀念，究竟我們能否期望它在脫離了那個處境、甚至脫離了對上帝的信仰後，仍然是同一個觀念？我們可以問：當啟蒙時代的自由，不再由宗教改革者宣告的那種絕對是與上帝有關的自由所補充時，它又會變成怎樣？莫特曼看到失去上帝是現代性的危機的一面（頁16～17），但從沒有探討這與危機的其他方面之間究竟有甚麼關係。我們可以說，莫特曼有一種偏見，即一種神學家和反對基督教傳統的人都有的神學偏見，也就是傾向在基督教傳統的深處找尋現代性主要的特點的來源，而不是在現代性愈來愈自覺地脫離那傳統中找尋那來源。莫特曼這本文集另一個十分突出的例子是一個論證：將現代個人主義一直追溯到奧古斯丁（頁82～84）。那麼，為甚麼那時的羣體那麼強大？以及為甚麼現代意義上的個人主義，於奧古斯丁對西方基督教世界的影響達到高峯的多個世紀中，仍然那麼難以辨別？這種論證似乎完全忽略了一個明顯的事實：當代原子化社會的個人主義，正好在基督教於西方社會的影響力明顯減弱時出現的。韋勒貝克得出一個明顯的結論：原子化是宗教式微的結果。莫特曼似乎從沒有留意到這解釋，這實在不尋常。這可能與潘霍華對世俗性的評價的持續影響力，以及決意不將公共神學與護教學混淆有關。它幾乎肯定反映了莫特曼是強烈意識到：在現代時期，專制的教會往往反對自由運動，並給予專制的政權意識形態上的支持。[37] 對自由的現代理解所作出的基督教式批評，總的來說是近似一趟對自由進行這種教會式壓抑的回歸。

在這裏，我們提到美國神學家莎里（Ellen Charry）對莫特曼的批評[38] 是有幫助的。雖然她的文章只是回應莫特曼關於這個主題的幾篇文章中的其中一篇，但她的批評和她的不同取向是重要的。莎里所理解的莫特曼是接受現代對自我的理解，她視這一理解為與基督教的理解有決定性的分別。在其個人自主性這一基本觀念中，現代對自我的理解，並非源自基督教傳統，而是脫離這個傳統：「個體性、自主性，以及自由這些界定現代的自我（modern self）的現代價值觀，與基督教主題可能有一些遙遠的連繫，但它們現在有其自身的生命。世俗的自我（secular self）建基於它本身，而基督教的自我則建基於上帝。」[39] 現代性的危機的根源，便在於這決定性的分別：「對自我的某種世俗的理解，只在微細的一點上，不同意基督教的傳統，那就是我們（真的）需要上帝。」[40] 基督徒不應該好像莫特曼那樣，[41] 強調基督教傳統對現代性的危機的責任，而是需要藉著恢復對自身傳統那決定性的洞見，與現代性取得批判性的距離，而那洞見正是現代性所失落的：「我們需要上帝。」[42]

這裏重要的是對自由一個決然地不同的觀念。現代對自我的理解，假設個體性的自我必然內在地擁有其自身快樂所需的一切，而所需要的，只是脫離外在的限制。正是現代的自我這種預設了的自足，令它反對人類羣體的社會化和對上帝的倚靠——這些都是自我為了昌盛而必須脫離的限制。這一理解怎樣帶來當代美國社會超級個人主義（hyperindividualism）的種種問題？莎里以此總結自己的敍述。她說：

> 藉著從信任上帝轉為單信任自己，世俗的自我證明是頗為孤單的。它被拋到世界，尋找自己的命運，沒有歷史，沒有引導，沒有甚麼道德界限，沒有意義的框架藉以詮釋失敗和苦難。現代的自我得不到鼓勵去支持社會和政治的生活，因為這些必然會限制自我，並且要求妥協、自我限制，甚至自我犧牲，而這些是文化不再支持的。自由、自足和一種對快樂的期許，令它失序（anomic）、非道德（amoral）、非社會（asocial）和感到孤單（alone）。它不能夠接觸上帝、罪和恩典，只能夠信任和擔心自己。家庭和羣體的連結，在這高度個人主義和道德真空的基礎上，不能得到維繫。我認為這種非社會性和非道德性，乃是現代價值觀危機的根源。[43]

為要代替現代這一自由的觀念，即將自我從所有限制中解放出來的自由的觀念，莎里提議「一種基督教對解放（emancipation）的神學理解，那是以轉化為基調的」，並批判性地恢復傳統的洞見，即認為解放需要「脫離自我不可愛的一面」，而「通往解放的路，則是透過定睛於上帝而實現的一種自我管理（self-mastery）」。[44] 世俗的自我倚靠自己，而基督徒的自我則是由基督徒羣體內跟上帝的親密關係所模塑的，藉著羣體的幫助，在上帝中找到自己的身分。莎里留意到，很多基督徒所模塑的傳統語言——捨己、謙卑、自制、順服上帝——都很容易連繫到一種壓抑性的專制，而這是西方社會仍然反抗、而教會在太多時候都干犯了的罪行。但她論證說：當代西方的超級個人主義，現正對這種專制嚴重地過度反應，這與來自很多地方的觀察都是一致的，這包括韋勒貝克的諷刺性作品（雖然它誇大了、而且必然是諷刺性作品）。當代個人主義那非道德和非社會的內在性傾向，肯定意味著莫特曼將現代的自我置於某種形式的羣體中，但卻不要求其絕對自主性受到任何限制的這一嘗試，是不足以滿足所需的。基督教傳統中壓迫和抑制的元素，毋須阻礙擷取傳統對自我的切實體認，即體認自我的需要性和倚賴性，它需要有秩序和有意圖的成長和模塑，它最需要上帝。

如果莎里在她討論的文章以外，還對莫特曼的著作有更多認識，她可能會為自己的觀點找到一些支持。在《生命中的聖靈》（*The Spirit of Life*）[45] 關於自由的一章中，我們在莫特曼的其他文章中所注意到的很多主題也在這裏出現了，雖然這章沒有指向目前現代性的危機，但莫特曼強烈反對現代思想那種「上帝或自由」的虛假選擇，這種思想因為教會反對現代的自由和解放運動而流行起來。莫特曼問道：「相信上帝是否就必須與權威連在一起，而自由則要移交給無神論嗎？如果這些均被置於對立的立場，那麼信仰上帝便是腐敗的，因為它失去其聖經和彌賽亞的基礎；人類的自由也是腐敗的，因為它失去最為必須的推動力。」[46] 不過，這是否意味著，如果沒有上帝，人類的自由的本質便會遭到扭曲，這是不大清楚的。莫特曼在提到出埃及和上帝在曠野繼續與以色列的百姓同在時，他也寫道，「上帝不單將人們從奴役中解放出來。祂仍然與百姓同在，並作為他們自由的基礎。在發展個體的自由那些有限的機會中，信靠那伴隨著我們的、維繫著自由的基礎，乃意指相信」。[47] 但在這裏，莫特曼似乎沒有區分基督徒的自我在倚靠上帝中找到的那種自由，以及現代的自我那種全然自決的自主。甚至當他將那一章的最後一節用來討論「自由的經驗作為對上帝的經驗：主是聖靈」（“The Experience of Freedom as Experience of God: The Lord Is the Spirit”）時，也是這樣。

臨時結論

頗為清楚的是，在現代時期，自由的歷史是兩刃劍（double-edged）。一方面，是肯定人類個體的尊嚴，所有人都有平等權利得到自由這個民主基礎，以及個人相對於國家和教會的權力所擁有的基本自由。莫特曼在以下所說的是正確的：爭取這些自由還遠未功成，並且第三世界國家在經濟上愈來愈被第一世界國家宰制，這些將要求歷史展開新的一頁，即在解放所有人脫離壓迫性統治和壓抑的環境中展開新的一頁。

另一方面，啟蒙時代相信全然自足和自決的自我，引致當代西方原子化社會的那種非社會、非道德和孤立的個體，那是韋勒貝克很輕蔑地描述、也是莎里那更深入分析的特點。我們討論過的四位作者，他們於超級個人主義和羣體之間的衝突這方面，其講法都是趨於一致，那是頗為令人驚訝的；而除了莫特曼以外，其餘三位都將它連繫到宗教的衰落或對上帝的拒絕。同樣值得留意的是，這個人主義本身威脅著現代自由的正面價值觀。消費主義如果不是自利式個人主義的惟一載體，也是全球宰制的經濟系統所固有的部分了。

我們可以有用地將莎里的論證連繫到莫特曼的論證，視莎里的論證為：顯明虛假地把自由理解為宰制所包含的另一含義。在莫特曼的論證中，這以當代兩種主要形式為典範：西方對第三世界的經濟宰制和人類對大自然的科技性宰制。莎里補充說，現代將自我理解為全然自決，引致後現代將自我化約為權力意志。自由作為自我脫離所有限制，以及作為有自由全然地根據選擇來建構自己的生命和自己的自我，乃是自由作為宰制的另一種形式。

為甚麼現代時期同時給予人類個體內在的尊嚴這個觀念，包含**脫離**宰制的自由這種權利；以及它的相反觀念，自由**作為**宰制？那必定是：尊重個體的尊嚴和自由，乃需要一個處境，即有其他信念和信仰的處境，如果沒有這個處境，自決的權利便會退化成乏味地追求自我滿足，或者是對權力的犬儒式追求；又或許是好像莎里所說的那麼簡單：人類需要上帝。如果這足以處理二十一世紀的自由的問題，教會在其與世俗世界的對話中，毫無疑問，肯定同時要處理上帝的問題。當然，那意味著：不單要處理有沒有上帝的問題，也要處理有怎樣的一位上帝的問題。

在上帝三一的愛中的自由

上帝是問題還是答案？是人類真正自由的敵人還是源頭？我們已經提出，沒有超越的來源或基礎，人類的自由便會退化為自利的享樂主義和權力意志、新形式的奴役和宰制。但現代世界很大部分都朝相反的確信走，即認為真正的自由包含從上帝手中得到解放。無神論哲學家羅素（Bertrand Russell）說，上帝的觀念，是「源自古代東方專制政治的觀念……是與自由的人頗為不相稱的」，[48] 而根據同樣是無神論者、但遠為同情聖經的宗教的布洛赫，「世界的大主人實行統治時，自由沒有立足之地，甚至上帝子民的自由亦然」。[49] 這些引文足以清楚表明，人們認為問題在哪裏：在政治的類比上（political analogy）。現代時期的特點是尋求脫離絕對統治者和極權統治。上帝身為整個創造的絕對統治者，很容易被看作最大的壓迫者。而且，地上的統治者，經常藉著宣稱自己擁有神聖的權利以實行統治，並合法化他們的專制統治：他們是上帝那宇宙王國在地上的反映和形式。因此，要全面實現人類的自由，必須一次過將上帝的軛掙脫。但正如我們在這章引以為證的作者所見證的，至少在某些方面，人類所預期的解放，最終演變成人類的墮落。或許，現在威脅人類自由的，不是上帝，而是上帝之死。

如今，脫離上帝在很大程度上於世俗的西方實現了，但現在自由才是問題——對羣體的問題、對純粹自決以外任何種類人類之善的問題。每個人那絕對自決的權利變成了偶像，其他一切都必須為之而犧牲，而且，就像所有偶像一樣，它是一種奴役的形式。可能是時候要再次尋求一種建基於上帝，以及在與上帝的關係中形成的自由，而不是一種藉著拒絕上帝，並由取代上帝的慾望所驅使的自由。但那樣我們便必須再次面對羅素和布洛赫的引文所提出的問題：神聖的統治和人類的獨裁之間的平行相似又怎樣？如果後者與人類的自由有矛盾，為甚麼前者不也在更大的範圍上與人類的自由相矛盾？對這個議題敏感的神學家，包括莫特曼[50]、波夫（Leonardo Boff）[51]和菲德斯（Paul Fiddes）[52]，他們都尋求藉著清楚區分一位上帝的君主形象和基督教對上帝身為三一的理解來處理這個問題。

有關前者，乃是莫特曼那簡單稱為「一神論」（monotheism）、而波夫則稱為「非三一的一神論」的（a-trinitarian monotheism；英語實際上有更令人滿意的詞語：神體一位論〔unitarianism〕）。無論這是純粹的神體一位論，或者是好像很多基督教傳統一樣，將神聖的合一置於上帝的三一

式的區分之上，它都是與上帝身為一切事物獨一至高的統治者這個君王形象緊密相連的。正如波夫總結說，根據這個觀點，上帝

> 是宇宙至高的權威，所有其他宗教和民政權威都源自祂，有由上而下的階級。由於只有獨一永恆的權威，所以世界每個領域只有獨一權威的傾向便得到肯定：單一的政治領袖、單一的軍事統帥、單一的社會領袖、單一的宗教領袖、一個真理的守護者等等。上帝被介紹為宇宙中偉大的超級自我（Superego），孤獨和獨特。今天已發展的社會中的很多無神論，都只不過是否定這種源自它的、並妨礙人類自由的發展的專制上帝和父權的宗教罷了。[53]

這位上帝的自由，明顯地是主人的個人主義式自由，祂的自由是以宰制祂的奴隸為代價的。相反，當人完全認真地考慮上帝身為三一這一理解時，上帝便會被視為互相倚靠的位格的非階級式的團契或羣體，祂們的自由，由祂們愛的關係所構成。這裏沒有統治或從屬，而只有相互性中的自由。這顯然不僅與君王宰制的模式不同（現代時期聲稱反對的，正是這種模式），亦與現代性的當代危機中由自由退化而成的超級個人主義不同。這所指的超越了自由和羣體的不相容性，也就是本章的一個主要焦點。

這些神學家在論述上帝和人類的關係時，很大程度上禁止所有關於統治、宰制、主權、服從和服事的談論，並很少承認這些詞語在舊約和新約都十分普遍。但莫特曼（正如他的書的題目顯示：《三一與上帝的國度》〔*The Trinity and the Kingdom of God*〕）認真看待那需要將三一連繫到上帝的統治的聖經觀念，

而且他視之為可以效力於界定另一個議題的一個議題。在神聖君王統治這個教義中，上帝的國度比三一優先。上帝被界定為主，而不是好像社羣三一（social Trinity）那樣被界定為愛。完全認真地看待三一，意味著，由於上帝的存有是一愛的開放的團契，上帝也以愛與世界連繫，以愛為世界行動和受苦。它畢竟不單是數目的問題：[54] 三位的神聖寡頭統治，可以和一神論的單槍匹馬同樣具壓迫性。上帝是三一愛的團契，因此也界定了上帝與世界交往的方式。所以，如果三一比上帝的國度這個觀念優先，上帝的統治必須界定為愛的統治，這與自由是相容的，事實上——正如在上帝裏面一樣——這正正構成了自由。

究竟三一具體地怎樣與人類的自由有所關連，在莫特曼和波夫中都有點混亂，因為他們都談及三一作為人類社會應該有的模式，也談論三一作為人際間的團契，人類被恩典吸引到其中，並在其中有分。我在其他地方批評過莫特曼嘗試結合這兩個觀念，並提議前者——三一作為人類社會應該予以配合的外在模式——應該被拋棄。[55] 現在這也是菲德斯的觀點：「三一語言的重點，不是為我們提供一個模仿的榜樣，而是叫我們在上帝中有分，讓人類生命可以從中得到轉化。」[56] 很可能莫特曼和波夫這樣運用模式這個觀念的主要原因是：他們感到需要以另一個模式，取代一個模式，即君王上帝，而祂的宰制被祂地上的代表所複製。[57] 此外，他們也訴諸人類「按著上帝的形象和樣式」受造，並根據三一而論證說：這個形象不是個人主義式的而是社羣性的。

這個論證假設上帝是有、也應該提供一個模式給人類社會參照。上帝的不同觀念，對應人類社會的不同政治和社會形式，或壓迫或解放。（根據莫特曼和其他依從這論證的人，上帝的觀念是引致、還是反映社會的不同形式，那是不清楚的。或許，這區分了那兩種模式。）但這肯定是太簡單的觀點。值得留意的是，兩種模式在這個意義上並非嚴格地平行的：只有人類的統治者（而不是其臣民）模仿君王上帝。雖然這種情況無疑在很多歷史事件中發生，但這不是上帝的君王形象的必然結果。正如我們在第六章頗為詳細地指出，聖經傳統中有重要的一支，且是對基督教歷史也有其影響的，他們得出了一頗為不同的結果：在上帝的統治下，所有人都同樣是上帝的臣民，沒有人應該宣稱有特權或宣稱有比別人高的階級。由於絕對統治只屬於上帝，它不是供人模仿的模式。承認這點，實際上顯然可以帶來解放，因為它將所有人類的權威相對化。那些只承認上帝為惟一的主的人，向內脫離了人類獨裁的宣稱，並清楚知道認清他們是拜偶像、自我神化（self-deifying）的規劃。[58]

「非三一的一神論」作為壓抑人類自由，以及三一信仰作為促進人類自由這個簡單的對比，並不能公平地對待舊約（且不提猶太教、伊斯蘭教和其他一神信仰）。莫特曼論證說：上帝的統治應該根據三一來界定，而不是三一根據上帝的統治來界定；這是正確的，因為在後者，上帝統治的比喻太容易會變成人類追求獨裁帝國的投射和理據。但更好的說法是，上帝統治的意義由聖經的故事所界定，從基督教神學的角度看，用莫特曼的話說，是「上帝的三一歷史」，但這在舊約中仍然未明確地是這樣的。不過，在出埃及中，已經可以清楚看到，上帝的統治在質量上與法老的統治不同。正如莫特曼自己談到，在出埃及前夕，以色列在埃及，「『主』這個詞，保證受奴役的百姓得自由。它與奴役他們的主沒有任何關係，與男性宰制也沒有任何關係。」[59] 出埃及是解放的，雖然（在進一步思想後，我們可以說實際上是「因為」）它不是解放以色列脫離所有統治，而是脫離法老對事奉耶和華的壓迫。新約更明確地提出這點，它談到耶穌基督救贖人們脫離罪的奴役，並弔詭地視他們結果狀況為同時脫離奴役，又成為買贖他們的主耶穌這位新主人的奴僕。神聖的主權和任何人類的主權均有所不同，前者是真自由的狀況。

這個悖論應該令我們留意到，在運用這種語言談論上帝時，比起神聖君王作為人類統治模式所認可的簡單講法，**超越性**更為重要。「事奉上帝是完全的自由」這個悖論（《公禱書》〔*Book of Common Prayer*〕，比較彼前二16）可以是真實的，只是因為有些方面，上帝與人的關係完全不能夠和任何人類之間的關係相比。這些悖論等如宣稱上帝的統治是獨特的，並**排除**人類中有任何事情可以相比。上帝的統治是不同的，正是因為它與人類的自由相符一致；而人類順服上帝與順服任何人類的權威亦不一樣，正是因為它完全與人類的自由相容。這個悖論的兩方面都是需要的，藉以阻止我們想像：真正的人類自由，是可以在追求我們自己、而不是上帝的旨意中實現的。

當代英語使用**主**這個詞來指上帝或基督時，幾乎與人類的主權沒有任何連繫，這是一個意外驚喜。在英國，非宗教地使用這個詞，一直到近年幾乎仍只限於由上議院所組成的貴族，但任何在禱告中使用**主**這個詞的人，都不大可能假設他們將上帝或基督，比作英國社會結構中這古老的一面。雖然（或者是因為？）**主**這個詞缺乏非宗教的指涉，但它作為在普通基督徒的即興禱告中，以及在沒有刻意排除這個詞的禮儀中，仍然是對上帝的稱呼：一個非常受歡迎的稱呼。它成了一個純粹的宗教用語，人們不是從世界、而是從聖經和禮儀學習這個詞的意思。這樣，它完全不可能促進或支持人類之間的等級關係。這個詞單使人想起上帝和人類之間的關係的那獨特性，令順服和事奉**這位**主，也變得獨特地具解放性。在稱呼上帝為**父**而令某些人想起父權壓迫的處境中，我們可以用**阿爸**（Abba）達到類似效果——我們只從耶穌在福音書中所描述祂的阿爸以及耶穌與祂的阿爸的關係中，知道這個詞的意思。

我們必須回到莫特曼和其他人所提出的觀點，即上帝的君王形象必須由社羣三一的形象取代，以作為人類社會的神聖模式。這個論據，似乎倚賴一種現代式拒絕上帝的起源敘事，即視上帝與人類自由相抵觸：（1）基督教傳統中有一種對上帝的錯誤觀點：一個實際上非三一的上帝，祂的自由是一種宰制；（2）這是一種人類社會中相應的宰制模式：君王的自由，乃是以他的臣民為代價的；（3）為了人類的自由，不單人類的獨裁、甚至上帝的獨裁也需要拒絕。我們還可以加上：（4）自由作為宰制的觀念，在現代的個人主義中被民主化，令個人成為自己的主人，獨立於別人，好像君王上帝一樣。因此，那論據重新以一種三一的方式設想上帝，讓這種關係的非等級相互性之神聖的自由這一觀點，為人類的自由提供一更好的模式。不過，這個論據忽略了的是（但這是十分重要的），以神聖的自由作為人類的自由的榜樣，這個觀念有一個錯誤。這是（正如我們在第二章和第七章看到的）在文藝復興時發生的——當人文主義者第一次為人類索取上帝那無限的自由時。人們不接受真正的人類自由是有限的，與上帝的自由並**不一樣**；卻想到人類應該追求上帝那種沒有限制的自由，即不是受造而是自我構成、不是倚靠而是自我維繫的人的自由，他的自由是其內在的本性，不是接受或由別人或環境所調節的。這樣思想上帝的自由不一定是錯的（雖然如果這神聖的自由脫離了上帝的愛便會是錯的了），可是，以它作為人類自由的模式卻是錯誤的。隨著西方人文在流行的世界觀中穩固地取代了上帝後，這個錯誤，便被永存下來，或許被惡化了。對人類受造物來說，恰如其分地以人類限制為受造之善的這理解，隨時可在基督教的信仰傳統內獲得，就是在承認創造主和受造物之間的**對比**中而獲得。但隨著上帝真的是上帝這個意識在西方文化傳統中衰敗，這種理解也衰敗了。

視上帝為一種人類自由的模式，還要冒另一些危險：不是促進對無限制的自由的渴望（這已經證明最終具有破壞性及帶來非人化），便是將神聖的自由那超越的他者性（transcendent otherness），約化為一些人類可仿效的東西。尊重上帝那不受限制、至高（！）的自由，與人類恰當的有限的、受造物的自由之間的分別的方法是：明白人類以一恰當的人類方式變得真正自由，不是藉著模仿上帝，乃是藉著與上帝的關係。將莫特曼和波夫的兩個觀念結合起來，便可找到真正從上帝與自由這現代難題中突圍而出的方法：不是以三一作為人類自由的模式，而是人類在三一的生命中有分。這是對自由的現代性宏大敘事以外的真正基督教另類選擇。由道成肉身到一毫不含糊的三一，這聖經敘事——隨著身處教會的人類羣體之中的基督徒，被吸引進入三一關係的場域之內——就是基督徒自由構成和成形的脈絡。他們如此行，是由於聖靈使他們能分享耶穌跟祂稱為阿爸的那一位的關係。他們以一三重方式、以一種高度區分三個神聖位格的關係來經歷上帝：待耶穌為上帝成了我們的人類伙伴、兄弟和朋友；待父上帝為耶穌全然倚靠和在愛中順服的一位；並待聖靈為內住的生命和跟上帝有關的位格力量。在這些明確而有區分的關係，我們不能站在其外，而在其中我們認識三一上帝，並視三一為需要效法的羣體模式。我們成為真正的人類羣體，並非透過抄襲神聖位格，而是藉著與神聖位格的關係，而聖靈則使我們可以好像耶穌般，跟天父以及他人成為羣體。我們在這關係的特定場域中得到自由，並在自由中成長，這種關係形成基督徒與三一上帝的關係。

這意味著我們需要思想有關我們的自由，是在與上帝的關係中賜下並形成的，藉三個極點所構成，乃是我們與各個神聖位格的相處方式。這三種必然相互關連的關係，每一種都是我們自由的一面，而正如我們與上帝的關係，是需要對每一個位格有所區別的三重結構的關係，因此，要充分地理解我們的自由，便要求我們考慮所有這三個方面。但在繼續處理這些之前，對於我們這樣所找到的自由，一些關於其恰當地受限制和屬人的本性是值得留意的。我們毋須參照上帝，也可以在人類生命中看到，真正的自由——相對於超級個人主義所想像的自由——不是自我構成和獨立於本身以外的任何東西，而是在人類的關係和在具體的處境中構成和形成的。[60] 同樣地，在我們論述與上帝有關之自由構成的更深刻層次時，人類的自由是關係性的，並置於上帝對世界的三一的愛的敘事中。它不是內在固有的特性，而是一段在上帝的關係中邁向自由的成長經驗。這不是關乎單從外在的限制中得解放，就像屬當代西方的性減質衰的自由，而是一個在關係中模塑自我的過程。雖然這種自由是有限制的，但它的限制不是經驗為一邪惡，而是受造物與無限的上帝的關係的真實狀況。

莫特曼以自己的方式，發展出由費奧尼的約雅斤（Joachim of Fiore）所提出的「歷史的三一輪廓」（Trinitarian schema of history），以提供一種方法來思考自由的三個維度，是跟各個神聖位格有關的。[61] 我在其他地方解釋了為甚麼我認為這個方案並不充分。以新約有關三個位格彼此之間的關係的講論方式來比照，它對應得很拙劣。[62] 波夫有三章詳細得多和更細緻的討論：關於聖父作為「所有解放的來源和目標」，聖子作為「整體的解放（Integral Liberation）的中保」，以及聖靈作為「整體的解放的推動力」。[63] 我自己在這裏的評論必定簡短得多。它們的出發點是一系列的隱喻，將我們與上帝那三重關係，描劃成於三維空間的方向中認識上帝：在我們上面的上帝（父），在我們旁邊的上帝（耶穌，子），以及在我們裏面的上帝（聖靈）。[64] 在最簡短的總結中，在這與上帝的三重關係中，自由的動態是這樣的：在與父上帝的關係中，我們認識到，上帝作為權威，在愛的歸屬的關係中發命令。在與子上帝耶穌基督的關係中，我們認識到，上帝作為愛的休戚與共，是那待我們如友的人類伙伴。在與聖靈上帝的關係中，我們認識到，上帝作為愛的自發性（spontaneity of love），在其中，我們以上帝的旨意為我們自己的旨意。這是基督徒的自由的三個極點，是同時向三個維度發展。對於跟上帝有關的自由中的基督徒經驗與實踐而言，只有這一種三一式的揭示，才具充分的複雜度，足以避免上帝和人類自由之間的衝突那些假疑難（false problematics），反之足以顯明，正是與上帝的關係，令人類可以有真正的自由。這三重結構是人類在上帝裏的自由的結構，也是上帝對我們的愛的結構，把會消除自由的那種宰制排除在外。（「因為愛表示一種聯合，它並不吞併他者，而是讓他自由成為自己，並由此給他帶來完滿。」[65]）但上帝的愛有**這個**結構，也排除那妨礙自由的純屬家長式關心。

父上帝是耶穌的阿爸，基督徒只有透過進入耶穌與祂神聖的父的關係中才可以認識祂：「上帝就差他兒子的靈進入你們的心，呼叫：『阿爸！父！』可見，從此以後，你不是奴僕，乃是兒子了。」（加四 6～7；比較羅八 15～16）因此，基督教對上帝父親身分的理解，是由福音書記述耶穌與祂父上帝的關係、而不是任何其他來源來界定的。耶穌自己在與祂父的關係中的自由，結合了（1）對父的權威的順服（「因為我……不是要按自己的意思行，乃是要按那差我來者的意思行」〔約六 38〕），以至於徹底地自我犧牲（「然而，不要從我的意思，只要從你的意思」〔可十四36〕）；（2）徹底倚靠父，父授權予祂，讓祂承擔獨特的使命（「我沒有一件事是憑著自己做的。我說這些話乃是照著父所教訓我的」〔約八28〕）；（3）最高程度的愛的一種親密（「你父在我裏面，我在你裏面」〔約十七 21〕）。我們會稍為解釋這三者——順服、倚靠和親密：

（1）耶穌的所有教導都清楚表明，上帝以恩典的權威發命令（耶穌完全認真地對待妥拉），[66] 而人性的完滿，則在於以愛將自己全然獻身於事奉上帝（例如：路十 27～28）。這是從偶像（包括虛假的人類自我）中解放出來，它們將人類獻身的要求貶低，以及扭曲人類的生命，因為它們沒有提供一適當的對象，給人為之獻身。

（2）耶穌的所有教導都清楚表明，上帝是一切的創造主，一切的愛的源頭，一切的愛的供應者（例如：太五 45，六 25～34，七 7～11）。那相互關聯的便是人對父上帝的仰賴，乃是在帶著禱告和確信的信靠之中承認並支取的。這是從完全控制自己的生命那份不能實現和具破壞性的強烈衝動，以及容讓自己成為自己所構建的創造者這個不可能和去人化的夢想中解放出來。仰賴上帝並非默從受宰制，[67] 因為這是一切受造物對創造主的終極的全然仰賴，在其中所有受造物的活動都得著基礎，而恰當的受造物的獨立性也得以植根。創造的恩典和救贖的恩典，並不使受造物臣服，而是對受造物的解放和賦權（empowerment）。

（3）最後，耶穌與門徒分享的那種與父的愛的親密，是偕同歸屬之自由的來源——滿足了人類兩種需要，就是自由和歸屬；

而當代超級個人主義的自由，則強行將這兩種需要對立起來。這裏將與父上帝的關係，從僕人與君王或主人的形象超越過來，並進入以家庭關係為比喻：「奴僕不能永遠住在家裏；兒子是永遠住在家裏。所以天父的兒子若叫你們自由，你們就真自由了。」（約八 35～36）這是在歸屬中得保障的自由，不是按幼稚的形象，而是以成年人所採取的持久而連繫的關係這形象。而對於為保障獨立於各樣可成為束縛的人事的那種青少年追求，這是從其中釋放出來。

在新約一個常見的隱喻中，耶穌是基督徒以僕人或奴隸的身分所事奉的主。祂是主，因為祂對世界行使神聖的主權，也因為祂將祂的百姓從罪的奴役中買贖過來，讓他們可以屬於祂和事奉祂。但在我們上面已經討論過的悖論中，「祂釋放我們」是「叫我們得以自由」（加五 1）。而且，正如在與父上帝的關係中，純粹的為僕關係被歸類成兒子或女兒的關係中；因此，在與耶穌的關係中，純粹的為僕關係被歸類成友誼：「以後我不再稱你們為僕人，因僕人不知道主人所做的事。我乃稱你們為朋友；因我從我父所聽見的，已經都告訴你們了。」（約十五 15）只有在這裏和指控耶穌是「稅吏和罪人的朋友」時（太十一 19），新約才談到耶穌的友誼，但它是一個合適的形象，用來描述與人類愛的休戚與共，並盡可能推展到最遠的極端（約十五13），這是上帝在子的道成肉身中表達和實行的。[68] 友誼不是由於出生而存在的一種關係，而是必須自由地進入其中的一種關係。它不能被強迫的，而只能夠在自由中給予和接受。它是一種無條件接納的關係，令自由變得可能。在耶穌裏面，有一種虛己（*kenosis*）——祂來到我們身邊成為我們一分子，擁護那目標，並選擇分擔即使是最淒慘的人的苦況；信任門徒，與他們分享祂對父最親密的知識——在其中，上帝超越祂的他者性，藉以與我們成為朋友。

保羅寫道：「主的靈在哪裏，那裏就得以自由。」（林後三 17）對聖靈上帝，我們與祂交往的方式，人類的人際關係不能為此提供到有用的類比，這與我們與父上帝和耶穌基督的關係不同。因此，聖靈對人類與上帝的關係中的自由這個問題，具有特別的適切性，意思是：即使在人類的個人關係內對自由的經歷所提供的類比，也不足以描述與作為所有自由的來源的上帝的關係中那自由的獨特情況。我們裏面的聖靈，是上帝轉化性地參與人類的選擇和行動、思想和感受、啟蒙和促成、從內在的壓迫中解放，並使在自由中成長變得可能，這種成長，在具體的關係和環境中持續的挪用和實踐自由中發生。聖靈的活動的奧祕是：這神聖的同在臨在於人類位格性的中心，卻沒有將個體的自由減低，而是使那些接受上帝的旨意為自己的旨意的人能有自由的自發性。正如阿奎那說：

> 自由人是屬於他自己的人；不過，奴隸則屬於他的主人。誰自發地行動，便是自由地行動；但誰從別人身上接受對自身所施加的推動，便不是自由地行動。不是因為邪惡是邪惡，而是因為主的律法而避免邪惡的人，因此是不自由的。另一方面，因為邪惡是邪惡而避免邪惡的人是自由的。聖靈正是在這裏工作，藉著向我們的靈傳達新的動力，並向內完善我們的靈，這功能發揮得那麼好，以致人透過愛而避免邪惡，彷彿神聖的律法命令他這樣做。他因此是自由的，不是因為他不受制於神聖的律法，而是因為他內在的動力，帶領他做神聖的律法規定的事。[69]

這是聖靈的活動，超越了自主和他治這些選擇，乃是藉著在我們個體的存在中實現了這真理，即上帝的律並非別人的意志。在一般的意義上，這可以真的是另一受造物的意志，但作為創造主和祂的受造物的律，也是我們自己存有的律，在與其配合中我們成為最真實的自己。[70]

這樣以與三個神聖位格的關係來論述基督徒自由，不是企圖要以個人主義方式來閱讀，彷彿它是只關乎個人與上帝的關係。相反，最重要的是，個人所經驗的這三種關係的形式，不單是由與上帝的直接關係中、且也是由別人所傳遞、並傳遞給別人的。當自由藉別人在釋放的關係中賦予給我們時，這不是附加給或獨立於上帝賜下的自由的來源，而是傳遞上帝自己賜予的自由。但以同一方式對那三種關係並非真確。人類不能代替父上帝或聖靈上帝，但他們可以在某意義上成為別人的「基督」。[71] 基督徒在與上帝的關係中得到釋放，而這關係是以認識父、子和聖靈三個獨特方面為特點的，基督徒彼此傳遞著這自由；而待他人的方式並不是藉著屬獨特神聖特權的指揮管理權（太二十三 9），也不是藉著於別人的位格中內住同在那種獨特神聖的可能性，而是藉著愛的休戚與共或開放的友誼，此乃上帝使人得自由的道成肉身的方式。如果耶穌基督已釋放我們的那自由，要證明其自身是在現代性的危機中的前進之路，便必須有基督徒羣體活在自由的領域，這個領域由上帝三一的愛所創造，而這個羣體則在世界實踐這種自由。

註 釋：

1. D. B. Forrester, *On Human Worth* (London: SCM Press, 2001), 137. 引

述 J. M. Winter and D. M. Joslin, *R. H. Tawney's Commonplace Book* (Cambridge: Cambridge University Press, 1972), 53。

2. Paris: Flammarion, 1999.
3. 提到這本小說時的頁碼是根據英譯：*Atomised*, trans. F. Wynne (London: Heinemann, 2000)。
4. Andrew Marr in *The Observer*. 他繼續說：「任何人如果以為書評是容易的工作，便應該嘗試看大約一百頁書，描述毫無吸引力的中年法國男士接受口交。」
5. 作者給這個角色自己的名字不可能是出於偶然。韋勒貝克在自己裏找到這兩兄弟的影子（他對布魯諾的性飢渴並不陌生），但他選擇與之認同的是米歇爾。
6. 在年青時，從在電視觀看關於大自然的節目，米歇爾確信「整體來說，大自然不單未開化，更是一個令人討厭的垃圾坑」（頁 38）。
7. 傅立葉（Charles Fourier, 1772～1837）；參關於他的烏托邦的記述，見 J. Carey, ed., *The Faber Book of Utopias* (London: Faber & Faber, 1999), 208～219。傅立葉在牛頓引力理論中粒子的行為和人類個人的行為之間找到的相似，肯定暗示了韋勒貝克那更新的科學等同：當代物理學中次原子粒子（subatomic particles）的行為和新後人類物種的個人的行為之間的相似。
8. F. Fukuyama, *The End of History and the Last Man* (London: Penguin, 1992).
9. P. Berman, *A Tale of Two Utopias: The Political Journey of the Generation of 1968* (New York: Norton, 1996), 298～337. 這裏有一個關於科耶夫對福山的影響的生動論述。
10. P. A. Lawler, "Fukuyama versus the End of History," in T. Burns, ed., *After History? Francis Fukuyama and His Crisis* (Lanham, Md.: Rowman and Littlefield, 1994), 70.
11. Fukuyama, *The End of History*, 145, 160～161.
12. 比較 H. Williams, D. Sullivan, and G. Matthews, *Francis Fukuyama and the End of History* (Cardiff: University of Wales Press, 1997), 81，引述 F. Fukuyama, "A Reply to My Critics," *The National Interest* 18 (Winter 1989～90): 26～28。
13. Fukuyama, *The End of History*, 324.
14. Fukuyama, *The End of History*, 325.

15. Fukuyama, *The End of History*, 324.
16. Fukuyama, *The End of History*, 325.
17. Fukuyama, *The End of History*, 326.
18. 關於更全面的論述，參 F. Fukuyama, *Trust: The Social Virtues and the Creation of Prosperity* (London: Hamish Hamilton, 1995) 第四部分。
19. Fukuyama, *The End of History*, 216～217.
20. Fukuyama, *The End of History,* 326～327. 關於建國者假設自由需要德性，參 G. Himmelfarb, *On Looking into the Abyss* (New York: Random House, 1995), 98～99。
21. Fukuyama, *The End of History*, 338.
22. Fukuyama, *The End of History*, 335.
23. 福山之後的書《論信任》（*Trust*）嘗試繼續這個課題，雖然實際上它幾乎只是詳細提出他在《歷史的終結》已經簡單地提出的論點：現代自由民主和資本主義倚賴前現代「文化習慣」（“cultural habits”）的生存。他沒有進一步跟進自由政治和經濟之間，以及自由政治和社會德性之間有實際的衝突，以致前者無可避免地傾向削弱後者這個更有威脅性的觀念。
24. Houellebecq, *Atomised*, 193.
25. Lawler, “Fukuyama,” 63～79.
26. Fukuyama, *The End of History*, 217.
27. Lawler, “Fukuyama,” 64.
28. F. Fukuyama, “Reflections on *The End of History*, Five Years Later,” in Burns, ed., *After History?* 254.
29. 我特別指收錄在 *God for a Secular Society: The Public Relevance of Theology*, trans. M. Kohl (London: SCM Press, 1999) 中的英語文章。以下提到頁碼時指這本書。這些文章大部分以演講發表或在一九九〇年代最先出版。其中三篇文章也出現在 J. Moltmann, N. Wolterstorff, and E. T, Charry, *A Passion for God's Reign: Theology, Christian Learning, and the Christian Self*, ed. M. Volf (Grand Rapids: Eerdmans, 1998), 1～64。
30. 我這樣說，意指他的著作中那些明確處理神學與當代世界的公共生活的相關性；比較 J. Moltmann, *Experiences in Theology: Ways and Forms of Christian Theology*, trans. M. Kohl (London: SCM Press, 2000), 14～15, 65, 79：「如果基督教神學視本身為只是作為教會的一種功用（正如在現代士來馬赫〔Schleiermacher〕和巴特〔Barth〕要求它那樣），它必須退到信徒的

圈子中，只能夠透過教會的宣講和宣教，向自己的社會的公共論壇或世界各國的羣體呈獻自己……但如果基督教神學視本身為**上帝國度**的一種功用，基督為此而來，而教會畢竟為此存在，那麼基督教神學必須發展為一種公共生活中的公共神學（*theologia publica*）」（頁 79）。

31. 關於這種自由作為「支持權力意志、導致紛擾的個人主義」，也比較 N. Lash, *The Beginning and the End of "Religion"* (Cambridge: Cambridge University Press, 1996), 230。好像莫特曼一樣，拉施視它為生態危機背後的推動力。

32. 也比較 J. Moltmann, *The Spirit of Life*, trans. M. Kohl (London: SCM Press, 1992), 117～118。

33. 例如：比較 C. E. Gunton, *Intellect and Action* (Edinburgh: T. & T. Clark, 2000), 101～104, 177～178。但根頓（Colin Gunton）比莫特曼在啟蒙自由主義的個人主義自由和基督教神學的關係性自由之間劃出更強的區分，正如我們將會看到的。

34. 也參 J. Moltmann, *The Trinity and the Kingdom of God*, trans. M. Kohl (London: SCM Press, 1981), 214～216；Moltmann, *The Spirit*, 118～119。

35. J. Moltmann, *The Open Church*, trans. M. D. Meeks (London: SCM Press, 1978), chapter 4; J. Moltmann, *The Church in the Power of the Spirit*, trans. M. Kohl (London: SCM Press, 1977), 314～317.

36. 也比較更簡短的：Moltmann, *The Spirit*, 115～116。

37. 參 Moltmann, *The Spirit*, 107～108。

38. E. T. Charry, "The Crisis of Modernity and the Christian Self," in Moltmann Wolterstorff, and Charry, *A Passion*, 88～112。關於莎里（E. T. Charry）在這篇文章的論證的背景，不單參她的書 *By the Renewing of Your Minds: The Pastoral Function of Christian Doctrine* (New York / Oxford: Oxford University Press, 1997)，也參她的文章 "Reviving Theology in a Time of Change," in M. Volf, C. Krieg, and T. Kucharz, eds., *The Future of Theology*, FS J. Moltmann (Grand Rapids: Eerdmans, 1996), 114～126。

39. Charry, "The Crisis," 95.

40. Charry, "The Crisis," 95～96.

41. 比較 Charry, "The Crisis," 93～94：「因為現代性的危機而責備基督教的同謀敘事（complicity narratives）是重要的，但我提出這不再足夠……基督教的自我批評——希望顯出本身的長處——受到對問題負起自己應負的更大責任這個試探。」

42. Charry, "The Crisis," 93.
43. Charry, "The Crisis," 104.
44. Charry, "The Crisis," 93.
45. Chapter 5: The Liberation for Life.
46. Moltmann, *The Spirit*, 109.
47. Moltmann, *The Spirit*, 113.
48. 引自 J. McLelland, *Prometheus Rebound: The Irony of Atheism* (Waterloo, Ont.: Wilfrid Laurier University Press, 1988), 5。
49. 引自 Moltmann, *The Spirit*, 105。
50. Moltmann, *The Trinity*, chapter 6.
51. L. Boff, *Trinity and Society*, trans. P. Burns (Tunbridge Wells: Burns & Oates / New York: Orbis, 1988).
52. P. Fiddes, *Participating in God: A Pastoral Doctrine of the Trinity* (London: Darton, Longman & Todd, 2000), chaps. 2～3。他對三一的理解與莫特曼和波夫的「社羣三一」不同，對後者來說，三一位格（Trinitarian persons）是由祂們彼此間的關係構成的主體或能動者（agents），而對菲德斯來說，祂們只是那些關係。但在很多其他方面，他關於上帝和宰制的論證和他們相同。
53. Boff, *Trinity*, 169.
54. 我不清楚為甚麼上帝身為「一個位格」（"one person"）必定是「主宰的主體」（"a dominating subject"）（Fiddes, *Participating*, 78）。
55. R. Bauckham, *The Theology of Jürgen Moltmann* (Edinburgh: T. & T. Clark, 1995), 176～179.
56. Fiddes, *Participating*, 66.
57. 比較 Boff, *Trinity*, 120：「主宰的模式被社羣的模式取代：由邀請而生產，由參與而征服。」
58. 比較 Moltmann, *The Trinity*, 219。
59. J. Moltmann, *Experiences in Theology*, trans. M. Kohl (London: SCM Press, 2000), 34.
60. 關於「處境的自由」（"situated freedom"），參 J. Webster, *Barth's Moral Theology* (Edinburgh: T. & T. Clark, 1998), 122～123——跟隨泰勒（Charles Taylor）。

61. Moltmann, *The Trinity*, 219～222.
62. Bauckham, *The Theology*, 179～181.
63. Boff, *Trinity*, chapters 9～11.
64. 比較 Boff, *Trinity*, 149；在那裏他描述那些方向為（1）向後和向上；（2）向外；（3）向內。
65. W. Kasper, *The God of Jesus Christ*, trans. M. J. O'Connell (London: SCM Press, 1984), 45.
66. 關於上帝的權威是恩典的權威，參第三章。
67. 關於這點，參 Fiddes, *Participating*, 106～108。
68. 關於耶穌作為朋友，參 J. Moltmann, *The Church in the Power of the Spirit*, trans. M. Kohl (London: SCM Press, 1977), 114～121。
69. Thomas Aquinas, In 2 Cor. c.3, lect. 3, 引自 Y. M. J. Congar, *I Believe in the Holy Spirit*, trans. D. Smith (New York: Seabury / London: G. Chapman, 1983), 2:125。
70. 關於自主、他治和神治，參 P. Tillich, *Systematic Theology* (London: SCM Press, 1978), 1:83～86。漢普森（Daphne Hampson）宣稱與基督教的上帝的關係，必定是純粹他治的，但她忽略了聖靈的教義和神治作為超越自治和他治的二分這個可能："On Autonomy and Heternomy," in D. Hampson, ed., *Swallowing a Fishbone* (London: SPCK, 1996), 1～16。
71. 比較 Martin Luther, *Christian Liberty*, ed. H. J. Grimm (Philadelphia: Fortress, 1957), 30～31：「因此，正如我們的天父在基督裏自由地來幫助我們，我們也應該透過我們的身體和它的工作自由地幫助我們的鄰舍，每個人都應該成為基督對他人那樣，以致我們可以成為彼此的基督，而基督在所有人裏面都可以一樣，也就是我們可以成為真正的基督徒。」

跋
片斷中的自由

人類仍然未自由。

班・歐克里（Ben Okri）[1]

基督教的福音是獻出自由，但它往往被指控為與這講法相反。

根頓（Colin Gunton）[2]

工作帶來自由。

奧斯維辛（Auschwitz）入口的告示

真正的自由不是主觀的任意性，而是脫離那瞬間的誘因的自由。

布特曼（Rudolf Bultmann）[3]

我們太容易假設：我們是自己的真我，我們的選擇真的是我們想作出的；而事實上，我們自由選擇的行動……很大程度上由心理強制所支配，而這是源自我們對自己的重要性那些無節制的觀念。太多時候，我們的選擇由我們虛假的自我所支配。

梅頓（Thomas Merton）[4]

「自主」不應該意味著選擇（因而是取得？）自己想要的自由，而是為個人所選擇的負責。

麥克利蘭（Joseph McLelland）[5]

自由的意志和配合道德法則的意志是同一樣東西。

康德[6]

自主意味著法律的內在性（interiority），一個至少對人來說不是天生的狀態，而是透過艱鉅的進程而實現的。反叛者厭惡那法律內在化（interiorization）所要求的犧牲。

西蒙（Yves Simon）[7]

對抗空虛的自主和具破壞性的他治這雙重鬥爭，令今天追求新的神治跟在古代世界終結的時候同樣迫切。自主的理性的災難已經完成。自主或他治，孤立和在衝突中的，都不能夠提供答案。

田立克（Paul Tillich）[8]

自由的相反不是必然性，而是罪疚。

祁克果[9]

經典的主要屬性和悖論，是它的誡命是給人自由的。回應、反應的核心，乃是一種催逼的自由。

斯坦納（George Steiner）[10]

人類的自由是由上帝賜下自由去順服。

巴特[11]

缺乏機會的自由是魔鬼的禮物。

喬姆斯基（Noam Chomsky）[12]

自由是西方獨特的觀念。例如：在日本，「自由」這個詞的最佳翻譯是*jiyu*，這個詞以前意指放蕩。

馬爾加恩（Geoff Mulgan）[13]

我被自己的資料纏著，我的結論直接與我原來的假設矛盾。我以不受限制的自由這個觀念開始，但卻達到不受限制的專制。

希加羅夫（Shigalov）[14]

杜斯妥也夫斯基的《附魔者》（*The Possessed*）中的角色

馬克思將手指放在現代工業社會的痛處……也就是經濟制度成長為一種對每個人的生命都有巨大影響的力量，面對這種力量，所有關於人類自由的言談都變得無用。

沃格林（Eric Voegelin）[15]

只有透過操練，人才能夠學懂自由。

潘霍華[16]

沒有甚麼是自由的，當它被解釋後。

默里（Les Murray）[17]

尋求將性愛從它古老的社羣制約中「釋放」出來，我們也將它從它的意義、它的責任和它的歡愉中「釋放」出來。而我們令它更危險……我們現在活在一種性的氛圍中，是深受污染和激發怨恨的，以致婦女必須視幾乎所有男性都是潛在的襲擊者，而男性則必須視幾乎所有婦女為潛在的指控者。

貝里（Wendell Berry）[18]

我們哲學家是「自由的靈魂」，對「古老的上帝已經死了」這個消息，我們感到好像被新的黎明照亮；我們的心充滿感激、驚訝、預感、期望——終於水平線對我們來說似乎再次是自由的，即使它不光明，至少我們的船可以再次揚帆，無論有甚麼危險……海洋，**我們的**海洋再次在我們面前敞開，或許從未有過這樣「敞開的海洋」。

尼采[19]

你的上帝只是你對祂的信仰，你的價值觀只是你對它們的委身。那就是解放。你是自由的。

庫比特[20]

普通人除非受到哲學腐化，否則他並不相信自己按其選擇來創造價值觀。

默多克（Iris Murdoch）[21]

有許多迹象顯示，我們這個時代的人，已經有很長的時間渴求順從。但人們卻利用這個事實給他們奴役。

薇依（Simone Weil）[22]

在受到命運或自然或人所壓迫的相反一極，不是脫離命運或自然或人，而是與其交談和立約。要這樣做，我們確實首先需要獨立；但這種獨立是橋樑，不是居所。自由是擺動的磁針（the vibrating needle），富有成效的零度（the fruitful zero）。

布伯（Martin Buber）[23]

我沒有令我的存有存在。我也不是被拋進存在。我的存有是服從「要存在！」這句話。誡命和期望在存有的深處靜止，在成為人的意識中顯露。亞當最初聽到的是一個命令。

黑施勒（Abraham Heschel）[24]

信心是自由自在的。但其自由並不包含其本身成為一個意志中立的非強制的選擇（也就是脫離上帝），否則它便能已作出這選擇了。信心是自由自在的，因為它是上帝中的喜樂，而它擴展並加強了一個人真正所是和所能成為的，這關乎透過「上帝就是上帝」的動態交流。自由是藉著那推動崇拜的信仰精神，而為上帝得以自在。

麥克法迪恩（Alistair McFadyen）[25]

對狗魚（pike）來說的自由，對米諾魚（minnnows）來說是死亡。

托尼[26]

你們的自由和我的自由是不能分開的。

曼德拉（Nelson Mandela）[27]

羣體的一部分不能真正自由，如果另一部分不獲准分享那自由。

杜圖（Desmond Tutu）[28]

當市場的辯護者抱怨說：以平等這個名義的措施限制個人自由，他們沒有說自己在談論**誰的**自由。他們很可能不是想到居住在貧民窟的人的自由。

戈林奇（Timothy Gorringe）[29]

對某些人來說似乎是全球化，對另一些人來說卻是本地化；對某些人來說代表新的自由，對很多其他人來說卻是不請自來和殘忍的命運。在貪求的價值觀中，流動性爬到最高的階級——而移動的自由……快速成了我們晚期現代或後現代時期主要的分層化因素。

鮑曼[30]

我們這些需要生活在犯罪者這邊，而不是受害者那邊的人，看到自由的歷史的另一面。在這一面，自由不是脫離貧窮、苦難和死亡，而是脫離歷史的罪疚和它的後果，這些是對稱義的迫切需要和被迫朝向重演。

莫特曼[31]

無償的，在我們的測量以外，既束縛又釋放，這愛重新入侵我們，移動我們存有的界限。

奧西夏（Micheal O'Siadhail）[32]

〔基督徒〕應該想：「雖然我是不配和被定罪的人，但我的上帝在基督裏給我公義和拯救的所有豐富，是我完全沒有功勞的，純粹是出於無償的憐憫，因此，從現在開始，除了信心以外，我別無所需，就是相信這些是真實的。為甚麼我不應該因而自由地、喜樂地、全心以渴望的意志，做所有我知道能夠討這樣的父喜悅、是祂接受的事情？祂以祂不能估量的豐富充滿我。因此，我會將自己當為基督獻給鄰舍，就好像基督將自己獻給我一樣；我今生只會做我認為需要、有益和對鄰舍有利的事，因為透過信心，我在基督裏擁有豐豐足足美好的東西。」

馬丁．路德（Martin Luther）[33]

註釋：

1. B. Okri, *A Way of Being Free* (London: Phoenix, 1998), 61.
2. C. E. Gunton, *Intellect and Action* (Edinburgh: T. & T. Clark, 2000), viii.

3. 引自 C. E. Gunton, *Enlightenment and Alienation* (Basingstoke: Marshall, Morgan & Scott, 1985), 92。
4. T. Merton, *No Man Is an Island* (London: Hollis & Carter, 1955), 20～21.
5. J. McLelland, *Prometheus Rebound: The Irony of Atheism* (Waterloo: Wilfrid Laurier University Press, 1988), 279.
6. 引自 McLelland, *Prometheus*, 102。
7. Y. R. Simon, *A General Theory of Authority* (Notre Dame/London: University of Notre Dame Press, 1962), 79.
8. P. Tillich, *Systematic Theology* (London: SCM Press, 1978〔first published 1951〕), 1:86.
9. C. E. Moore, ed., *Provocations: Spiritual Writings of Kierkegaard* (Farmington / Robertsbridge: Plough Publishing House, 1999), 291.
10. G. Steiner, *Errata: An Examined Life* (London: Weidenfeld & Nicolson, 1997), 25.
11. K. Barth, *The Humanity of God*, trans. J. N. Thomas and T. Wieser (London: Collins, 1961), 82.
12. 引自 N. Klein, *No Logo* (London: Flamingo, 2000), 185。
13. G. Mulgan, *Connexity: Responsibility, Freedom, Business and Power in the New Century* (London: Vintage, 1998), 53.
14. 引自 O. Guinness, *The Dust of Death* (London: InterVarsity Press, 1973), 23。
15. 引自 D. Walsh, *After Idealogy: Recovering the Spiritual Foundations of Freedom* (San Francisco: HarperCollins, 1990), 57。
16. D. Bonhoeffer, *Letters and Papers from Prison*, trans. R. Fuller, F. Clarke, J. Bowden, et al., revised ed. (London: SCM Press, 1971), 371. 引文來自潘霍華的詩 "Stations on the Road to Freedom"。在其中，那四個站是紀律、行動、受苦和死亡。
17. "Ariel," in L. Murray, *Collected Poems* (Manchester: Carcanet, 1988), 342.
18. W. Berry, *Sex, Economy, Freedom and Community* (New York: Random House, 1993), 142.
19. R. J. Hollingdale, ed., *A Nietzsche Reader* (London: Penguin, 1977), 209～210.
20. 引自 G. Longhlin, *Telling God's Story: Bible, Church and Narrative Theology* (Cambridge: Cambridge University Press, 1996), 25。
21. I. Murdoch, *The Sovereignty of the Good* (London: Routledge, 1991〔first

published 1970〕), 97.

22. S. Weil, *The Need for Roots*, trans. A.F. Wills (London: Routledge, 1987), 14.
23. M. Buber, *Between Man and Man*, trans. R. Gregor Smith (London: Fontana, 1961), 117～118.
24. A. J. Heschel, *Who Is Man?* (Stanford, Calif.: Stanford University Press, 1965), 97.
25. A. McFadyen, *Bound to Sin: Abuse, Holocaust and the Christian Doctrine of Sin* (Cambridge: Cambridge University Press, 2000), 220.
26. 引自 D. B. Forrester, *On Human Worth* (London: SCM Press, 2001), 144。
27. 引自 M. Benson, *Nelson Mandela* (Harmondsworth: Penguin, 1986), 237。曼德拉向人民說話時，解釋為甚麼他拒絕博塔（Botha）總統釋放他，因為條件是要他遠離非洲民族議會（ANC）的政策。
28. 引自 J. de Gruchy, *Cry Justice!* (London: Collins, 1986), 190。
29. T. J. Gorringe, *Capitalism and the Kingdom* (New York: Orbis / London: SPCK, 1994), 53.
30. Z. Bauman, *Globalization: The Human Consequences* (New York: Columbia University Press, 1998), 2.
31. J. Moltmann, *Experiences in Theology*, trans. M. Kohl (London: SCM Press, 2000), 241.
32. 出自愛情十四行詩（love sonnet）“Out of the Blue,” in M. O'Siadhail, *Poems 1975～1995* (Newcastle upon Tyne: Bloodaxe, 1999), 124。
33. M. Luther, *Christian Liberty*, ed. H. J. Grimm (Philadelphia: Fortress, 1957), 30.

教會事工系列 伴您作多方面裝備，服事教會！

屬靈生命的素質——聖靈果子研讀本(組長本)
The Quality of A Spiritual Life: Fruit of the Spirit Bible Studies (Leader's Guide)
施家倫(Peter Scazzero)著／郭詠儀 譯／HK$98

屬靈生命的素質——聖靈果子研讀本(組員本)
The Quality of A Spiritual Life: Fruit of the Spirit Bible Studies (Study Guide)
施家倫(Peter Scazzero)著／郭詠儀 譯／HK$83

心靈關顧——修正基督徒的培育和輔導觀念
Care of Souls: Revisioning Christian Nurture and Counsel
貝內爾(David G. Benner)著／尹妙珍 譯／HK$83

教會活用軟件小幫手
張漢強 著／HK$43

此時此道
孫寶玲 著／HK$58

宣講中的聖經——生命更新的信仰記號
The Sign Language of Faith: Opportunities for Preaching Today
戴歌德(Gerd Theissen)著／許子韻 譯／HK$83

不可或缺的教會——重獲流失的一代
Essential Church? Reclaiming a Generation of Dropouts
湯姆・雷納(Thom S. Rainer)、薩姆・雷納(Sam S. Rainer III)著／
陳永財 譯／HK$88

信主之後(附研讀指引)
梁家麟 著／HK$83

事奉生命的建立——認識事奉的態度、原則與恩賜
郭鴻標 著／HK$63

屬靈品格的建立——認識屬靈的操練、品格與價值觀
郭鴻標 著／HK$68

創意無界限——百變聖經教室
霍張佩斯 著／HK$98

跳！跳！跳！動物嘉年華！
陳芝瑛 著／HK$68

彩虹錦囊——培育積極喜樂的孩子
邱陳潔雯 著／HK$83

聖經人物嘉年華——幼兒導師手記
陳芝瑛 編著／HK$88

101間香港教會經驗分析
葉松茂 著／HK$128

崇拜與聖樂——理論與實踐全方位透視
陳康 著／HK$98

崇拜：歷久常新
Ancient-Future Worship: Proclaiming and Enacting God's Narrative
韋柏（Robert E. Webber）著／陳永財 譯／HK$73

人際衝突與靈命塑造
陳校慈 著／HK$48

聖經通識叢書

兼顧學術研究的精確和執著，
並教會信徒生活上的實踐。

聖經鳥瞰

為您精簡而全面地展現聖經的本體與其來龍去脈

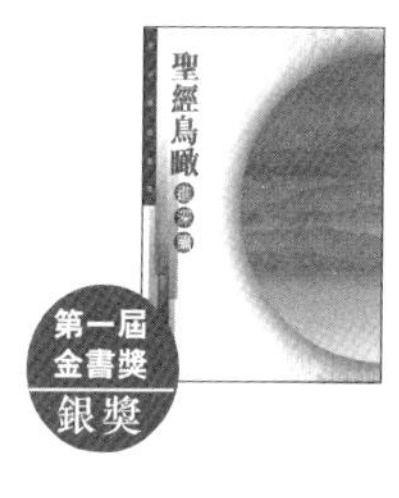

聖經鳥瞰——基礎篇 黃錫木 著／HK$88
聖經鳥瞰——進深篇 黃錫木 著／HK$68

聖經書卷要領

助您宏觀同類別的聖經書卷

舊約先知書要領 黃嘉樑、雷建華、梁國權 著／HK$88
耶穌生平與福音書要領 孫寶玲、黃錫木 著／HK$88
使徒行傳與保羅書信要領 張達民、黃錫木 著／HK$83
希伯來書、大公書信與啟示錄要領 張略、黃錫木 著／即將出版

聖經書卷析讀

助您進深分析個別聖經書卷的內容和信息

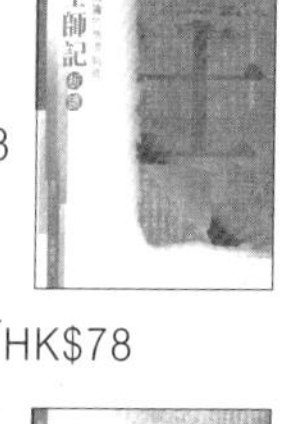

在曠野中與上帝同行——民數記析讀 黃嘉樑 著／HK$153
背約沉淪的循環軌迹——士師記析讀 吳獻章 著／HK$118
奔走風塵的僕人——馬可福音析讀 張略、黃錫木 著／HK$93
逆轉人生的上帝之子——路加福音析讀 孫寶玲 著／HK$98
道成為人的耶穌——約翰福音析讀 吳道宗 著／HK$88
風起雲湧的初代教會——使徒行傳析讀 張達民、黃錫木 著／HK$78
情理之間持信道——加拉太書、帖撒羅尼迦前後書析讀
張達民、郭漢成、黃錫木 著／HK$88

其他出版 讓您多方、多向，更完整地研讀聖經

實用聖經地圖集 *Bible Atlas*
John Strange 原書主編／黃錫木 中文版主編／HK$118
憑祢恩言——實用基督徒生活手冊
郭鴻標、黃錫木 主編／HK$108
聖經通識手冊 羅慶才、黃錫木 主編／HK$158
聖經導讀卡 黃錫木 著／HK$88

本叢書另備有配套參考資料，詳情可瀏覽基道網頁：
www.logos.com.hk

聖經導論叢書

一套高質素的原著作品，適合華人神學院和資深信徒使用的教材！

新約歷史與宗教文化導論

黃錫木、孫寶玲、張略 合撰／HK$93

在學習聖經的過程中，一般人都只專注於經卷的內容，而忽略了「聖經背景」的重要性，甚至認為它是可有可無的。然而，若要正確理解聖經經文所傳達的內容，我們必須從它們的處境出發。要成功地進入經文的世界，對經文的歷史和文化背景的認識是不可缺少的。全書分兩大部分：歷史篇遠溯至希羅文明的源頭，並介紹「兩約之間歷史」、「新約歷史」及「猶太散居地」。至於，宗教文化篇則分別介紹「新約世界的希羅宗教」和「猶太人的基本信念與實踐」，主要論及有關的宗教文化概念與神學思想。

福音書總論與馬可福音導論

黃錫木 編著／HK$83

聖經正典與經外文獻導論

鮑維均、黃錫木 等著／HK$118

使徒行傳導論

袁天佑 著／HK$63

加拉太書導論

郭漢成 著／HK$63

啟示錄導論

吳獻章 著／HK$78

緊扣時代 服事教會

以文字傳揚基督真道

讀者意見表

衷心多謝你購買本社書籍。本社一直致力以出版事工服事教會，幫助信徒扎根於神的話語，促進靈命增長。為使我們的出版更能滿足你的需要，請填寫下列各項資料，並寄回或傳真予本社。

所購書籍：＿＿＿＿＿＿＿＿

本書最吸引你的地方：

□作者　□適切性　□文筆　□設計　□實用性

□其他：＿＿＿＿＿＿＿＿

購買本書地點：

□基道書樓　□基督教書店　□非基督教書店

性別：□男　□女　職業：＿＿＿＿＿＿＿＿

信仰：□基督徒　□非基督徒

年齡：□16歲或以下　□17～25歲　□26～35歲

□36～55歲　□56歲或以上

學歷：□中三或以下　□中五　□預科

□大學　□研究院

□我欲更多了解基道出版社的事工及考慮支持，請寄給我下列資料：

□機構簡介　□新書資料　□基道會員通訊

□《基道文字事工通訊》

姓名：＿＿＿＿＿＿＿＿電話：＿＿＿＿＿＿＿＿

地址：＿＿＿＿＿＿＿＿

＿＿＿＿＿＿＿＿

傳真：＿＿＿＿＿＿＿＿電子郵件：＿＿＿＿＿＿＿＿

其他意見：＿＿＿＿＿＿＿＿

＿＿＿＿＿＿＿＿

多謝賜教！

基道出版社

意見表可以傳真（2687-0281）或直接郵寄以下地址：
香港沙田火炭坳背灣街26號富騰工業中心1011室
基道出版社編輯部收